DECAÍDO

Sérgio Ramalho

DECAÍDO

A história do capitão do Bope
Adriano da Nóbrega e suas ligações com a
máfia do jogo, a milícia e o clã Bolsonaro

© 2024 - Sérgio Ramalho
Direitos em língua portuguesa para o Brasil:
Matrix Editora
www.matrixeditora.com.br
ⓕ/MatrixEditora | ⓧ @matrixeditora | ⓘ /matrixeditora

Diretor editorial
Paulo Tadeu

Capa, projeto gráfico e diagramação
Patricia Delgado da Costa

Revisão
Silvia Parollo
Adriana Wrege

Foto do autor
Marcos Tristão

CIP-BRASIL - CATALOGAÇÃO NA PUBLICAÇÃO
SINDICATO NACIONAL DOS EDITORES DE LIVROS, RJ

Ramalho, Sérgio
Decaído: a história do capitão do Bope Adriano da Nóbrega e suas ligações com a máfia do jogo, a milícia e o clã Bolsonaro / Sérgio Ramalho. - 1. ed. - São Paulo: Matrix, 2024.
232 p.; 23 cm.

ISBN 978-65-5616-414-4

1. Nóbrega, Adriano Magalhães da. 2. Policiais - Armas especiais e unidades táticas - Brasil Biografia. I. Título.

23-86805 CDD: 923.50981
CDU: 929:356.16(81)

Gabriela Faray Ferreira Lopes - Bibliotecária - CRB-7/6643

Sumário

Prólogo 7
Apresentação – Eu, o alvo 13
Bin Laden na cabeça: a execução de Maninho........ 41
Infiltrado de elite: um caveira a serviço do bicho 63
O amigo do presidente: a aliança com os Bolsonaros.. 95
Decaído 135
Três políticos executados antes de Marielle 165
"Não sou miliciano, sou bicheiro" 189
A morte solitária 207
Notas 225

Prólogo

Quando se viu cercado, pouco antes de o sol despontar na abafada manhã de domingo, 9 de fevereiro de 2020, Adriano começou a disparar mensagens. Um dos alvos das missivas foi Orelha, apelido do sargento da Polícia Militar Luiz Carlos Felipe Martins, a 1.439 quilômetros de distância de Palmeiras, onde o chefe do *Escritório do Crime* despertara sitiado por 70 homens do Batalhão de Operações Especiais da Bahia.

Foragido havia 383 dias, ele queria falar com Flávio Bolsonaro. O senador e filho do presidente da República, Jair Bolsonaro, era um velho conhecido. Foi das mãos de Flávio, nos tempos de deputado estadual na Assembleia Legislativa do Rio de Janeiro, que Adriano e Orelha receberam moções de congratulações numa cerimônia em 24 de outubro de 2003. Mas, dessa vez, Flávio não o atendeu. O ex-capitão da tropa de elite da PM do Rio, Adriano Magalhães da Nóbrega, estava só.

Atirador de elite, Adriano carregava treze telefones celulares e sete chips, com cinco vezes mais poder de comunicação do que de fogo, quando foi surpreendido pela polícia baiana. Acuado no interior da casa de paredes amarelas descascadas, piso branco e coberta por telhas de barro, o caveira, como são conhecidos os policiais do Bope, tinha ao seu lado duas espingardas, um revólver 38 e uma pistola austríaca Steyr 9 mm, com carregador de 17 tiros.

Adriano chegara ao sítio na noite anterior, levado por Leandro Abreu Guimarães, um premiado vaqueiro e organizador de rodeios na região. A pequena propriedade rural usada como esconderijo pertencia a Gilson Batista Lima Neto, o Gilsinho da Dedé, vereador da mesma legenda usada como trampolim para alçar Jair Bolsonaro ao Palácio do Planalto, nas eleições de 2018.

Apesar de contar com uma sofisticada e complexa rede de comunicação, que lhe permitia controlar a distância a sua *holding* criminosa no Rio de Janeiro, o ex-capitão teve dificuldade para conseguir sinal em Palmeiras, distrito de Esplanada, a 170 quilômetros de Salvador.

Durante toda a madrugada, Adriano e Orelha pelejaram para trocar mensagens e alguns telefonemas, como indicam as quebras de sigilo de comunicação da dupla. A aflição do caveira era tanta, que ele deixou de lado a costumeira precaução adotada para evitar o monitoramento de suas conversas. Tamanho descuido ajudou a levar a polícia baiana ao seu derradeiro esconderijo.

A trajetória do aspirante a oficial da Polícia Militar fluminense, que ingressou aos 18 anos na Academia Dom João VI, começa em Guapimirim, na zona rural do Rio de Janeiro. Apadrinhado pelo clã Paes Garcia, poderosa família da máfia do jogo, Adriano era o primogênito do paraibano José Oliveira da Nóbrega, o capataz da Fazenda Garcia e do Haras Modelo.

Homem rude, mateiro dos bons, seu Nóbrega, como era tratado, ensinou ao garoto o manejo da peixeira e o gosto pelo campo. Pai e filho passavam dias embrenhados na mata. Nas noites de lua, o capataz fazia a cerca da fazenda andar. Um eufemismo para grilagem de terras. À medida que ampliava a propriedade, ele ganhava a confiança do patrão, o banqueiro do jogo do bicho Waldemir Paes Garcia, o Miro.

Seu Nóbrega raramente chamava o filho pelo nome. Para ele, Adriano era simplesmente o Gordo, apelido que o paraibano aplicou ao adolescente grandalhão, criado com um pé no mato e outro na favela. A família de sua mãe, Raimunda Veras Magalhães, vivia em um sobrado na Rua Doutor Manuel Cotrim, acesso ao Rato Molhado, um aglomerado de casebres espremido entre o Morro São João e o elevado que leva ao Túnel Noel Rosa, em Sampaio, no subúrbio carioca.

Cabreiro com o povo do asfalto, Adriano passava mais tempo em Guapimirim, onde conheceu Rogério Mesquita, uma espécie de faz-tudo do bicheiro Waldemir Paes Garcia, o Maninho, filho preferido de Miro. Foi por influência do patriarca do clã que o primogênito de seu Nóbrega entrou para a Polícia Militar.

Em duas décadas, o rapaz tímido e de poucos amigos passou a ser considerado o mais letal caveira forjado no Batalhão de Operações Policiais Especiais, o temido Bope. Nesse tempo, o aspirante foi promovido a tenente e depois a capitão. Acumulou condecorações, dinheiro, armamento, amigos influentes e muitas mortes em seu currículo.

O traquejo com armas, somado às boas relações nos subterrâneos da contravenção e da política fluminense, o levou a comandar um consórcio de matadores de aluguel: o *Escritório do Crime*, um grupo formado por policiais e ex-policiais.

O destemido oficial desceu do céu ao inferno, em 7 de janeiro de 2014, com a exclusão da Polícia Militar, nove meses após a morte de seu Nóbrega. Nessa época, o ex-capitão já não servia a apenas um dos clãs da contravenção. Adriano se tornara uma espécie de *condottiere*. Uma versão carioca dos antigos chefes de mercenários pagos para garantir o domínio territorial dos senhores feudais na pré-unificação da Itália.

Adriano perdeu a carteira de oficial da PM, mas não o status nem, sobretudo, a aura intimidadora. Temido até mesmo por seus pares, circulava com desenvoltura nas diferentes camadas da sociedade carioca. Assim, tornou-se o sujeito oculto por trás de ao menos uma dúzia de assassinatos a soldo, alguns deles relacionados às vendetas da máfia do jogo.

Apesar das suspeitas, o ex-capitão seguia incólume nas investigações, graças à compra da conivência de policiais militares e civis, inclusive na Delegacia de Homicídios. Na unidade especializada em apurar casos de assassinatos, os inquéritos que poderiam levar ao seu indiciamento acabavam sepultados, assim como as suas vítimas.

A teia de relações do caveira não se limitava ao submundo do jogo. Adriano mantinha estreitos laços com os Bolsonaros, clã de políticos de extrema direita, cujo patriarca ascendeu do baixo clero do Congresso Nacional à presidência da República.

A amizade com a família teve início após o roubo do carro de Flávio Bolsonaro, um jovem estudante de Direito, recém-eleito deputado estadual, aos 21 anos. Depois do episódio, Adriano varreu os morros da Tijuca, onde viviam os Bolsonaros, matando suspeitos em supostos confrontos e até mesmo praticando sequestros, como o do filho de Isaías do Borel, um dos chefes da facção criminosa Comando Vermelho.

Passados alguns meses, Adriano foi laureado pelo jovem parlamentar na Assembleia Legislativa do Rio. A comenda selava uma aliança entre o caveira e o primogênito de seu Jair, como Adriano se referia ao militar reformado do Exército por indisciplina.

Pai e filho voltaram a homenagear e a defender o oficial PM em outras ocasiões, inclusive durante um motim no Batalhão Especial Prisional, o BEP, onde Adriano ficou preso por envolvimento num caso de tortura e assassinato.

Enquanto aguardava o julgamento, Flávio e Jair Bolsonaro usaram seus mandatos para ajudar na defesa do então tenente, condecorado na prisão com a Medalha Tiradentes às vésperas de ser levado a júri popular, que o condenou a 19 anos e seis meses de prisão.

Indignado com a decisão dos jurados, Jair Bolsonaro, que participara do julgamento como testemunha de caráter de Adriano da Nóbrega, foi ao plenário da Câmara federal para questionar a sentença. Num pronunciamento de seis minutos, o parlamentar atacou a vítima e as testemunhas de acusação.

Um dos alvos de Bolsonaro foi o ex-comandante do Bope coronel Sérgio Woolf Meinicke, o responsável pelo afastamento de Adriano da tropa de elite. O oficial prestara um contundente depoimento contra o ex-tenente caveira.

Tempos depois, Flávio nomearia Danielle da Nóbrega, a mulher de Adriano, para o cargo de assessora parlamentar em seu gabinete na Assembleia Legislativa. Em 2015, pouco mais de um ano depois de sua expulsão da PM sob a acusação de envolvimento com a máfia do jogo, o deputado nomeou a mãe do ex-capitão. Raimunda Veras Magalhães tinha 67 anos e figurava como sócia em três estabelecimentos comerciais.

Herói, nas palavras do presidente Jair Bolsonaro, Adriano da Nóbrega tentava na justiça ser reintegrado aos quadros da PM enquanto chefiava o *Escritório do Crime*. Amparado por sua tropa de assassinos, ele conspirou, traiu e selou alianças por dinheiro e poder.

Com o passar dos anos, a organização criminosa diversificou suas atividades ilegais, atuando na cobrança de taxas de segurança, na grilagem de terras, na exploração de caça-níqueis e em um esquema de pirâmide para a construção de prédios clandestinos em Rio das Pedras e na Muzema.

Adriano ganhou fama nos subterrâneos do crime no Rio de Janeiro, chegando a executar rivais para monopolizar o mercado da morte na cidade. O patrãozão, como passou a ser tratado pelos subordinados na milícia, ditava as regras em seu feudo na franja da Floresta da Tijuca e às margens da Lagoa de Jacarepaguá.

O caveira não era dado a luxos e ostentações, gostava de andar de bicicleta, montar a cavalo e de caçar. Ora caçava bicho, ora gente. Numa das empreitadas, segundo um relato recebido pelo Disque-Denúncia, eu, autor deste livro, seria o alvo de um atentado encomendado por bicheiros citados numa série de reportagens que escrevi para O Globo.

Mas a maior ambição de Adriano era se tornar banqueiro do jogo do bicho. O ex-capitão queria levar a vida que invejava nos tempos de adolescente na Fazenda Garcia. Certa vez, queixou-se a uma das irmãs, Daniela, dizendo: "Não sou miliciano, sou bicheiro". A confidência veio à tona numa conversa telefônica interceptada pela polícia.

O sonho de virar *capo* da máfia do jogo acabou solapado quando o ex-oficial teve o nome tragado para o centro das investigações dos assassinatos da vereadora Marielle Franco, do motorista Anderson Gomes, e de seu rival Marcelo Diotti da Matta. Os três foram executados na noite de quarta-feira, 14 de março de 2018.

Um ano depois, o poder do ex-oficial do Bope foi colocado em xeque com a decretação de sua prisão no dia em que completava 42 anos. Adriano escapou do cerco, alertado por informantes pagos dentro da polícia, mas a Operação Intocáveis mostrou que ele não era mais intangível.

O revés imposto pela decisão da 1ª Vara Especializada Criminal sepultou seus planos de ser reintegrado à PM e deu início a uma caçada, que culminou em sua morte. O caveira caiu, acuado e sozinho, num controverso cerco policial.

APRESENTAÇÃO

Eu, o alvo

A coroa dourada, bordada no centro da bandeira verde e branca, tremulava no alto do casarão de três pavimentos erguido à beira-mar num dos condomínios mais exclusivos de Angra dos Reis. Era o início da noite e um vento morno soprava quando o marinheiro atracou a lancha Azimut Yachts 58 no *deck* iluminado por tochas, que conduziam a um amplo gramado com palmeiras azuis ladeando a piscina.

Próximo ao espelho d'água, um salão de jogos. Na cabeceira de uma mesa de pôquer, um senhor bronzeado e de ralos cabelos grisalhos dava as cartas. Luiz Pacheco Drummond estava em casa. Patriarca de uma das principais famílias da máfia do jogo do bicho no Rio de Janeiro, o patrono da escola de samba Imperatriz Leopoldinense não parecia estar sendo procurado pela polícia havia 45 dias.

Aos 71 anos, Luizinho Drummond figurava na lista de foragidos da Operação Dedo de Deus[1], condição alcançada devido a uma extensa rede de proteção formada por agentes públicos, especialmente policiais. Alertado por aqueles que deveriam zelar pelo cumprimento das leis, o *capo* se antecipou à chegada das equipes da Polícia Civil ao seu endereço, na Barra da Tijuca, escapando do mandado de prisão na ensolarada manhã de quinta-feira, 15 de dezembro de 2011.

Ao se safar do cerco policial, o septuagenário fugitivo manteve uma rotina de nômade, alternando o pouso em luxuosos imóveis e iates na paradisíaca Costa Verde, por onde permaneceu escondido até ser beneficiado por um *habeas corpus*[2] concedido pelo Superior Tribunal de Justiça.

Naquela noite quente de verão, Luizinho não terminou de dar as cartas. A partida acabou adiada pela chegada da embarcação trazendo dois outros fugitivos. Haylton Carlos Gomes Escafura, filho de José Caruzzo Escafura, o Piruinha, um dos fundadores do Clube do Barão, instituição criada como fachada legal para arbitrar pendengas das famílias envolvidas no jogo ilegal.

Hayltinho, como era tratado pelos mais chegados, estava sendo procurado desde o dia 7 de outubro, quando escapou de agentes federais envolvidos na Operação Black Ops[3]. Ao seu lado, outro foragido: Adriano Magalhães da Nóbrega, capitão da PM forjado nas fileiras do temido Batalhão de Operações Policiais Especiais. O oficial caveira mantinha ligação umbilical com um dos mais poderosos clãs da máfia do jogo, os Paes Garcia.

A revelação do furtivo encontro entre Luizinho, Haylton e o capitão Adriano foi a primeira pista recebida pela Corregedoria Interna da Polícia Civil sobre o confortável esconderijo à beira-mar do mecenas da Verde e Branco de Ramos, reduto do clã Drummond no subúrbio da Leopoldina. O autor do relato anônimo, entretanto, parecia desconhecer que os três citados em sua denúncia fossem procurados pela polícia.

Ao telefonar para o Disque-Denúncia às 21h34 da segunda-feira, 30 de janeiro de 2012, a pessoa não deu detalhes a respeito do endereço, tampouco falou sobre a condição de foragido do trio. O denunciante limitou-se a apontar a casa do contraventor em Angra dos Reis como local da reunião, mas ressaltou o objetivo do encontro: planejar o assassinato de um repórter do jornal *O Globo*, para ser executado no período de carnaval.

Vinte e um minutos após o atendente do Disque-Denúncia tomar nota do relato, o documento[4] classificado como "IMPORTANTE" foi encaminhado por fax à Corregedoria Interna da Polícia Civil, à Coordenadoria de Informação e Inteligência Policial e à Superintendência de Contra-Inteligência da Secretaria de Segurança Pública.

Havia uma década que o fac-símile era a principal ferramenta usada para a difusão das denúncias recebidas pela Organização não

Governamental aos órgãos de segurança do estado. E-mails eram considerados pessoais demais. Naquela época, os telefones celulares já não pesavam como os primeiros aparelhos[5] vendidos no país, mas ainda estavam longe do salto tecnológico dos atuais smartphones.

O WhatsApp, criado nos Estados Unidos em 2009[6], só ganhou protagonismo no Brasil durante as manifestações de caminhoneiros quase uma década depois[7]. Com isso, quando recebi o telefonema do delegado Glaudiston Galeano Lessa, o corregedor responsável pela Operação Dedo de Deus, haviam se passado ao menos 48 horas da reunião dos três fugitivos na Costa Verde.

Ao telefone, o delegado foi lacônico. Sem muitos detalhes, pediu-me apenas que fosse com urgência à sede da Corregedoria Interna. Nessa época, no segundo andar do antigo prédio onde funcionavam algumas delegacias especializadas e a carceragem da Polinter, à frente do Elevado da Perimetral, um monstrengo de aço e concreto que encobria a vista da Baía de Guanabara na então decadente Zona Portuária do Rio.

O elevador do prédio raramente funcionava, e na manhã de 1º de fevereiro não foi diferente. Depois de subir correndo alguns lances de escada, Glaudiston Lessa me encontrou, esbaforido e suado, na antessala de seu gabinete. Mal havia recuperado o fôlego quando o delegado me entregou uma cópia do fax encaminhado pelo Disque-Denúncia. Cauteloso, acrescentou: "É sobre você". Eu era o alvo do plano de morte descrito em diminutas quatro linhas. No alto da página, a classificação em letras maiúsculas não combinava com um relato tão curto:

"*No município citado, sem referência, ontem, não soube informar a hora, ocorreu uma reunião com os contraventores Luisinho Drumont (sic), Hailtinho, filho do contraventor Peruinha (sic), e o capitão Adriano, lotado no Bope, que planejaram contratar alguns indivíduos (não identificados) para assassinar o repórter do* Globo *Sérgio Ramalho, no período de carnaval*".

Logo acima, no espaço destinado ao assunto, vinha a descrição: "*Crime contra a pessoa/ameaça*" e "*envolvimento de policiais*".

Li e reli repetidas vezes cada palavra. Abstraí-me por instantes diante da folha de papel, até que o delegado me tirou do torpor, indagando se eu conhecia a expressão A1. A pergunta retórica teve o condão de fazer a ficha cair. Naquele instante senti medo, muito medo.

No jargão usado por integrantes de setores de inteligência, o código A1 representa informação verossímil, com grande probabilidade de ser real. E isso era tudo que eu não queria ouvir naquele momento.

Glaudiston Lessa passou, então, a citar os pontos que acreditava legitimar a denúncia anônima. O principal deles foi a publicação de uma reportagem, manchete do jornal O Globo[8] de domingo, 11 de dezembro de 2011, em que eu detalhava a ligação de bicheiros do Rio com integrantes de organizações mafiosas de Israel e da Rússia.

A publicação tinha como base documentos reunidos na investigação conjunta do Ministério Público Federal, da Polícia Federal e da Receita, que desencadeou a Operação Black Ops[9], aquela da qual Haylton Escafura conseguira escapar.

O trabalho dos investigadores havia apontado a participação de contraventores cariocas no contrabando de componentes eletrônicos usados na fabricação das máquinas de caça-níqueis, além de carros de alto luxo, como Porsche, Ferrari e Lamborghini. Os veículos eram adquiridos com pouco uso no exterior e vendidos no Brasil como se fossem novos.

As principais vítimas do esquema ilegal eram jogadores de futebol, cantores de pagode, sertanejo e funk, o que garantiu manchetes carregadas de ironia e preconceito, sobretudo nos jornais populares.

O foco editorial no golpe do carro usado e revendido por pequenas fortunas aos novos-ricos da Barra da Tijuca, entre eles Emerson Sheik, Diguinho, Belo e Latino[10], relegou ao esquecimento a aliança entre integrantes da máfia brasileira e organizações criminosas transnacionais.

Ao abordar a parceria com os russos da Bratva e os israelenses do clã Albergil em operações de contrabando, evasão de divisas e lavagem de dinheiro[11], a reportagem que escrevi, na opinião do delegado-corregedor, teria despertado a ira dos citados. Em especial, Haylton e Luizinho.

Não bastasse isso, para piorar, quatro dias após essa publicação, a Corregedoria Interna da Polícia Civil deflagrou a Operação Dedo de Deus. Apesar de distintas, as investigações das polícias Federal e Civil tinham praticamente os mesmos alvos: os chefões[12] das famílias do jogo do bicho e suas ramificações na política e na polícia.

Historicamente, os clãs dessa máfia genuinamente brasileira sempre reverteram uma fração dos lucros para comprar a conivência de agentes públicos, especialmente policiais. A caixinha do bicho assegura há mais de um século a livre exploração da atividade ilegal, com alguns raros reveses para os clãs e seus negócios.

A equação é simples: policiais recebem para não investigar os crimes associados ao jogo, não reprimir a atividade nos pontos de apostas e, consequentemente, não afugentar os jogadores, o que garante um formidável fluxo de caixa aos donos da banca.

A tropa de corrompidos segue hierarquia e funções previamente definidas. Há policiais que atuam na escolta do transporte dos valores arrecadados, na segurança dos integrantes dos clãs e, claro, na eliminação de desafetos. Uma espécie de comensalismo, em que os agentes públicos cooptados ficam em geral com as migalhas da incalculável movimentação financeira dos barões do jogo.

Tão notório quanto esse ciclo de corrupção, o bordão *Follow the Money* ou, em bom português, *Siga o Dinheiro*, perpetuado no longa-metragem *Todos os Homens do Presidente*[13], raramente foi trilhado por policiais ou membros do Ministério Público do Rio.

Suas investigações jamais puderam esquadrinhar a dimensão do patrimônio dos envolvidos na exploração do jogo, tampouco a extensão de seus tentáculos dentro das instituições de estado.

Uma pequena mostra dessa influência fica evidente às 22h07 do dia 24 de novembro de 2010, uma quarta-feira, num telefonema de Haylton Escafura para seu sócio na Euro Imported Cars[14]. Na conversa interceptada pela Polícia Federal um ano antes de levar à rua a operação Black Ops, o filho de Piruinha pergunta a Fábio Dutra Souza se há viaturas da Polícia Civil na frente da loja.

A concessionária funcionava no número 460 da Avenida Ministro Ivan Lins, uma das mais movimentadas da Barra da Tijuca, bairro de classe média alta na zona oeste do Rio. No outro lado da linha, o sócio conta dez patrulhas paradas na calçada da importadora de automóveis. Para surpresa dos agentes federais envolvidos no monitoramento, Haylton não estava preocupado com a presença ostensiva de policiais civis no local. O aparato estava à sua disposição, designado por "um delegado amigo" para escoltar a transferência[15] da valiosa frota de automóveis importados.

Naquela noite, 26 policiais em serviço atuavam na segurança privada de um dos negócios do bicheiro. No mesmo período, os moradores da cidade vivenciavam uma onda de violência, que resultou em 39 mortes e na destruição de 181 veículos, incendiados nas ruas de diversos bairros do Rio[16].

Embora os ataques fossem uma orquestrada retaliação da facção Comando Vermelho à anunciada ocupação do Complexo do Alemão e da Vila Cruzeiro[17], Haylton temia que seus rivais no submundo do jogo aproveitassem o caos reinante na cidade para atacar a importadora.

A Euro Cars, segundo as investigações da Polícia Federal, servia de fachada legal à ambição do herdeiro de Piruinha de ampliar seu território, anexando à sua zona de influência parte da região disputada a bala desde a morte do *capo* Emil Pacheco Pinheiro[18], aos 78 anos, em julho de 2001.

Vítima de Parkinson, Emil Pinheiro era oficial reformado do Exército, em que participou ativamente da repressão aos opositores da ditadura militar[19] e, em paralelo, da criação da cúpula do jogo do bicho.

Hayltinho mantinha negócios com integrantes de organizações criminosas transnacionais, mas se aconselhava com Luizinho Drummond. Foi o velho *capo* que o apresentou a Adriano da Nóbrega, durante uma reunião em um restaurante especializado em frutos do mar, na Ilha do Governador. O patriarca do clã conhecia o caveira desde os tempos em que ele era tenente no 16º Batalhão de Polícia Militar, em Olaria, bairro que integra a capitania dos Drummond.

Em 2012, capitão Adriano representava uma mudança na relação simbiótica entre policiais e os banqueiros do bicho. De segurança de elite da família Paes Garcia, o aspirante treinado no Bope passou à condição de mercador da morte, com autorização para explorar máquinas de caça-níqueis e receber participação nos lucros.

O capitão também tinha autonomia para prestar serviços a quem estivesse disposto a pagar seu preço. O caveira se tornara o mais bem-sucedido caso de empreendedor do submundo do crime, em que seu principal ativo estava na eficiência em tirar vidas. Apesar de notório matador de aluguel, o oficial seguia nos quadros da PM, em que foi promovido mesmo depois de ter tido o nome associado a uma série de atentados e assassinatos em 2008[20].

Na ocasião, Adriano da Nóbrega teve a prisão decretada, o que se repetiu nas operações Dedo de Deus e Tempestade no Deserto[21], deflagradas em dezembro de 2011. As investigações apontavam sua participação em execuções para os clãs da máfia do jogo, mas nenhuma o manteve na prisão, muito menos resultou em sua condenação. Daí meu medo ao ler na denúncia anônima que o ex-caveira do Bope estaria por trás do planejamento para executar o serviço. No caso, me matar.

Horas depois de chegar à Corregedoria num táxi, deixei o velho prédio da Rua Silvino Montenegro em um carro blindado. O veículo fora enviado pelo editor-executivo Ascânio Seleme, após ter sido avisado sobre a existência do plano de morte. Iniciativa louvável, mas inócua.

Naquela época, Adriano e seus sicários tinham consolidado uma assinatura em seus assassinatos: saturar seus alvos com rajadas de armas de grosso calibre, especialmente fuzis. Assim, os projéteis incandescentes atravessariam sem dificuldade a blindagem do Volkswagen Golf, capaz de resistir apenas a disparos de pistolas e revólveres.

O ataque de assalto com uma arma de guerra, além de encerrar logo a fatura, tem um propósito estratégico: o terror causado pela visão de alguém tendo o corpo dilacerado por tiros de fuzil, somado à fumaça e ao estrondo dos disparos, deixa os espectadores atônitos, em choque. Desnorteados, raramente se lembram de algum detalhe para auxiliar a polícia na identificação do atirador. Este, por sua vez, tem o rosto coberto, usa casaco preto e luvas para não deixar impressões digitais[22]. O ofício de matar exige planejamento, eficácia e, principalmente, a ausência de rastros que levem ao matador e, claro, ao contratante. Esse era o protocolo adotado por Adriano da Nóbrega.

Ao relatar o plano de morte ao Disque-Denúncia, o informante queimou etapas quando apontou os possíveis mandantes e o responsável pela contratação dos matadores antes de a execução ser consumada. Um ponto positivo, na avaliação do secretário de Segurança Pública do Rio de Janeiro, José Mariano Beltrame.

Policial federal de carreira, ele fez a ressalva durante a conversa por telefone comigo e Ascânio. Beltrame já conhecia a fama do capitão Adriano desde o período em que coordenava a Missão Suporte da Polícia Federal no Rio de Janeiro. O trabalho iniciado em 2003 consistia em monitorar, por meio do Guardião, um sofisticado sistema de escutas telefônicas e ambientais autorizadas pela Justiça, a movimentação de grupos criminosos organizados em atividade no estado. Banqueiros do jogo e seus matadores eram frequentemente flagrados nas interceptações de conversas telefônicas.

Pelo viva-voz, a fala pausada de Beltrame encheu a sala de Seleme, quebrando o silêncio com um forte sotaque "gauchês". Natural de Santa Maria, no Rio Grande do Sul, o secretário vivia no Rio havia tempo suficiente para conhecer a periculosidade do oficial caveira e os meandros do submundo carioca.

Em certa medida, ele parecia acreditar que o vazamento do plano inibiria a sanha assassina do capitão e o ímpeto dos mandantes de eliminar o mensageiro. Afinal, a reportagem que escrevi não era fruto de uma investigação jornalística própria, mas da reprodução de documentos oficiais obtidos com fontes da PF e do Ministério Público Federal.

A argumentação do secretário reduziu por alguns instantes a paúra que me consumia desde a conversa com o delegado Glaudiston Lessa. Mas a sensação de alento terminou assim que Beltrame aventou a possibilidade de proteção policial, colocando em xeque todo o discurso de Poliana[23].

Se não havia risco, de que serviria uma escolta?, pensei. A crônica policial carioca põe em dúvida a eficácia de um séquito de seguranças. Basta contar o número de mortos nos conflitos envolvendo o jogo do bicho. Em geral, as vítimas contam com seguranças oriundos das polícias, mas acabam mortas, não raro com a conivência de algum integrante da própria escolta.

Enquanto Beltrame falava, meus pensamentos divagavam, até que visualizei um calendário na mesa do editor-executivo. Contei dezesseis dias para o início do carnaval, quando o plano de morte seria colocado em prática, conforme descrito pelo denunciante. Ficar na cidade à espera de uma contagem regressiva não me pareceu racional, tampouco circular com segurança policial. Optei por ficar fora do Rio até o fim dos festejos de Momo.

Antes disso, tive de prestar depoimento na Corregedoria Interna[24], na 6ª Delegacia de Polícia[25] e, por fim, na Delegacia de Homicídios[26]. Lá eu me senti um morto-vivo diante do delegado Rivaldo Barbosa. A transferência da investigação de ameaça à unidade especializada em apurar assassinatos me soou de mau agouro.

Depois de repetir aos policiais que não conhecia pessoalmente Luiz Drummond, Haylton Escafura nem o capitão Adriano, mas já havia escrito reportagens sobre as atividades suspeitas desenvolvidas por eles, decidi pegar a estrada sozinho. O jornalista Jorge Antônio Barros, então subeditor do jornal *O Globo*, na editoria Rio, passou a acompanhar os meus passos a distância. Diariamente eu lhe enviava pelo telefone celular mensagens cifradas sobre a minha localização. Criamos códigos para facilitar o entendimento de que eu estava em segurança, mas sem dar pistas da minha localização, caso um de nós estivesse sendo grampeado. Na maior parte do tempo meu celular ficava em modo avião ou desligado, sem a bateria. Medida adotada para dificultar o rastreamento do aparelho a partir das Estações de Rádio Base (ERB).

Busquei refúgio na Costa Verde, a mesma região eleita por Luizinho e outros chefões como esconderijo. Um paraíso de vegetação abundante, águas esverdeadas, com 365 ilhas e duas mil praias frequentadas por gente de todas as partes do mundo. Entre endinheirados e famosos, desconhecidos e duros, julguei estar mais seguro ficando próximo de meus supostos algozes nesse imenso e diversificado palheiro à beira-mar.

A equipe da Corregedoria da Polícia Civil havia feito uma busca no imóvel de Angra dos Reis tão logo recebeu o relato da ameaça do Disque-Denúncia. Luizinho, Haylton e Adriano não estavam no luxuoso esconderijo. Os empregados ouvidos pela polícia pouco ajudaram, mas os relatos colhidos na localidade conhecida como Japuíba River confirmaram a movimentação de embarcações e carros na residência de Drummond.

O imóvel de fachada pintado nas cores da Imperatriz Leopoldinense de fato havia servido de esconderijo e local de reuniões do velho *capo*. No condomínio frequentado por empresários, políticos, atletas e artistas, a extravagante decoração da casa do bicheiro inspirava comentários jocosos.

Alguns empregados disseram aos policiais, em tom de chacota, que o caseiro de Luizinho era obrigado a hastear a bandeira da escola de samba sempre que o patriarca do clã passava temporadas na região. Exagero ou não, o pavilhão existia, mas não estava no topo do imóvel quando os agentes chegaram na manhã de terça-feira, 31 de janeiro de 2012.

Quarenta e seis dias antes, quando foi desencadeada a Operação Dedo de Deus, uma bandeira da Imperatriz Leopoldinense havia sido encontrada em outro endereço de Luizinho à beira-mar. Com mais de 700 metros quadrados de área construída, a propriedade às margens da Praia de Geribá, em Búzios[27], havia sido alvo de um dos mandados de busca e apreensão cumpridos por equipes da Polícia Civil. Os policiais não sabiam que, enquanto cercavam a residência na região dos Lagos, o *capo* escapava em direção a outro paraíso turístico escoltado por policiais de sua confiança, como revelou posteriormente a investigação da Corregedoria Interna.

Capitão Adriano não atuava na escolta de Luizinho, mas costumava prestar serviços ao patriarca do clã Drummond. Uma das empreitadas apontadas em inquérito da Delegacia de Homicídios teria sido o assassinato de Marcone da Silva Sacramento, diretor de bateria da Imperatriz Leopoldinense. Cria do bairro de Ramos, o ritmista vivia com os pais num pequeno apartamento a poucos metros da sede da agremiação, onde na adolescência costumava acompanhar a mãe nos ensaios da ala das baianas. Não demorou muito para o garoto se apaixonar pelo baticum. Logo ele começou a frequentar as oficinas de tamborim, repique e surdo.

Marcone também gostava de fazer experiências, incorporando à tradicional bateria instrumentos como o berimbau, que aprendeu a manusear nas aulas de capoeira. O talento do ritmista foi reconhecido anos depois, no carnaval de 2008, quando conquistou o Estandarte de Ouro[28] de Revelação. Sob sua batuta, a ala de ritmistas da Imperatriz passou a ser conhecida como Swing da Leopoldina, numa referência ao estilo melódico adotado por ele. Marcone caiu nas graças de Luizinho e foi alçado ao cargo de diretor de bateria da verde e branco.

O encantamento do *capo* pelo ritmista durou pouco mais de três anos e se quebrou instantes antes do início de um ensaio, na noite de 19 de novembro de 2011. Contrariado com a recusa do diretor em interromper o esquenta dos ritmistas para gravar uma entrevista, Luizinho sacou da cintura sua cintilante pistola Smith & Wesson 45 de aço inox e, com a cabeça de Marcone sob sua mira, lhe desferiu três bofetadas na cara. A agressão aconteceu na sala da presidência e foi testemunhada por funcionários, seguranças e alguns integrantes da bateria mais chegados ao diretor. Transtornado, Luizinho teve de ser contido para não atirar enquanto expulsava Marcone da quadra aos gritos e xingamentos.

O ritmista, humilhado, saiu da agremiação direto para a 21ª Delegacia de Polícia, em Bonsucesso. No caminho, alguns amigos tentaram demovê-lo da intenção de registrar queixa contra o chefão. Como todo banqueiro de jogo, Luizinho tinha em sua folha de pagamento policiais lotados nas delegacias e no batalhão de seu território. Marcone estava irredutível. Aos amigos, dizia que nunca havia apanhado na cara, nem mesmo do pai, descrito como severo, mas justo. Envergonhado, engolia os soluços do choro contido, limpava as lágrimas e o suor do rosto embrasado de ódio, enquanto se dirigia ao bairro vizinho.

Como um mantra, Marcone repetia que só teria coragem de olhar no rosto do pai e das duas filhas pequenas depois de denunciar as ameaças do bicheiro à polícia. Feito rastilho de pólvora, a notícia de que o recém-demitido mestre de bateria havia registrado um boletim de ocorrência chegou aos ouvidos do *capo* na mesma noite. O bochicho só fez aumentar a fúria do patrono. Aos berros, Luizinho reclamava da "ousadia do negrinho safado". Num acesso de raiva, ele destruiu móveis, quebrou troféus e a televisão em sua sala, enquanto vociferava contra o outrora pupilo, agora tratado por predicados ofensivos e preconceituosos.

No dia seguinte, cercado por seguranças, Drummond foi à delegacia registrar queixa contra Marcone, a quem atribuiu a culpa pelo quebra-quebra em seu gabinete na agremiação. Após o episódio, o ritmista deixou o apartamento dos pais, aconselhado por parentes e amigos que o acolheram. Menos de um mês depois da noite de fúria, Marcone ouviu pelo noticiário que o patrono da Imperatriz estava entre os alvos de uma ação policial.

A justiça tão aguardada pelo ritmista parecia ter alcançado Luizinho Drummond, mas o bicheiro escapou de ser tocado pela Operação Dedo de Deus.

Para Marcone, pouco importava. A notícia de que Luizinho era um fugitivo da polícia o fez sentir-se vingado. Na noite seguinte, sexta-feira, 16 de dezembro, ele decidiu voltar ao bairro e à quadra da verde e branco. Queria rever os amigos e beber umas geladas no *trailer* do Zé, na esquina da Rua Professor Lacé com a Teixeira Franco. Chegou cedo, passou a tarde na casa dos pais, onde almoçou e aproveitou para bater perna pela vizinhança, acompanhado das filhas. Em Ramos, só se falava na prisão dos bicheiros. O patrono da Imperatriz estava escondido, mas nas rodas de conversa seu espectro era quase palpável.

Marcone, por sua vez, desfilava alheio aos olhares. Não devia nada à Justiça, à polícia e menos ainda ao velho bicheiro. Andava de cabeça erguida, impávido. À noite, depois de jantar com a família, desceu para encontrar os amigos de samba no *trailer*, negligenciando a recomendação do pai. A quadra da escola estava fechada. O pagode das sextas-feiras havia sido cancelado em deferência ao foragido patrono.

O ex-mestre de bateria e os amigos bebiam, falavam e riam alto. Entoavam sambas-enredo dos tempos de garotos. A história de cada um se misturava à da própria agremiação, como uma família. Num instante, a alegria deu lugar à tristeza.

Passava pouco das 22 horas, quando dois homens, com os rostos cobertos por toucas ninja, passaram em um veículo preto, atirando em direção ao grupo. Marcone escapou, mas quatro amigos foram baleados, entre eles seu primo Sérgio da Silva Sacramento.

Sem ferimento, o ritmista foi rapidamente levado dali por vizinhos. Marcone estava em choque e tinha as mãos, o rosto e a camisa respingados de sangue dos parceiros. O mais novo deles, Fágner dos Santos Assis, de 22 anos, morreu na calçada, caído na sua frente, fulminado por um tiro no peito. O mestre sentia-se culpado por atrair os matadores.

Após o episódio, o ritmista se isolou. Não visitava mais o apartamento dos pais, não saía à rua com as filhas, nem mesmo à praia, diversão preferida das meninas. Ele temia a repetição das cenas de horror, dos gritos, do cheiro de pólvora e de sangue, como confidenciou ao pai, Ivo Matias[29]. Desde o entrevero com Luizinho sua vida havia virado de ponta-cabeça. Apesar do reconhecido talento, o ritmista não conseguia trabalho nas outras agremiações. Sócio-fundador da Liga Independente das Escolas de Samba, Drummond era um homem influente. Presidiu a entidade de 1998 a 2001, período em que a sua Imperatriz conquistou três títulos consecutivos.

Definitivamente, a rusga com o *capo* fechou as portas das quadras cariocas para Marcone. O mestre de bateria cogitou sair do estado, tentar a vida em São Paulo, mas os convites outrora constantes também cessaram. A vida seguia em compasso de espera, assim como a investigação do atentado e da morte de Fágner.

À frente da Delegacia de Homicídios, o delegado Rivaldo Barbosa havia solicitado ao titular do 21º DP cópias dos registros feitos no mês anterior após a confusão na escola de samba. O inquérito aberto na delegacia de Bonsucesso tinha apenas seis páginas, quatro delas tomadas pelos depoimentos de Marcone e Luizinho. A transferência do caso para a delegacia especializada em investigar homicídios pouco contribuiu para o avanço da apuração, muito menos inibiu a sanha dos matadores.

Cinco meses depois de ter escapado do atentado à porta de casa, Marcone foi tocaiado e morto[30] com vinte tiros de pistola e fuzil. O ritmista tinha acabado de estacionar seu carro, um Honda Fit, a poucos metros da sede do tradicional bloco carnavalesco Cacique de Ramos, na esquina das ruas Uranos e Antônio Rêgo, em Olaria. Era noite de domingo, 13 de maio de 2012. Dia das Mães. Depois de muito relutar, o ritmista havia aceitado o convite dos pais para passar a data em família. Naquele domingo, ele não pôs a cara na janela do apartamento. Olhar para a rua onde cresceu o fazia lembrar-se do corpo de Fágner estirado na calçada. Passou o dia amuado e mal tocou a feijoada feita pela mãe, seu prato preferido. Ao anoitecer, colocou as filhas na cama e foi embora, recusando o convite para pernoitar. Ele temia colocar a família em risco.

Antes de seguir para casa, Marcone decidiu dar uma passada no ensaio do Cacique de Ramos. Tinha saudade dos amigos e da cantoria sob a frondosa tamarineira, no tradicional reduto de bambas. Mas o ritmista mal teve tempo de descer do carro. Logo que estacionou, um veículo preto emparelhou com a porta do carona. Na sequência, uma rajada de tiros ecoou na rua, silenciando a roda de samba. Aos 32 anos, Marcone teve a vida abreviada por disparos colocados – no jargão de atiradores de elite, tiros concentrados num único ponto. As balas atravessaram o vidro, atingindo o tórax, o braço direito e a cabeça do ritmista. O laudo de perícia de local indicava morte instantânea, sem a mínima chance de reação da vítima.

Minutos após os estrondos, as pessoas que estavam no samba começaram a sair da quadra para ver o que havia acontecido. À distância, alguns amigos reconheceram o carro, mas o breu da noite e os vidros cobertos por película escura dificultavam a visão do interior do veículo. Pelo buraco aberto à bala na janela do carona, uma amiga reconheceu Marcone. Ele tinha a cabeça levemente inclinada para o lado esquerdo, recostada entre o vidro da porta e o espaldar do banco. Parecia dormir, não fossem as marcas de sangue espalhadas por todo o interior do veículo.

No dia seguinte à execução, o delegado Rivaldo Barbosa voltou a falar com a imprensa. Dessa vez, de forma protocolar, parecia seguir um *script*: "Foram muitos tiros, e a polícia trabalha com a hipótese de execução, mas nenhuma possibilidade será descartada"[31]. O diretor da DH acrescentou que Luizinho Drummond seria chamado para prestar depoimento. O *capo* já não era mais um fugitivo da Justiça.

O assassinato de Marcone me tocou particularmente. Eu havia retornado ao Rio e à rotina no início de maio, dias antes do crime. Por quase três meses fui obrigado a me manter longe de casa, evitando contato com a família e amigos. Sempre que a saudade apertava, pensava na expressão "dano colateral". Um eufemismo cínico usado por militares e policiais para designar os mortos acidentalmente em ações oficiais. Cria do Bope, Adriano e seus sicários também usavam a expressão[32].

Àquela altura, elucubrar um paralelo com o drama vivenciado por Marcone foi inevitável. Três dias após a sua execução, Luizinho Drummond, o principal suspeito de encomendar o crime, foi à DH acompanhado por um séquito de seguranças e advogados[33]. Em depoimento, negou ter ameaçado, agredido ou mesmo demitido o ex-diretor de bateria.

O banqueiro do jogo manteve a versão de que Marcone afastou-se da escola após ter promovido um quebra-quebra na sala da presidência. Drummond pintou o ritmista como um conspirador, um ingrato, contrário à sua liderança na verde e branco. Ficou a palavra do *capo* contra a do morto.

Antes de deixar a delegacia, o banqueiro do bicho foi questionado sobre o plano para matar um repórter do jornal *O Globo*. Drummond afirmou não saber de nada. Enfático, negou ter envolvimento em qualquer tipo de ameaça ou plano de morte. Admitiu conhecer Haylton Escafura, a quem se referiu como afilhado, mas disse não se lembrar do capitão Adriano e muito menos do repórter citado.

Luizinho não deu detalhes sobre o período em que permaneceu foragido, mas confirmou ter uma casa em Angra dos Reis. Sem avançar na investigação, o delegado relatou o inquérito[34] e o encaminhou ao Juizado Especial Criminal. A ação acabou arquivada por falta de provas – lugar-comum na maioria das investigações relacionadas à máfia do jogo, mesmo quando há pilhas de corpos evidenciando os crimes. Não foi diferente nos casos de Fágner e Marcone. Mandante e matadores nem sequer foram indiciados e tampouco denunciados à Justiça. Uma década depois, as duas execuções seguiam impunes.

No tempo em que fiquei afastado, à espera da conclusão do inquérito da DH, me dediquei a pesquisar sobre os três citados na denúncia anônima. Busquei seus nomes em inquéritos policiais e processos, ouvi fontes no Judiciário, Ministério Público, Disque-Denúncia e nas polícias Civil, Militar e Federal.

Ao reler as reportagens publicadas, descobri nos arquivos do jornal *O Dia*, onde trabalhei por dez anos antes de ir para *O Globo*, que meu caminho profissional já havia se cruzado com dois dos denunciados: Luizinho Drummond e o caveira Adriano da Nóbrega. O patriarca do clã Drummond era um velho conhecido do noticiário policial. Em fevereiro de 1999, então no primeiro mandato como presidente da Liga Independente das Escolas de Samba do Rio de Janeiro – Liesa, Luizinho foi apontado por uma testemunha como o mandante da execução de Abílio da Silva Aleixo, em agosto do ano anterior.

Abílio Português, como era conhecido, precedeu Luizinho Drummond na função de banqueiro de descarga na Zona da Leopoldina. Na hierarquia da zooteca, esse personagem está no topo da pirâmide da atividade ilegal. Ele é o responsável por cobrir o pagamento dos prêmios mais altos, evitando a quebra da banca e o calote no dono da aposta premiada. O que, ironicamente, colocaria em xeque a credibilidade da atividade ilegal.

Em resumo, o banqueiro de descarga atua como uma espécie de seguradora, garantindo a confiança dos apostadores na máxima popular do "vale o escrito". Com isso, ele abocanha entre 60% e 80% do montante arrecadado nos pontos de jogo em seu território.

Luizinho ambicionava o status de Abílio Português. Aos 68 anos, o banqueiro de origem lusitana investia os lucros em comércio e na compra de imóveis, incluindo uma quinta em Cascais, Portugal. Seu Abílio era apaixonado pela sétima arte. Tanto que se associou a um grupo de patrícios para comprar o antigo Cine Santa Helena, inaugurado em 1920, em Olaria, no subúrbio carioca, renomeado décadas depois como Cine Olaria. Nos tempos áureos, o banqueiro costumava escapar do escritório nas imediações da sala de projeção, na Rua Uranos, para assistir a filmes musicais.

Abílio Português era fã de Fred Astaire. O velho lusitano não tinha o estereótipo de bicheiro. Sempre em mangas de camisa, calça social, sapatos de couro e óculos de armações grossas, ele tinha o perfil de um comerciante bem-sucedido. Português era o oposto de Luizinho. Falava baixo e costumava circular pelas ruas da Leopoldina e da Ilha do Governador em um Mercedes-Benz branco, placa ASA 1979. Foi no luxuoso bólido alemão que o contraventor viveu seus últimos instantes, no dia 8 de agosto de 1998. Abílio acabara de sair do estacionamento do Bingo Leopoldina, na Avenida Teixeira de Castro, próximo à Praça do Cai Duro, em Ramos. Ao parar em um sinal de trânsito, dois homens numa motocicleta encostaram ao lado do motorista e abriram fogo contra o banqueiro do jogo do bicho.

Português foi atingido na cabeça e no tórax por tiros de revólver calibre 38 e pistola 45. Na fuga, um dos matadores deixou cair seu *pager*. O aparelho pertencia a um ex-PM ligado ao patriarca Drummond. Com o rei morto, Luizinho alcançou o topo da hierarquia do jogo na região. Tudo parecia conspirar a seu favor. A investigação do assassinato de Abílio Português se arrastava, até que em fevereiro de 1999, seis meses depois da execução, um ex-apontador do bicho que acabara de deixar a cadeia foi à delegacia de Bonsucesso[35] fazer uma denúncia.

Ney Gil Nunes havia sido convencido pelo pastor da igreja batista frequentada pela mulher a confessar participação no crime e apontar o matador: o ex-PM Carlos Alberto Castor, um antigo segurança de Drummond. No depoimento, o denunciante disse ter tomado a iniciativa por temer ser morto como queima de arquivo e passar a eternidade no fogo do inferno.

A partir do relato, o delegado Cláudio Emmer pediu a prisão provisória do presidente da Liga Independente das Escolas de Samba. Era o fim da tarde de quinta-feira, dia 11, antevéspera de carnaval, quando Luizinho Drummond foi surpreendido pela chegada dos policiais à sede da Liesa, no Centro do Rio. O *capo* participava de uma reunião sobre os últimos preparativos para os desfiles no Sambódromo quando foi interrompido e levado à carceragem da Polinter.

Vinte e quatro horas depois, o juiz José Geraldo Antônio, da 23ª Vara Criminal do Tribunal de Justiça do Rio de Janeiro, suspendeu o efeito do mandado de prisão que ele próprio havia assinado em 4 de fevereiro. Ao rever a decisão, o magistrado demonstrou insatisfação e certa surpresa com a demora de uma semana para o cumprimento da ordem judicial.

Assim, Drummond deixou a cadeia pela porta da frente, a tempo de desfilar diante da Imperatriz Leopoldinense.

Sorte no jogo e no amor. Naquele ano, Luizinho se tornou o banqueiro de descarga de todos os bairros da Zona da Leopoldina, e sua escola do coração conquistou o título de campeã do Grupo Especial com o enredo "Brasil, Mostra a Sua Cara em... Theatrum Rerum Naturalium Brasiliae[36]". Por mais irônico que soasse, o tema escolhido pela carnavalesca Rosa Magalhães tinha sido inspirado na missão de pintores holandeses no Brasil do século XVII.

Esmiuçar o passado de Luizinho Drummond me levou ao 16º Batalhão de Polícia Militar, erguido no espaço outrora ocupado pela Invernada de Olaria. A delegacia criada pelo governador Carlos Lacerda reunia alguns dos integrantes da Scuderie Le Cocq, um esquadrão da morte formado por policiais para vingar o assassinato do detetive Milton Le Cocq de Oliveira, no fim da tarde de 27 de agosto de 1964.

Le Cocq tombara ao tentar prender Manoel Moreira, o Cara de Cavalo. Um ladrão pé de chinelo, como descreveu Zuenir Ventura em *Cidade Partida*[37]. O larápio costumava roubar a féria de alguns dos pontos de aposta de Ângelo Maria Longa, o Tio Patinhas, em Vila Isabel. Le Cocq não estava em missão oficial, mas a serviço do maior banqueiro do jogo do bicho na época. A morte do detetive escancarou a promíscua relação entre agentes da lei e os donos da banca.

Trinta e sete dias depois, a caçada promovida por integrantes do esquadrão da morte a Cara de Cavalo terminou numa casa de meia-água em Cabo Frio. O ladrão que matou Le Cocq com um único disparo de sua Colt .45 foi fuzilado com 52 tiros, 25 deles no estômago[38]. Um dos envolvidos na execução, o policial José Guilherme Godinho Ferreira, o Sivuca, tinha no jovem Luizinho um de seus principais informantes.

Aos 24 anos, Luizinho iniciara a trajetória no ramo da zooteca como aranha[39], anotando os palpites dos apostadores nos arredores da estação de trem do bairro. A atividade rendia algum dinheiro e muita informação usada como moeda de troca com Sivuca e outros integrantes da Invernada de Olaria. A parceria de contraventores com policiais e militares ligados aos aparelhos de repressão nos anos de chumbo pavimentou o caminho para a criação da cúpula do jogo do bicho, descrita *Nos Porões da Contravenção*[40]. Luizinho e Sivuca eram subprodutos dessa aliança.

Com o passar dos anos, o aranha se tornou *capo*, com assento no Clube do Barão, e o policial truculento, político. Nomeado delegado, o integrante da Scuderie Le Cocq foi pioneiro no uso da retórica do "bandido bom é bandido morto" como arma para conquistar votos. O *slogan* o alçou a uma cadeira de deputado na Assembleia Legislativa do Rio de Janeiro, nas eleições de 1986.

Luiz Pacheco Drummond fez fortuna e comprou o status de mecenas do carnaval ao virar patrono da Imperatriz Leopoldinense, sempre amparado nas alianças com agentes públicos. Afinal, o príncipe deve manter suas possessões providas com um bom exército[41]. A Invernada de Olaria ficou no passado, mas Luizinho mantinha seus laços com os maus policiais do batalhão do bairro.

Foi no batalhão de Olaria que Luizinho conheceu o jovem e ambicioso Adriano da Nóbrega. O tenente treinado no Bope personificava a antítese da expressão "faca na caveira e nada na carteira", generalização promovida no filme *Tropa de Elite 1*, como se honestidade fosse uma virtude inata de todos os integrantes do Batalhão de Operações Especiais.

Adriano empregava as técnicas assimiladas nos exaustivos treinamentos para fazer dinheiro. O oficial vibrador ("empenhado", no jargão militar) tinha comportamento instável, alternando momentos de extrema ousadia e indisciplina durante as ações policiais, gerando risco à equipe e ao cumprimento das missões, o que resultou em sua transferência da tropa de elite para o batalhão da Tijuca, no fim de 2002. O afastamento do Bope marcou de vez a ruptura na carreira do tenente, então com 25 anos.

O caveira aprendera que a farda preta não lhe garantia apenas status e melhor remuneração nos bicos. Ela valorizava o seu passe no submundo do crime. Fora do Bope, Adriano teve passagens rápidas por cinco batalhões, ficando em média menos de dois anos em cada unidade. Sua ficha funcional na Polícia Militar passou a refletir a sua personalidade conflitante. O caveira se tornara um "decaído", como alguns instrutores da tropa de elite se referem àqueles convertidos a mercenários. Ao chegar ao 16º BPM, o tenente era considerado um especialista em "clínica geral": extorsão, associação criminosa e assassinatos a soldo.

A fama de Adriano no submundo o precedia, mas em novembro de 2003 ela ganhou destaque nas páginas policiais dos jornais. O tenente fora acusado de comandar a extorsão, tortura e execução do guardador de carros Leandro dos Santos Silva.

Morador da favela de Parada de Lucas, no subúrbio carioca, o flanelinha, de 24 anos, trabalhava havia quatro anos no sistema Vaga Certa nos arredores do Hotel Copacabana Palace, na Avenida Atlântica. Foi durante a cobertura do caso para o jornal *O Dia* que ouvi pela primeira vez o nome de Adriano da Nóbrega.

Nessa época, o jovem oficial vivia com a primeira mulher, Danielle Mendonça Costa da Nóbrega, numa quitinete no 10º andar do edifício de número 63 da Avenida Prado Júnior. O caveira ouvira na vizinhança boatos de que Leandro alternava a função de prestador de serviço da Companhia de Engenharia de Tráfego (CET-Rio) com a atividade de estica. No jargão policial, o sujeito venderia pequenas quantidades de drogas que pegava com traficantes da favela de Parada de Lucas a turistas e *playboys* da zona sul carioca. Adriano montou o cerco e o flanelinha se viu transformado em alvo de uma extorsão pela guarnição do batalhão de Olaria.

Liderado pelo oficial, o grupo pegou Leandro de surpresa nos arredores da Praça do Lido. O Grupamento de Ações Táticas Especiais (Gate) comandado por Adriano estava a pouco mais de 20 quilômetros de sua área de atuação, mas isso não o impediu de exigir 2 mil reais do guardador. O pagamento deveria ser feito semanalmente. Leandro bem que tentou argumentar. Disse ser trabalhador, casado, pai de dois filhos e sem envolvimento com drogas. De fato, o flanelinha jamais havia respondido a inquérito policial. Adriano ignorou. Olhando firme na cara do flanelinha, retrucou que o ganho como guardador não pagaria os tênis que estava usando. Por fim, deu um ultimato: "Se não entregar a grana na sexta, te pego em casa"[42].

Era fim de tarde e o guardador de carros voltou nervoso à Parada de Lucas naquela quarta-feira, dia 19. Depois de desabafar com a família, conseguiu com o apoio de parentes juntar metade do valor exigido pelo tenente da PM. Dois dias depois, Leandro voltou à Praça do Lido. Adriano estava sozinho. Vestia bermuda, chinelos e não usava camisa. O flanelinha mal o reconheceu sem a farda. O tenente contou as notas amealhadas na sua frente, sem se importar com o vaivém de pessoas. Adriano não escondeu a frustração ao ouvir o guardador dizer que só tinha metade da quantia. O tenente, então, empurrou o flanelinha até uma Blazer branca, que estava estacionada a poucos metros dali, em frente a um inferninho, quase na esquina da Rua Belford Roxo com a Avenida Nossa Senhora de Copacabana. No interior do veículo, dois policiais à paisana aguardavam o oficial.

Leandro foi jogado no banco traseiro e esmurrado seguidas vezes no estômago. Nauseado pela dor intensa, o flanelinha levantou o rosto, como quem busca ar após um mergulho profundo. Nesse instante, Adriano enfiou-lhe um saco plástico na cabeça.

O método de tortura, que ganhou notoriedade no longa-metragem do diretor José Padilha[43] quatro anos depois, era um dos preferidos do tenente. Uma evidência de que a prática era parte da doutrina na formação de um caveira.

Terminada a sessão de tortura no banco traseiro da Blazer, parada a poucos metros da orla da Princesinha do Mar, Adriano anunciou que na sexta-feira seguinte Leandro deveria lhe entregar R$ 3 mil. Desesperado, o rapaz não conseguiu trabalhar e voltou à favela de Parada de Lucas. Orientado pela família, recorreu à presidente da associação de moradores. A líder comunitária sugeriu denunciar o caso às comissões de direitos humanos da Ordem dos Advogados do Brasil e da Assembleia Legislativa. Leandro não era o primeiro morador da favela de Lucas a sofrer abusos nas mãos do Gate comandado pelo tenente Adriano. Dois jovens negros, nascidos e criados na favela às margens da linha férrea do ramal Central do Brasil-Saracuruna, haviam relatado à líder comunitária ter sido vítimas de episódios semelhantes, com agressões e extorsões praticadas pelos PMs, antes do ataque ao guardador.

Após denunciar o episódio nas duas comissões, Leandro foi encaminhado à 5ª Delegacia de Polícia, que funciona no térreo da sede da Polícia Civil, no Centro do Rio. Em seguida, o flanelinha foi submetido a exame de corpo de delito no Instituto Médico Legal. Os peritos atestaram a existência de marcas compatíveis à violência relatada pelo jovem negro.

Ao voltar para casa naquela noite, Leandro contou à líder comunitária estar confiante de que o pior havia passado. Ele estava enganado. Seis dias depois, Leandro foi capturado pelos PMs pouco depois de atravessar a passarela sobre a linha férrea e chegar ao ponto de ônibus, na Rua Bulhões Marcial.

Era início da manhã de quinta-feira, 27 de novembro de 2003. Fazia calor. O flanelinha prometera aos filhos comprar picolés no caminho para o campinho de terra batida, quando retornasse do trabalho em Copacabana. Com o horário de verão, daria para bater uma bola antes de o campo ficar às escuras, mas o reencontro com os meninos não saiu como planejado. Leandro foi surpreendido por dois PMs da equipe de Adriano, que estavam dentro do bar em frente à parada de ônibus. Arrastado pelos policiais, ele foi jogado na caçapa do camburão, que estava estacionado na calçada, na esquina da Rua Goitá. Em seguida, o flanelinha foi levado a um galpão abandonado de uma antiga fábrica às margens da Avenida Brasil, em Cordovil, bairro vizinho à Parada de Lucas. Dessa vez, o tenente Adriano nem sequer se deu ao trabalho de usar a Blazer descaracterizada empregada anteriormente. O grupo de policiais estava fardado e numa Patamo do 16º BPM, conforme mostrou na época o relatório de posicionamento do GPS instalado no veículo da Polícia Militar[44].

O dado técnico serviu para reforçar o testemunho de dois vigilantes de uma empresa próxima ao galpão. Ambos disseram em depoimento ter visto a patrulha do batalhão de Olaria entrar no terreno naquela noite. A fábrica abandonada fora convertida em centro de tortura pela guarnição comandada por Adriano.

Lá, o flanelinha foi novamente para o saco. Asfixiado, agredido e, por fim, morto com um tiro de pistola 9 milímetros na cabeça. Em seguida, os policiais levaram o corpo à emergência do Hospital Getúlio Vargas, na Penha. No registro feito na sala de polícia, os PMs disseram ter encontrado o homem baleado numa das ruas da favela de Lucas após uma intensa troca de tiros com traficantes.

A versão, repetida na 38ª DP pelo tenente e seus subordinados em depoimentos que atravessaram a madrugada, caiu por terra diante dos rastros deixados. Não bastassem as denúncias feitas por Leandro, os investigadores da Polícia Civil e da Corregedoria da PM encontraram vestígios de sangue num saco plástico e uma camisa do guardador de carros no terreno da antiga fábrica desativada.

Os investigadores também descobriram um par de chinelos identificados como sendo de outra vítima do grupo. Adriano e outros sete PMs foram detidos e suas armas apreendidas para exame balístico. O anúncio das prisões levou o comandante do 16º BPM, tenente-coronel

Lourenço Pacheco Martins, a sair em defesa dos policiais do Gate. O oficial ameaçou jornalistas, fotógrafos e cinegrafistas no pátio da delegacia para onde os integrantes da guarnição haviam sido levados. A situação se agravou após a descoberta de que o grupo mantinha um arsenal paralelo[45] no batalhão. Dois fuzis, uma pistola e um radiotransmissor foram encontrados nos armários dos policiais.

As armas tinham sido apreendidas em favelas da região e desviadas para o paiol particular do bando. As investigações revelaram ainda que Adriano costumava usar carros particulares e até mesmo roubados em ações clandestinas.

Se a saída do Bope revelou o lado perverso de Adriano, a sua primeira passagem pelo Batalhão Especial Prisional (BEP), em Benfica, na zona norte do Rio, deu mostras de duas outras facetas de sua personalidade: o afiado senso de oportunismo e a índole traiçoeira. Bem-apessoado, o jovem oficial branco, forte e com quase um metro e oitenta surpreendeu muitos dos antigos instrutores da tropa de elite ao ter o nome vinculado à extorsão, tortura e morte do flanelinha.

Alguns se recusavam a acreditar que um dos melhores aspirantes do Bope tivesse decaído tão rapidamente. Era mais fácil crer na versão do "neguinho, favelado e traficante". Havia ainda a possibilidade de o tenente ter sido ludibriado por algum sargento cascudo e corrupto. Afinal, o jovem oficial continuava morando na quitinete de Copacabana, sem nenhum sinal aparente de enriquecimento. Para contribuir com o estereótipo de bom policial injustiçado, sua mulher, Danielle, estava grávida.

Dessa forma, mesmo preso, o tenente foi indicado para trabalhar na equipe de segurança pessoal da então CEO da Brasil Telecom, Carla Cicco. O currículo do caveira apresentava vários cursos de especialização, entre eles o de Segurança Especial VIP, concluído quatro meses antes de seu desligamento do Bope. Mas o tenente não tinha vocação para o serviço burocrático. Adriano também detestava usar terno e gravata, uma exigência para a função de guarda-costas.

A oportunidade dada por um antigo instrutor não abriu apenas o caminho para um novo e bem remunerado serviço. Ela escancarou as portas do BEP para o oficial caveira. Enquanto aguardava o julgamento pela morte de Leandro da Silva, Adriano entrava e saía do cárcere sem dificuldade para fazer seus bicos. Logo percebeu que a prisão poderia ser uma ótima chance para um assassino de aluguel fazer negócios. Quando não estava por trás do gatilho, o caveira selecionava alguém de sua confiança para dar cabo do serviço.

A prisão especial para policiais oferecia farta mão de obra e servia como álibi perfeito para um matador a soldo. Em tese, o preso não poderia sair de sua cela, pular o muro de seis metros de altura, cometer um crime e voltar. Na prática, porém, essa era uma realidade, como revelaram investigações da Delegacia de Homicídios[46] e um processo[47] da Auditoria de Justiça Militar. Adriano saía e entrava pela porta da frente do BEP.

O engenhoso ardil de praticar crimes ou arregimentar matadores entre os colegas de cárcere foi adotado pelo oficial entre 2004 e 2006, quando o tenente passou uma temporada preso. O hábito de terceirizar algumas de suas empreitadas o levou a criar uma espécie de consórcio de assassinos de aluguel, batizado anos depois pela imprensa de *Escritório do Crime*.

Quando fui alertado pelo delegado Glaudiston Lessa sobre o Disque-Denúncia, optei por não dar publicidade à acusação de ameaça de morte, tampouco imaginei escrever um livro. Após o arquivamento do caso, passei a acompanhar à distância os movimentos de Adriano da Nóbrega. Ora policial laureado, ora bandido, o capitão levou uma vida dupla até 7 de janeiro de 2014, quando foi publicado no Diário Oficial do Governo do Estado do Rio de Janeiro o decreto de sua exclusão dos quadros da Polícia Militar[48].

O processo, iniciado em 2009, indicara com evidências robustas o seu envolvimento com a máfia do jogo. Além do capitão, a investigação alcançou outro caveira: o tenente João André Ferreira Martins, parceiro de Adriano nos tempos de juventude na Fazenda e no Haras Garcia, em Guapimirim. Após a expulsão da Polícia Militar, o ex-caveira submergiu de vez na criminalidade organizada.

A ideia de transformar em livro a sua trajetória torta surgiu às vésperas de as execuções da vereadora Marielle Franco e de seu motorista, Anderson Gomes, completarem um ano. Foi nessa época que recebi de uma fonte um *pen drive* com 12.623 páginas digitalizadas. O pequeno dispositivo de memória continha cópias do sigiloso inquérito que apurava a execução da parlamentar e seus desdobramentos.

Embora não tenha logrado chegar ao mandante ou mesmo indicar a motivação do crime, a investigação deu origem a três outros inquéritos, desnudando em parte as atividades do bando de assassinos de aluguel. A essa altura, o ex-capitão do Bope se tornara uma espécie de CEO de uma *holding* criminosa, com ramificações no submundo do jogo, dos assassinatos por encomenda e do domínio territorial paramilitar.

Além da leitura de processos, inquéritos e notícias publicadas desde o início dos anos 2000, recorri a Zeca Borges, na esperança de elaborar um mosaico da vida paralela do oficial caveira a partir da citação de seu nome em relatos cadastrados pelo Disque-Denúncia. Com a ajuda do saudoso criador desse serviço, encontrei o nome de Adriano da Nóbrega em 43 denúncias.

A primeira delas[49] foi relatada a um dos atendentes do Disque-Denúncia às 14h41 do dia 26 de dezembro de 2008. A pessoa no outro lado da linha citou o envolvimento de PMs do Batalhão da Ilha do Governador com um grupo de extermínio. Entre os nomes listados figuravam o capitão Adriano, o tenente João e o policial Lessa. Não é possível afirmar que o Lessa citado seja o sargento reformado da PM Ronnie Lessa, denunciado pelo Ministério Público como o executor de Marielle Franco e Anderson Gomes. Contudo, na época da denúncia, os três PMs estavam de fato lotados no 17º BPM (Ilha do Governador).

Sem mais detalhes, o relato não teve resultado prático, mas a análise do conteúdo reunido nas denúncias em que Adriano da Nóbrega teve o nome citado revelou que o ex-capitão do Bope mantinha um padrão de comportamento criminoso e, principalmente, contava com o apoio de uma espécie de núcleo duro, formado por policiais que ganharam sua confiança ao longo de anos, desde o início de sua formação na Polícia Militar.

Nesse cenário, o tenente João André Martins aparece como parceiro preferencial em ao menos seis assassinatos a soldo. A dupla teria participado em 2005 da execução de Abílio da Silva Aleixo Júnior, herdeiro do espólio de Abílio Português. Anos mais tarde eles foram relacionados entre os suspeitos do fuzilamento de Marcone Sacramento, o ex-diretor de bateria da Imperatriz Leopoldinense. As duas mortes teriam sido encomendadas por Luizinho Drummond.

Adriano também teve o nome investigado por suspeita de participação nas execuções de três políticos, de herdeiros de poderosos clãs da máfia do jogo e até no sequestro do filho do traficante Isaías da Costa Rodrigues, o Isaías do Borel, um dos chefes do Comando Vermelho. De sua cela, em Bangu 1, ele comandava uma disputa territorial que levou pânico aos moradores da Tijuca.

Era abril de 2002 e os moradores desse bairro de classe média vivenciavam cenas de guerrilha urbana[50], com traficantes e policiais trocando tiros em plena Rua Conde de Bonfim, uma das mais movimentadas da região. Balas perdidas atingiram apartamentos nos arredores do Morro da Casa Branca, epicentro de uma feroz disputa territorial entre as facções Comando Vermelho e Terceiro Comando.

A sensação de insegurança era generalizada. Um medo palpável, que se materializou na pesquisa do Centro de Estudos de Segurança e Cidadania da Universidade Cândido Mendes (Cesec/Ucam), "A Década da Violência"[51]. O estudo apontava aumento de 129% na taxa de roubos por grupo de 100 mil habitantes na cidade, na comparação entre os anos de 1991 e 2002.

Cercada por favelas, a Tijuca apresentava um dos maiores índices de roubos de carros da cidade. Foi nesse cenário que o jovem tenente Adriano da Nóbrega, recém-transferido do Bope para o batalhão do bairro, conheceu Flávio Nantes Bolsonaro. Aos 21 anos, ele fora eleito o mais jovem parlamentar a ocupar uma cadeira na Assembleia Legislativa do Rio de Janeiro.

O filho primogênito do então deputado federal Jair Bolsonaro voltava para casa quando foi abordado por ladrões, que lhe impuseram momentos de terror, sob a mira de armas e ameaça de morte, para levar seu carro, um Gol Turbo. Nessa época, o clã Bolsonaro morava na Tijuca. Adriano aproveitou a oportunidade para estabelecer laços de amizade com o jovem político.

Atirador de elite, o caveira propôs dar aulas de tiro e noções de direção defensiva a Flávio Bolsonaro. Era o início de um longo e misterioso compadrio. Um ano depois, o deputado estadual concedeu ao oficial a primeira homenagem como parlamentar. Mas foi em 9 de setembro de 2005 que a relação de cumplicidade ficou mais evidente. Naquela manhã, o parlamentar concedeu ao oficial a mais alta condecoração da Alerj: a Medalha Tiradentes. Na ocasião, o caveira estava preso no BEP[52].

Depois do episódio, Flávio empregou a mulher e a mãe do ex-oficial caveira. Danielle Mendonça da Nóbrega e Raimunda Veras Magalhães foram nomeadas assessoras parlamentares em seu gabinete na Alerj[53], onde permaneceram até novembro de 2018. Elas foram denunciadas pelo Ministério Público do Rio de Janeiro, juntamente com o deputado estadual e outros 31 funcionários nomeados.

Eles foram apontados como integrantes de um esquema de desvio de dinheiro público (peculato), apropriação indébita, lavagem de dinheiro e organização criminosa. A "rachadinha" acontece quando o político fica com parte dos salários de seus assessores. O caso, entretanto, acabou anulado pelo STJ[54].

A mulher e a mãe de Adriano foram exoneradas de seus cargos na Alerj um mês depois de Jair e Flávio Bolsonaro terem sido eleitos, respectivamente, presidente e senador da República Federativa do Brasil. Embora afirme que não era amigo do ex-capitão do Bope, Jair Bolsonaro foi testemunha de caráter do oficial em seu julgamento no processo[55] em que acabou condenado pela morte de Leandro Silva, na 2ª Vara Criminal do Tribunal de Justiça do Rio de Janeiro.

A reconstituição de episódios relacionados à trajetória errática do ex-capitão só foi possível a partir de uma série de entrevistas, análise de documentos e de transcrições de escutas telefônicas. A colaboração de três ex-instrutores do Bope e quatro delegados da Polícia Civil foi fundamental para traçar o perfil do aspirante a oficial da PM que se tornou chefe da maior milícia de matadores de aluguel do Rio de Janeiro.

A aura intimidadora em torno do capitão caveira talvez explique a recusa da maioria dos entrevistados em falar abertamente sobre o matador. São raros os relatos em *on*, como o dos ex-caveiras Rodrigo Pimentel, Paulo Storani e os delegados Glaudiston Galeano, Vinícius George e Alexandre Neto, aposentado após ter sido alvo de um atentado a tiros.

Adriano Magalhães da Nóbrega está morto, mas seu espectro ainda assombra muita gente.

Decaído

((· DISQUE DENÚNCIA

MOV-RIO & SSP/RJ

Número	Vs	Data	Classificação		Oper.
12676.1.2012	4	30/01/12 21:34	IMPORTANTE	IMEDIATA	416

Destinatário _____

Data Difusão ___/___/___   Hora Difusão ___:___   Rubrica _____

ATENÇÃO!
O DIRETOR DA DIVISÃO DE DENÚNCIAS SOLICITA OS BONS PRÉSTIMOS NO SENTIDO DE QUE SEJA ENVIADA RESPOSTA DESTA DENÚNCIA PARA O E-MAIL: RESPOSTAS.RDD.RJ@DISQUEDENUNCIA.ORG.BR OU FAX: 2334-9335. INFORMANDO O NÚMERO DA DENÚNCIA.

Assunto:
1 - CRIMES CONTRA A PESSOA / AMEAÇA
2 - ARMAS DE FOGO E ARTEFATOS EXPLOSIVOS / POSSE ILÍCITA DE ARMAS FOGO
3 - CRIMES PRATICADOS POR FUNC. PUBLICOS / DESVIO DE CONDUTA

XPTO:
DESARME O BANDIDO / PORTE ILEGAL
ENVOLVIMENTO POLICIAIS

Difusões

Difusão Externa

2 - CORREGEDORIA GERAL DA PCIVIL - (CGPOL)	30/01/12 21:55	OPERACIONAL
4 - POLINTER - DIV. CAPTURAS - CIDPOL	30/01/12 21:55	OPERACIONAL
6 - CINPOL	30/01/12 21:55	INFORMATIVA
9 - COORD SEG INTEL DO MP/ CSI-MP	31/01/12 10:22	INFORMATIVA

Difusão Interna

1 - S1 - SUPERINT. DE CONTRAINTELIGÊNCIA	30/01/12 21:55	INFORMATIVA

Orgãos de Inteligência

1 - SSI / SEPM (SUBSECRETARIA DE INTELIGÊNCIA) PMERJ	31/01/12 10:22	INFORMATIVA

Local de ocorrência

Endereço
  N.I. Não Informado

Bairro / Sub Bairro   Municipio / UF
  Não Informado   ANGRA DOS REIS / RJ

RELATO

NO MUNICÍPIO CITADO, SEM REFERÊNCIA, ONTEM (29/1/12) NÃO SOUBE INFORMAR A HORA, OCORREU UMA REUNIÃO COM OS CONTRAVENTORES "LUISINHO DRUMONT", "HAILTINHO" FILHO DO CONTRAVENTOR "PERUINHA", E O CAPITÃO "ADRIANO" LOTADO NO BOPE (NÃO CARACTERIZADOS), QUE PLANEJARAM CONTRATAR ALGUNS INDIVÍDUOS (NÃO IDENTIFICADOS) PARA ASSASSINAREM O REPORTER DA GLOBO "SÉRGIO RAMALHO", NO PERÍODO DE CARNAVAL.

OBS.: ENTREVISTADO SE RECUSOU A PASSAR MAIORES INFORMAÇÕES, DESLIGANDO EM SEGUIDA.

07/07/2021 19:07:58   MAX

Relato do plano para matar o jornalista Sérgio Ramalho

Bin Laden na cabeça: a execução de Maninho

O ronco da "furiosa" era o sinal aguardado pelo porteiro para erguer a cancela de acesso à garagem da academia Body Planet, na Freguesia, em Jacarepaguá. Seu Antônio sabia que o dono da Kawasaki Ninja vermelha e branca – e que deu ao veículo o apelido – não gostava de esperar para sair rumo à Estrada do Gabinal de punho colado, acelerando ao máximo e deixando para trás um séquito de seguranças.

Na noite chuvosa de 28 de setembro de 2004[56], porém, não havia escolha e o estrondo das mil cilindradas da motocicleta de Waldemir Paes Garcia, o Maninho, acabou abafado por estampidos vindos do outro lado da rua. Posicionado no banco traseiro de um Fiat Brava verde, com vidros escuros e placas clonadas, o atirador mal esperou Maninho ultrapassar a cancela para pressionar o gatilho do AK-47, liberando duas rajadas intermitentes de três disparos.

O lendário fuzil de assalto criado pelo russo Mikhail Kalashnikov era o preferido do sargento da PM Geraldo Antônio Pereira. Ao armamento deu o apelido de Bin Laden. A alcunha fora inspirada em fotos do terrorista árabe empunhando um rifle semelhante nas capas de revistas estrangeiras após os atentados de 11 de setembro de 2001. Sargento Pereira não sabia uma palavra em inglês, mas tinha fascínio pelas fotografias estampadas nas publicações estrangeiras penduradas nas bancas de jornal do Leblon, bairro de classe média alta, onde passou a trabalhar como adido na Delegacia Antissequestro, a DAS.

Antes de ganhar o nome do mentor dos ataques às torres do World Trade Center, a arma pertencia a Gordo, um dos gerentes da venda de cocaína no Morro da Fazendinha, no Complexo do Alemão. O fuzil havia sido retirado das mãos inertes do traficante, morto pelo sargento na Operação Guanabara, uma megaoperação desencadeada com o apoio do Exército, da Marinha e demais forças de segurança, em 28 de fevereiro de 2003.

O rifle preto com acabamento de madeira e coronha de aço retrátil não foi levado ao depósito da Polícia Civil. Sargento Pereira o desviou como espólio de guerra para reforçar o seu arsenal particular. Sem o registro de apreensão formalizado, o AK-47 era mantido oculto em meio a outros fuzis nas reservas de armamento das delegacias por onde o sargento passou. Bin Laden era uma arma fantasma. Oficialmente, nunca existiu.

Enquanto o motorista acelerava o Fiat Brava para sair do local do crime, Pereira acompanhava numa fração de segundo o corpo de Maninho tombar na calçada ao lado da motocicleta. Chovia fino e naquele momento o matador lembrou-se das Torres Gêmeas vindo abaixo três anos antes, em Nova Iorque.

Naquela manhã de 11 de setembro, Pereira tomava café no escritório de seu advogado, no Centro, quando teve a atenção voltada para a televisão fixada à parede. Nas imagens, dois aviões colidiam com os edifícios, reduzidos a ruínas instantes depois. Guardadas as devidas proporções, a analogia feita pelo sargento tinha algum sentido em seu universo paralelo.

Maninho era o príncipe, o herdeiro da coroa de um dos mais poderosos clãs da contravenção carioca: os Paes Garcia. A família controlava o jogo nos bairros mais abastados das zonas norte e sul da cidade. Um império com faturamento desmedido. Mas o primogênito de seu Miro não estava satisfeito. Ele queria ampliar seu território para se tornar o *capo di tutti capi*, o chefão do jogo do bicho, a máfia genuinamente brasileira.

Sete meses antes de ser alvo da tocaia, o filho preferido de Waldemir Garcia, o Miro, comprara um sítio em Vargem Grande para criar cavalos Mangalarga e Campolina. Embora fosse um apaixonado por equitação, a instalação de um haras na região representava mais um passo em seu plano de escalada ao poder. Localizado numa área estratégica, entre a Barra da Tijuca e o Recreio dos Bandeirantes, o espaço serviria de base para seu projeto de anexar a rica região ao vasto território da família.

Cobiçada por Maninho, a Barra e seus arredores faziam parte do espólio do banqueiro do jogo do bicho Emil Pacheco Pinheiro, um oficial da reserva do Exército, que sob os arbítrios impostos pelo AI-5 participou da criação da cúpula do jogo no estado. Com a partilha feita nos moldes das capitanias hereditárias, coube a Emil um naco de terra pouco valorizado nos idos de 1968.

Naquela época, a região era considerada distante do Centro. Um território alagadiço, tomado por vegetação de restinga e classificado como rural. A década seguinte marcou o início da mudança desse cenário. As obras de construção da Autoestrada Lagoa-Barra abriram caminho à urbanização e à especulação imobiliária no bairro. Não demorou para que os condomínios fechados da Miami tupiniquim atraíssem para o bairro emergente os novos-ricos. Como consequência, cresceu a demanda por mão de obra: porteiros, empregadas, babás, cozinheiras, motoristas, auxiliares de limpeza e operários da construção civil.

Em meio ao crescente vaivém de pessoas, um personagem típico das esquinas cariocas começou a ganhar espaço na outrora longínqua Barra da Tijuca. O bairro de traçado urbanístico marcado por retas, representadas nas extensas e largas avenidas – das Américas, Ayrton Senna e Sernambetiba –, viu surgir em suas raras curvas as improvisadas bancas de jogo do bicho.

Apontadores esparramados em cadeiras colocadas próximo a pontos de ônibus, bancas de jornal e bares foram se incorporando ao cenário. Inicialmente na Barrinha e no Jardim Oceânico. Enquanto trabalhadores faziam sua fezinha nas esquinas, moradores abastados frequentavam os cassinos clandestinos instalados em luxuosas residências no Itanhangá e na Estrada do Joá.

O potencial de lucro com a exploração de jogos clandestinos na região fez crescerem os olhos das novas gerações. Os herdeiros dos velhos banqueiros do bicho passaram a ambicionar o espólio deixado pelo contraventor e militar reformado Emil Pinheiro, morto em decorrência de complicações causadas pelo avanço da doença de Parkinson, em 16 de julho de 2001.

Emil era um *capo* à moda antiga. Elegante, flanava de terno, gravata e chapéu de feltro pelas ruas da cidade. Tornou-se presidente do Botafogo para homenagear o filho, Ernesto Pacheco Pinheiro. Apaixonado pelo time da Estrela Solitária, o primogênito do contraventor morreu num acidente de avião em 1978, sem ver o seu clube ser campeão. Com a fortuna amealhada nas bancas de apostas, o contraventor decidiu realizar postumamente o sonho do filho. Sob Emil Pinheiro, o Botafogo recebeu investimentos e venceu o Campeonato Carioca de 1989. A conquista pôs fim a um jejum de 21 anos sem títulos[57]. O *capo* honrou a promessa feita ao filho, mas morreu frustrado, aos 78 anos, sem um herdeiro varão para assumir seu valorizado território.

Emil Pinheiro deixou uma filha, mas mulheres não têm direito a voto na machista cúpula do jogo, tampouco assumem o comando dos negócios. Viúvas e filhas recebem mesadas até que o colegiado criminoso decida o nome de um sucessor para administrar o espólio. Em litígio desde o fim da era Emil, a Barra passou a ser alvo de disputas entre as novas gerações, os príncipes dos clãs da máfia do jogo.

O filho de Miro aproveitou-se da antiga amizade de seus pais com o casal, especialmente com a viúva. Dona Leda tinha afeição pelo garoto magrelo, comprido e desengonçado, que costumava bater bola com Ernesto nas areias da Praia de Copacabana. A boa relação entre os clãs foi o trunfo usado por ele para oferecer um acordo à viúva.

Maninho administraria os pontos de aposta da Barra, repassando mensalmente 60% do valor arrecadado nas bancas às herdeiras do contraventor. A ousada manobra não agradou em nada à cúpula do jogo. Como é tradição no Clube do Barão, passado o período de luto, os membros se reúnem para definir o destino do espólio do finado *capo*. Em geral, o controle das bancas fica a cargo de herdeiros diretos, desde que sejam homens, ou sob a responsabilidade de um preposto indicado pelos remanescentes do clã. Tudo, claro, com a aquiescência dos chefões das demais famílias.

Aos 70 anos, dona Leda se antecipou à escolha dos barões do jogo, batendo o martelo em favor de Maninho, antes mesmo de o colegiado se reunir. A essa altura, as sucessivas investidas do príncipe dos Paes Garcia sobre a viúva e o espólio em litígio despertaram a ira de outros clãs. O estatuto do clube tem regras rígidas, e a morte costuma ser a pena para quem descumpre a máxima do "vale o escrito".

Na partilha original, as herdeiras teriam a preferência na escolha de um sucessor para administrar os negócios do clã. Entretanto, seu Emil havia apalavrado com Castor de Andrade um novo acordo para a sucessão em seu território. Desgostoso desde a morte de Ernesto, o *capo* estava inteiramente dedicado a cumprir a promessa feita ao filho.

Emil recorreu a Castor de Andrade, o *capo di tutti capi* nessa época. Doutor Castor andava farto com os resultados obtidos pelo Bangu Atlético Clube. Perder a final do Campeonato Brasileiro para o Coritiba numa partida controversa, no Maracanã, em 1985, levou o bicheiro a rever os investimentos no time de Moça Bonita. Nem mesmo a conquista da Taça Rio, dois anos depois, o fez retomar o encanto pelo Bangu.

Àquela altura, o chefão só tinha olhos para a recém-criada Liga Independente das Escolas de Samba (Liesa)[58]. Fundador e primeiro presidente da entidade responsável pela organização da maior festa popular do país, Castor estava decidido a trocar o gramado do Estádio Moça Bonita pela Avenida Marquês de Sapucaí e sua nova paixão: a Mocidade Independente de Padre Miguel.

Quando foi procurado por Emil Pinheiro, amigo dos tempos de criação da cúpula do jogo, Castor sugeriu uma reunião na Cabana da Serra, um restaurante no alto da Estrada Grajaú-Jacarepaguá. O encontro aconteceu numa noite de janeiro de 1988. O restaurante estava praticamente vazio quando os dois chefões chegaram acompanhados por seus seguranças.

Emil, Castor e três advogados seguiram em direção à uisqueria, um espaço reservado no interior do estabelecimento, enquanto os integrantes de suas escoltas permaneceram no estacionamento, próximos aos carros.

A partir daí, o encontro tem duas versões. Uma delas, publicada 21 anos depois pelo jornalista Roberto Porto em seu blog sob o título "Uma transação (quase) mafiosa"[59], teria sido descrita assim pelo próprio Emil Pinheiro:

O contraventor abriu uma maleta e colocou em cima da mesa 100 mil dólares em notas de 100, com a efígie de Benjamin Franklin (1706-1790), estadista dos Estados Unidos.

Mas Castor – me garantiu Emil Pinheiro – era, digamos na gíria, mordido de cobra. Por isso, de repente, chamou um auxiliar mais qualificado e colocou na mesa uma maquineta que garantiria a autenticidade das cédulas. E lá ficou Emil à espera de que todos os 100 mil dólares passassem incólumes pela maquineta de Castor.

A quantia seria o pagamento pelos passes dos jogadores Marinho, Mauro Galvão, Cláudio Adão e Paulo Criciúma, craques do Bangu Atlético Clube. Na segunda versão, confirmada por um dos advogados presentes ao encontro[60], não houve pagamento em dinheiro. Na maleta, Emil trazia um contrato de gaveta, uma espécie de testamento, no qual se comprometia a entregar a administração de seu território ao clã Andrade. Suas herdeiras receberiam 50% do faturamento mensal.

O acordo, segundo o advogado, previa a retomada do território por um herdeiro varão do clã. Versões à parte, os reforços vindos do Bangu de fato foram fundamentais para o Botafogo conquistar os títulos de campeão carioca de 1989 e 1990. Alheio à existência do acordo entre os dois chefões, Maninho seguia firme em seu propósito de anexar a Barra da Tijuca, o Recreio dos Bandeirantes e Jacarepaguá ao vasto território de seu clã. Aos mais chegados, o príncipe dos Paes Garcia costumava bradar que o tempo dos velhos tinha passado: "Agora é Deus no céu e Maninho na terra".

Nessa época, o contraventor tinha o hábito de reunir os amigos na cobertura recém-comprada, em frente à Praia da Barra. Do alto do prédio, anunciava que um dia tudo aquilo seria seu. No mesmo imóvel, em 1988, agentes da Polícia Federal encontraram no *closet* de sua suíte nove rifles, duas escopetas, nove pistolas e sete revólveres. A descoberta do arsenal levou o Ministério Público Federal a denunciar Maninho por contrabando de armas. A ação, contudo, não o levou à prisão, tampouco à condenação. O episódio, entretanto, serviu de alerta no Clube do Barão. As divergências entre Maninho e os velhos da cúpula – como ele se referia a Aniz Abraão David, Aílton Guimarães Jorge e Luiz Pacheco Drummond – alcançaram o ápice anos depois, no início de agosto de 2004.

Um mês antes da execução de Maninho, um advogado representando o colegiado criminoso foi à casa de seu Miro, em um luxuoso condomínio na Freguesia, levando um ultimato. Aos 77 anos, o patriarca dos Paes Garcia trocara Copacabana por Jacarepaguá após ter sido diagnosticado com síndrome de disfunção ventricular. Seu Miro havia aceitado a mudança para ficar longe da agitação, mas se recusara a abandonar o fumo. O velho *capo* respirava com o auxílio de um ventilador pulmonar quando recebeu o advogado.

Sem meias-palavras, o representante da cúpula anunciou a sentença de banimento de Maninho das decisões do Clube do Barão, caso ele insistisse na oferta feita à viúva. O colegiado reconhecera o acordo firmado por Emil e Castor. A rica Barra da Tijuca seria anexada ao território dos Andrades, senhores na fatia pobre da zona oeste do Rio.

Seu Miro explodiu numa crise de tosse ao ouvir a advertência. A reação do patriarca levou Rose, a enfermeira, a interromper a reunião, chamando uma ambulância e o chefe da segurança, o capitão da Polícia Militar Paulo Roberto, que telefonou para Maninho. O advogado da cúpula foi orientado a sair do imóvel antes da chegada do herdeiro, conhecido pelo temperamento explosivo.

O episódio agravou o quadro de saúde de Miro e acirrou a animosidade entre o príncipe dos Paes Garcia e os velhos barões do jogo. Os socorristas da UTI móvel chegaram a tempo de estabilizar o paciente, evitando a internação do patriarca. Ao chegar ao condomínio acompanhado do amigo Rogério Mesquita, Maninho encontrou o pai sedado. Coube à enfermeira explicar o motivo da repentina piora na saúde do patriarca. Furioso, o primogênito reuniu os seguranças. Ele queria o nome do advogado enviado pela cúpula para importunar o pai moribundo. Aos berros, anunciou que pagaria um prêmio pela cabeça do homem que por pouco não levara seu pai à morte. Maninho passou o resto do dia vociferando contra os velhos do Clube do Barão. À noite, de volta ao escritório, uma espécie de *bunker*, na Avenida Henrique Dumont, em Ipanema, ele confidenciou a Mesquita a disposição de não abrir mão da Barra da Tijuca.

Maninho só não iniciou uma guerra naquele momento em respeito à palavra empenhada ao pai acamado. Seu Miro tinha diferenças com alguns dos integrantes da cúpula, em especial com Aílton Guimarães Jorge, o capitão Guimarães. Coisa antiga, dos tempos em que ambos trabalhavam para Ângelo Maria Longa, o Tio Patinhas, o *capo di tutti capi* da máfia do jogo nos anos 1950.

Contudo, seu Miro sabia da importância do colegiado para a manutenção da paz entre os clãs e o bom funcionamento dos negócios. A recusa de Maninho em acatar a decisão da cúpula surpreendeu até mesmo antigos aliados de sua família. Desde a criação, os membros do Clube do Barão arbitram as pendengas nos territórios delimitados.

O colegiado atua como uma espécie de suprema corte da máfia do jogo. A resposta às insubordinações contra as decisões do clube costuma ser rápida e, sobretudo, emblemática, para desencorajar disputas de poder entre os ambiciosos herdeiros dos clãs.

Maninho foi sentenciado à morte. Contudo, a execução do príncipe de uma das famílias não era uma tarefa simples. Mesmo sendo extremamente ambicioso, sargento Pereira sabia dos riscos de levar a cabo tamanha empreitada. Os Paes Garcia eram muito ricos, influentes e contavam em seu exército particular com dois jovens oficiais treinados no Batalhão de Operações Especiais. Infiltrados na escola de formação de oficiais da PM, os tenentes Adriano e João atuavam como mercenários para a poderosa família.

Maninho era contrário a delegar territórios a policiais, mas não fazia objeção em contar com homens bem treinados para atuar em sua guerra por poder. Os dois jovens caveiras eram filhos de funcionários de confiança de seu Miro, na Fazenda Garcia e no Haras Modelo.

A ideia de criar uma tropa de elite para servir aos interesses dos Paes Garcia agradou ao seu Miro, que planejava usar a dupla para garantir a segurança dos netos. Maninho tinha outros planos em mente. Em sua sanha para ampliar o domínio territorial rumo à Barra da Tijuca, ele pretendia empregar os dois caveiras para remover os obstáculos de seu caminho.

A compra da propriedade em Vargem Grande marcara o início de seu projeto expansionista no antigo território de Emil Pinheiro. Maninho sabia que não era o único herdeiro da máfia do jogo a cobiçar a rica região, tampouco o primeiro disposto a pagar policiais corruptos para agirem como mercenários em suas escaramuças.

A diferença era que os Paes Garcia tinham investido na preparação de assassinos treinados pelo Bope. E não graças a Maninho. O predileto de seu Miro nutria uma desconfiança patológica de policiais. A ideia de infiltrar na Polícia Militar os dois filhos de pessoas de confiança foi sugestão de Rogério Mesquita, imediatamente autorizada pelo patriarca.

Seu Miro se entusiasmou com a proposta de Mesquita. A ideia de infiltrar aliados no Bope, entretanto, foi muito criticada por Maninho. O herdeiro sabia que um dos principais obstáculos aos seus planos de expansão também fazia parte da PM, mas prestava serviços a outro clã da máfia do jogo.

Sargento Pereira não tinha passado pela unidade de elite. Filho de migrantes nordestinos, ele entrou para a Polícia Militar aos 23 anos, apadrinhado pelo Doutor Castor. O *capo* incentivava os jovens pobres de seu território a ingressar no Exército. Ao fim do serviço militar, os mais destacados recebiam ajuda para fazer a prova de seleção da Polícia Militar.

Não raro, o caixa da contravenção[61] pagava a taxa de inscrição de seus escolhidos. Infiltrar aliados nas instituições de Estado, sobretudo na polícia, é prática comum na Cosa Nostra[62] e o DNA da máfia italiana está na gênese do Clube do Barão[63].

Dessa forma, em maio de 1983, Geraldo Antônio Pereira ganhou distintivo, arma e passou a trabalhar para a família Andrade enquanto tirava serviço no 14º BPM em Bangu, reduto do clã. Inicialmente, o PM atuava na escolta e na distribuição de máquinas de videopôquer nos estabelecimentos comerciais do bairro e nas cercanias.

Os anos 1980 foram marcados pelo início do desembarque dos jogos eletrônicos no Brasil. Com o tempo, Pereira passou a recolher a féria dos pontos de aposta, mas era pouco o que ganhava. Logo o policial percebeu que matar lhe garantia mais dinheiro e, principalmente, a proximidade do *capo*.

Doutor Castor já não estava vivo quando o sargento recebeu a missão de eliminar o príncipe dos Paes Garcia. A essa altura, o policial acumulava anos de serviços prestados à máfia do jogo. Pereira vislumbrou na oportunidade o caminho para realizar um desejo de adolescência: tornar-se banqueiro do jogo do bicho. Mas o filho de seu Miro não era um cadáver barato. Maninho tinha *pedigree*. Aos 14 anos já acompanhava o pai nas atividades ilegais da zooteca. Miro tinha adoração pelo garoto.

Tal qual o pai, Maninho começou como aranha, anotando as apostas no entorno da Central do Brasil. A região fazia parte do território de Ângelo Maria Longa, o Tio Patinhas, que dominava o jogo da zona norte à zona sul, incluindo praticamente todo o Centro do Rio de Janeiro.

Maninho aprendeu a fazer contas vendo o pai fechar o caixa de seu ponto. A cada sorteio era preciso enviar as pules à apuração, em que as apostas eram conferidas antes da extração. Em vez de ir à escola, o garoto magrelo decorou a tabuada ao acompanhar o pai ao trabalho.

Eram tempos de vacas magras. A família vinda do interior do estado vivia com muita dificuldade, até que seu Miro foi escolhido para gerenciar as bancas de Vila Isabel, bairro onde nasceu a loteria dos bichos. Esperto e muito falante, Maninho não demorou a dominar todos os meandros da atividade ilegal. Dos pontos de aposta, passando pela apuração até o sorteio dos bichos, num período em que tudo era feito sem o auxílio de computadores. O adolescente de olhos esbugalhados cresceu em meio aos talonários e suas combinações: milhar, centena, duque de dezena combinado.

Tamanho traquejo elevou o garoto ao status de afilhado preferido de Tio Patinhas. O *capo di tutti capi* não tinha filhos e, ao morrer, aos 78 anos, deixou apalavrada a divisão de seu território entre alguns de seus fiéis colaboradores.

Maninho, então com 26 anos, recebeu a joia da coroa: Copacabana e grande parte da zona sul carioca. Seu Miro ficou com parte do Centro, Vila Isabel, Tijuca e arredores. Juntos, pai e filho passaram a dominar o jogo nas regiões mais lucrativas do Rio de Janeiro.

Em 6 de abril de 1986, a dimensão do poder concentrado nas mãos do jovem herdeiro ganhou medida na capa da Revista de Domingo[64] do *Jornal do Brasil*. Sob o título "Maninho, o novo rei do Rio", um dos veículos mais tradicionais e influentes do país estampou a fotografia do contraventor montado numa Honda CBR 900 Fireblade, sem capacete, vestindo jeans e camiseta.

Em cinco páginas dedicadas inteiramente ao contraventor, a revista voltada à elite carioca mostrou que Maninho não tinha o condão de encantar apenas o chefão da velha guarda do jogo. O filho de Miro foi apresentado aos leitores como símbolo da nova geração de banqueiros do bicho. Tudo ilustrado com fotos produzidas, uma delas dentro do *bunker* da família Paes Garcia, em Copacabana.

Maninho posou de terno branco, simulando uma queda de braço com o pai. Também fez fotos à frente de Gironda, uma premiada égua Campolina, criada com outros 100 animais das raças Mangalarga Marchador e Campolina no haras mantido pela família na Fazenda Garcia, em Guapimirim, então distrito do município de Magé, na Baixada Fluminense.

Emoldurada por um ensaio fotográfico típico de revistas de celebridades, a reportagem enfatizou a opção do jovem contraventor de dispensar a companhia de *"seguranças carrancudos"* durante sua rotina diária. O texto acrescentava, porém, que o bicheiro não deixava de lado a sua pistola, nem mesmo quando foi à missa de sétimo dia de Tio Patinhas, na Igreja da Candelária.

Seis meses depois da publicação, o contraventor revelou a sua verdadeira face ao se envolver numa discussão com o ator Tarcísio Meira Filho no restaurante La Fiorentina, no Leme. Enciumado, o bicheiro reagiu a um comentário feito por um dos amigos do filho do casal de estrelas da televisão Tarcísio Meira e Glória Menezes. Maninho estava acompanhado da mulher, Sabrina Harrouche, da cunhada Betina e de um séquito de amigos e seguranças.

Era madrugada de segunda-feira, 27 de outubro de 1986. O Rio vivia um período eleitoral, com dois nomes disputando votos à sucessão de Leonel Brizola no governo do estado: Darcy Ribeiro (PDT) e Moreira Franco (PMDB). O candidato da oposição estava à frente nas pesquisas. Crítico ferrenho da política de segurança adotada pelo governador, Moreira acabou se tornando um dos maiores beneficiados pelos acontecimentos daquela madrugada.

No interior do restaurante La Fiorentina, a turma do deixa-disso conseguiu arrefecer os ânimos. Contido por Sabrina e Betina, Maninho não sacou a pistola Taurus 7.65 que carregava presa ao cós da calça jeans, nas costas, a inseparável arma citada no perfil publicado na Revista de Domingo.

A chapa voltou a esquentar na frente do restaurante. Tarcisinho aguardava o manobrista para entrar em seu Monza, acompanhado dos amigos José Augusto Hoft Rocha e Carlos Gustavo Moreira, o Grelha. Assim que o ator se acomodou no veículo, Maninho se aproximou e chutou seguidas vezes a porta do motorista, danificando o espelho retrovisor.

Assustado, Tarcisinho acelerou o carro pela Avenida Atlântica, em direção à Avenida Princesa Isabel, sentido bairro de Botafogo. Nesse instante, o grupo liderado pelo contraventor iniciou a perseguição. Guiando um Escort XR3 branco, Maninho foi seguido de perto por um Opala vermelho e um Monza cinza, onde estavam seus amigos e seguranças.

Quando o Monza guiado por Tarcisinho entrou no Túnel Novo, os três ocupantes ouviram o som de disparos, seguido por uma batida na traseira do veículo. Nesse momento, Grelha começou a gritar no banco de trás.

O amigo de Tarcisinho havia sido atingido por um dos tiros. A bala atravessou a lataria, perfurou o estofamento do banco traseiro e acabou alojada entre as vértebras (T10 e T11) da coluna cervical de Grelha, deixando o rapaz paraplégico. O episódio gerou comoção social, agravada após a descoberta de que o chefe da segurança do clã Paes Garcia era um capitão da PM lotado no Gabinete Militar do Palácio da Guanabara, sede do governo do estado. A revelação foi publicada pelo *Jornal do Brasil*, na edição enviada às bancas dez dias antes da eleição[65].

Identificado apenas como Paulo Roberto, o oficial teria tido a identidade preservada por determinação do então secretário de Polícia Civil, Nilo Batista. Além da reportagem, na edição de 5 de novembro de 1986, o *JB* publicou o editorial "Verdades Cruas", em que criticava a promiscuidade entre autoridades do governo Brizola e a cúpula do jogo do bicho.

O capitão Paulo Roberto Souza acabou exonerado da função no gabinete militar, mas seguiu na Polícia Militar até ser reformado como tenente-coronel, sem jamais ter sido punido. O oficial não foi o único a ficar impune. Apesar de tudo, Maninho não foi preso em razão do episódio.

Enquanto Carlos Gustavo, o Grelha, passava pela primeira de uma série de cirurgias na coluna cervical, o *JB* chegou às bancas com uma fotografia do delegado Osmar Peçanha na primeira página segurando um exemplar da Revista de Domingo, com o contraventor na capa. Era sábado, 1º de novembro de 1986.

Sob a manchete[66] "Polícia já sabia da culpa de Maninho", a reportagem expôs o tamanho da influência do clã Paes Garcia na política de segurança pública do estado. Apesar do título, no texto o delegado colocava panos quentes ao dizer "ter dúvidas sobre a participação do contraventor nos tiros disparados contra o carro do ator". Em seguida, o delegado acrescentou saber que Maninho havia sido o autor dos pontapés na lateral do veículo de Tarcisinho. O tema ocupou praticamente toda a página 10 da editoria de Cidade. Nela, um dos subtextos chamava a atenção por ilustrar o poder da máfia do jogo.

Sob o título "Bicho também caça culpado"[67], o texto abria espaço para Waldemir Paes Garcia, o Miro, defender o primogênito. Presidente de honra do Salgueiro, o chefão do clã afiançava a inocência do filho e antecipava a apresentação do responsável pelos tiros no carro de Tarcisinho:

"Nós sabemos quem foi e estamos procurando a pessoa, que vai se apresentar à polícia neste sábado e contar tudo", sentenciou Miro.

Na manhã de sábado, seguindo o roteiro previamente determinado pelo chefão, José Carlos dos Santos Reis apresentou-se na 10ª DP, em Botafogo. Aos 28 anos, o agente de turismo não só admitiu que estava com Maninho no Fiorentina, como confessou ter sido o autor dos disparos. Josef, como é conhecido, fazia parte da turma que rotineiramente orbitava em torno de Maninho. Era uma espécie de faz-tudo do contraventor.

Um ano após assumir a culpa em depoimento à polícia, Josef foi morar em um dos apartamentos da família Paes Garcia, em Copacabana. A mudança para o imóvel próximo à estação do metrô, na Rua Siqueira Campos, foi detalhada 35 anos depois do atentado pelo suposto atirador na inicial do processo[68] ajuizado em 8 de novembro de 2021, no Tribunal de Justiça do Rio de Janeiro.

Na ação, que tramita na 42ª Vara Cível, Josef solicita o reconhecimento do usucapião do apartamento, uma das inúmeras propriedades relacionadas no inventário de Maninho.

José Augusto e Carlos Gustavo só foram julgados seis anos depois do atentado a Tarcisinho. Maninho foi absolvido. O atirador confesso foi condenado a quatro anos e dois meses em regime aberto. Grelha permanece preso a uma cadeira de rodas.

Dezesseis anos depois do episódio, às vésperas do carnaval de 2002, Maninho foi condenado[69] no Superior Tribunal de Justiça a pagar à vítima uma indenização de 1.500 salários mínimos, além de pensão vitalícia de 18 salários mínimos. Na época, o salário mínimo era de R$ 200[70], totalizando pouco mais de R$ 303 mil.

Na semana seguinte ao anúncio da sentença do STJ, Maninho e Josef percorreram a Avenida Marquês de Sapucaí embalados pelo samba-enredo

"Asas de um sonho, viajando com o Salgueiro, o sonho de ser brasileiro". O desfile garantiu a sexta colocação à agremiação e o retorno ao Sambódromo no sábado das campeãs.

Naquele ano, a escola do clã Paes Garcia recebeu de apenas um dos patrocinadores, a companhia aérea TAM, investimento de 1 milhão de reais[71]. Folião desengonçado, Maninho era bom de porrada. Com 1,87 m, o faixa roxa de judô e de caratê fazia musculação regularmente, mas foi na rua, ainda garoto, que aprendeu a lutar, sempre estimulado pelo pai.

Cresceu brigão e costumava perfilar seus seguranças no tatame para testar se estavam aptos a protegê-lo. Num desses arroubos de agressividade, Maninho quebrou o nariz do sargento Oliveira, amigo de Pereira dos tempos de Batalhão de Polícia do Exército, na Vila Militar. Não foi necessário muito esforço de Pereira para convencer o antigo companheiro de caserna a trair o príncipe dos Paes Garcia.

Em poucos dias, o matador havia recebido e decorado a relação de endereços de familiares, amantes e das boates e restaurantes da preferência do contraventor, bem como os horários de treino na academia e, claro, as escalas de folga dos seguranças. A vida de Maninho esquadrinhada numa folha de papel. Com um detalhe a mais: Adriano da Nóbrega, o oficial caveira da tropa de elite dos Paes Garcia, estava preso no Batalhão Especial Prisional.

Pereira converteu as informações em um plano para eliminar o príncipe. A relação de lugares percorridos regularmente pelo *capo* era extensa. Sobretudo a lista de amantes. Nela havia atrizes, modelos, advogadas, promotoras, jornalistas, garotas de programa e muitas filhinhas de papai da zona sul do Rio. A novidade no harém era a caçula de um desembargador do Tribunal de Justiça, aluna de Comunicação na antiga Universidade da Cidade, em Ipanema.

Maninho costumava ter muitos encontros furtivos numa semana. O vaivém de mulheres em seu *bunker* aumentava consideravelmente às vésperas do carnaval, quando os pedidos para desfilar no Salgueiro o levavam a verdadeiras maratonas sexuais. Pereira analisava minuciosamente as lacunas na rotina de seu alvo em busca do melhor momento para atacar. O sargento sabia que a execução de um dos principais herdeiros da contravenção geraria estardalhaço na imprensa.

A repercussão obrigaria as autoridades da área de segurança a se pronunciarem sobre o crime. Explicações superficiais e prazos para a identificação e prisão dos culpados seriam anunciados. Tudo balela. Historicamente, as investigações relacionadas às mortes arbitradas pela cúpula do bicho acabam arquivadas, sem culpados, apenas mortos.

Com o destino de Maninho selado, cabia ao atirador ser preciso e evitar danos colaterais no momento da execução. Embora as escapadas fossem oportunas para a emboscada, um infortúnio poderia colocar tudo a perder. Pereira tinha noção de que aquela era a sua chance de galgar alguns degraus na hierarquia da organização criminosa.

As horas que antecederam a execução de Maninho foram tensas. Pereira revisava cada detalhe da tocaia. A saída da academia lhe pareceu o momento mais oportuno para o ataque. O bicheiro costumava ser um dos últimos a deixar o local, geralmente acompanhado por seguranças.

Naquela noite, Maninho dispensou o aparato para encontrar a filha do desembargador. A presença dos capangas desagradava à universitária. Ela dizia se lembrar do pai e de seu séquito de brutamontes enfiados em ternos pretos.

Pereira tinha cronometrado cada fase do plano para evitar deslizes. A estrada à frente da academia era perfeita para agilizar a fuga, mas costumava ficar engarrafada no horário de *rush*. Também eram comuns as barreiras policiais naquele trecho da via, próximo à bifurcação que leva à Barra da Tijuca ou à Cidade de Deus. Era hora de equacionar as variáveis. Nesse caso, acionar os aliados nas polícias Civil e Militar. Em especial, no 18º BPM, na Freguesia. O sargento conhecia bem a região e mantinha amigos no batalhão desde os tempos em que servira como cabo na unidade. Pereira estava entre os seis policiais expulsos da corporação após terem sido flagrados por um cinegrafista amador agredindo onze moradores da Cidade de Deus.

O episódio exibido no *Jornal Nacional* ficou conhecido como o "Muro da Vergonha[72]". Cinco anos depois, Pereira foi reintegrado aos quadros da PM por determinação da Justiça. Promovido a sargento, foi cedido à Polícia Civil, em que atuou como adido em delegacias especializadas. A essa altura, a postura de policial truculento, que lhe rendeu o apelido de "Rambinho" na Cidade de Deus, se tornou um ativo, pavimentando sua trajetória no mercado da morte a soldo.

Sob o manto de policial operacional, Pereira foi lotado na Divisão Antissequestro, a DAS, e passou a circular pela cidade em veículos blindados, não raro com escolta formada por informantes e policiais corruptos ligados ao submundo da zooteca.

Assim, como um iniciado nas bancas do jogo do bicho, o sargento cercou-se por todos os lados antes de apertar o gatilho do AK-47 contra o príncipe do clã Paes Garcia. Pereira acompanhou os passos do filho de Miro a distância, com o apoio de uma rede de informantes.

A noite de 28 de setembro de 2004 estava chuvosa, mas Maninho insistiu em ir à academia de motocicleta, contrariando o patriarca. Após o episódio envolvendo o advogado da cúpula do bicho, o primogênito passou a ir com mais frequência à mansão do pai, em Jacarepaguá.

Naquela noite, Miro o acompanhou até a garagem, onde voltou a insistir para que o filho fosse ao treino no Passat alemão blindado. Maninho ignorou, optando por sair de motocicleta, na "furiosa", apelido da Kawasaki Ninja com pintura personalizada com as cores do Salgueiro. "Furiosa" também era uma referência à bateria da agremiação.

Ao teimar em sair de motocicleta, mesmo diante da insistência do pai, Maninho contribuiu para a eficácia do plano de Pereira. A todo instante o sargento recebia relatos sobre os movimentos do herdeiro.

O matador acionara seu batedor assim que soube da chegada de Maninho à academia. Antes de iniciar a série de quase duas horas de musculação, ele manteve o hábito de passar pela lanchonete para comer uma tigela de açaí com granola e banana fatiada.

No período em que o banqueiro do jogo permaneceu na Body Planet, o motoqueiro destacado por Pereira fez duas vezes o percurso de 13,8 quilômetros entre a antiga sede da Delegacia de Repressão a Entorpecentes (DRE), colada a um dos acessos ao Morro dos Macacos, em Vila Isabel, e a academia, na Estrada do Gabinal, na Freguesia.

Sargento Pereira partiu rumo à DRE, onde estava lotado um de seus parceiros de empreitada, inspetor da Polícia Civil com sólidas alianças nas cúpulas da instituição policial e da contravenção. Foi o policial que entocou Bin Laden, o AK-47 fantasma, na reserva de armamentos da delegacia.

Por coincidência, a DRE funcionava em um imóvel ao lado do antigo zoológico de Vila Isabel, bairro onde na tarde de domingo, 3 de julho de

1892, o barão João Batista de Viana Drummond criou a bolsa de apostas que deu origem ao jogo do bicho.

A chuva fina havia dado trégua e o percurso de carro até o local da tocaia foi concluído sem sobressaltos. Astuto, Pereira escolheu um Fiat Brava para a empreitada. O modelo não despertaria a atenção ao ficar parado na calçada onde funcionava uma concessionária Fiat do outro lado da Estrada do Gabinal, bem na frente da academia.

No interior do automóvel, o matador ocupava o banco traseiro. À frente, dois policiais: um soldado do 18º BPM (Jacarepaguá) ao volante e, no banco do carona, um inspetor da Polícia Civil. Pelo Nextel, o trio recebia informações sobre a movimentação do alvo na sala de musculação e das patrulhas em ronda na Freguesia, Taquara e arredores da Cidade de Deus, localidades relativamente próximas à academia. A chuva voltou a apertar quando Maninho seguiu em direção ao estacionamento da Body Planet. Para surpresa do trio, ele não estava só. O filho caçula, Myrinho, então com 15 anos, o seguiu até o pátio coberto onde estava a Furiosa. Por alguns instantes Pereira cogitou adiar o ataque.

A execução simultânea de dois herdeiros de um mesmo clã, sendo um deles ainda adolescente, certamente resultaria em guerra de proporções inimagináveis no submundo do jogo ilegal. O matador estava decidido: se o garoto subisse na garupa da moto, a execução seria adiada. A cabeça de Maninho estava na alça de mira de Bin Laden. O caçula permaneceu por perto, parecia pressentir algo de errado, mas não montou na motocicleta.

No instante em que o pai deu a partida na Furiosa, o porteiro acionou a cancela em sincronia com o ronco do motor, que foi abafado pelo estrondo dos disparos do AK-47.

Em uma fração de segundo, as balas calibre 7.62 x 39 mm percorreram o cano da arma, cortando o ar por pouco mais de 80 metros até dilacerar o peito do *capo*. A força do impacto o tirou do prumo. Maninho tombou junto à Kawasaki, deslizando lentamente calçada abaixo, num rastro de sangue e água, até parar junto ao meio-fio.

Atônito, Mirynho correu em direção ao pai, sem notar que havia sido ferido por estilhaços no ombro esquerdo. Enquanto o garoto gritava por socorro, Maninho revirava os olhos esbugalhados e tentava respirar. Naquele instante, Pereira foi tomado por um sentimento de euforia que não experimentava desde os tempos de menino. No carro em fuga, ele e os dois policiais comemoravam aos gritos a queda do príncipe do poderoso clã Paes Garcia. A fuga terminou numa freada brusca à frente do restaurante Telhado Azul, na Avenida Engenheiro Souza Filho, em Rio das Pedras. Era hora de comemorar. Beber o morto.

O sucesso da empreitada seria recompensado com a autorização para o sargento Pereira explorar jogos eletrônicos em Rio das Pedras, favela erguida na franja do Maciço da Tijuca, às margens da Lagoa de Jacarepaguá, e no Terreirão, à beira do Canal das Tachas, no Recreio dos Bandeirantes. As duas comunidades são tradicionais redutos de migrantes nordestinos. Sargento Pereira[73] não se tornou dono desses territórios, tampouco bicheiro, como chegou a imaginar, mas arrendatário. A terceirização de áreas[74] havia sido colocada em prática por Rogério Andrade, sobrinho de Castor de Andrade.

 Um dos herdeiros do conflagrado clã, ele adotara uma metodologia empresarial para gerir a atividade ilegal. R.A., como é tratado pelos subordinados, atua como CEO de uma *holding*, diferentemente dos velhos chefes. Sob sua administração, policiais que antes atuavam apenas na segurança da operação passaram a gerir áreas. Ao delegar responsabilidades aos arrendatários, Rogério esperava tirar o foco da família historicamente envolvida na exploração clandestina de jogos. Os policiais escolhidos para administrar as regiões passaram a negociar diretamente com seus pares nas polícias Civil e Militar.

Além de preservar a imagem dos verdadeiros donos do território, a estratégia apostava no corporativismo dos agentes públicos como um forte aliado para evitar surpresas desagradáveis aos donos da banca. Para garantir vultosas participações nos lucros, os arrendatários passaram a estabelecer alianças e a criar redes de informantes para saber com antecedência detalhes sobre investigações em andamento nas delegacias de suas áreas. Tudo azeitado pelo pagamento semanal de caixinha aos colegas.

Enquanto Pereira e seus parceiros comemoravam no restaurante Telhado Azul, o patriarca do clã Paes Garcia recebia em casa a informação de que o filho e o neto tinham sido hospitalizados após um tombo de moto. Num primeiro momento, os parentes decidiram ocultar de seu Miro a morte de Maninho. Para surpresa de todos, o velho *capo* não se contentou com as explicações sobre a queda do filho, tampouco aceitou a orientação médica de permanecer em casa à espera de notícias. Seu Miro saltou da cama e exigiu ser levado ao hospital onde estariam o filho e o neto.

O velho *capo* não acreditara numa só palavra do que ouvira sobre Maninho ter caído da motocicleta, levando Myrinho na garupa. A falsa versão do acidente foi sugerida para tentar tranquilizar o patriarca até a chegada de Alcebíades Paes Garcia. Formado em agronomia, o irmão de Maninho não se envolvia nas atividades relacionadas à zooteca. Bid, como era tratado, cuidava das fazendas do clã em Goiás, Mato Grosso do Sul, Bahia, Roraima e no Paraguai.

O patriarca parecia saber que algo muito grave havia acontecido ao filho preferido. O velho estava agitado, não aceitava tomar as medicações, e num instante se pôs de pé, pedindo à enfermeira que o ajudasse a se vestir. O inesperado arroubo de vitalidade apresentado pelo patriarca levou a família a deixar a equipe médica de sobreaviso. A família, então, decidiu aguardar pela alta de Myrinho, que fora levado ao hospital ao lado do pai para uma avaliação médica. O neto de seu Miro estava em choque. Os ferimentos provocados por estilhaços no ombro foram superficiais, mas a imagem do pai tombando, atingido por tiros de fuzil, seguia latente na cabeça do adolescente.

O caçula não desgrudou do pai até a chegada ao Hospital Cardoso Fontes, a poucos quilômetros do local do atentado. Ferido no tórax e no pescoço, Maninho foi encaminhado ao centro cirúrgico, mas não resistiu. Após a confirmação de sua morte, Myrinho deixou a enfermaria e permaneceu ao lado do corpo, no necrotério do hospital, até a chegada de Sabrina, sua mãe.

Aos 45 anos, na prática Maninho já havia assumido o comando dos negócios ilegais da família. A execução do príncipe não arruinou apenas a sua pretensão expansionista rumo à Barra da Tijuca e arredores. Sua morte marcou o início do fim da hegemonia dos Paes Garcia na valorizada zona sul carioca, abrindo caminho para a eliminação de duas gerações de varões da família. Ironicamente, embora fosse visto pelos velhos chefões do Clube do Barão como um *playboy* inconsequente e ambicioso, Maninho era incondicionalmente contrário à terceirização das operações e, sobretudo, ao arrendamento de territórios a policiais corruptos.

Para o herdeiro de Tio Patinhas e seu Miro, a relação dos barões do jogo com agentes públicos deveria se limitar ao pagamento de propina para garantir que fizessem vista grossa ao jogo nas esquinas da cidade. A terceirização adotada por Rogério Andrade tinha em Maninho um crítico ferrenho. Ao contrário do sobrinho de Castor, o filho de Miro enxergava no arrendamento um risco à manutenção do domínio territorial dos clãs. Ironicamente, os velhos da antiga cúpula não imaginavam que o método colocado em prática pelo sobrinho do Doutor Castor mudaria para sempre as relações de poder entre os policiais corruptos e o colegiado criminoso.

Maninho fora preparado desde a infância para assumir os negócios da família. Sua execução desestruturou toda a cadeia hierárquica planejada por Miro. Com a saúde debilitada, o patriarca bem que tentou se articular, designando Rogério Mesquita, um antigo aliado da família, para cuidar da operação em apoio à Sabrina, a mãe de Myrinho e das gêmeas Shanna e Tamara. Na época, ambas tinham 19 anos de idade.

O velório de Maninho na quadra do Salgueiro reuniu pouco mais de 300 pessoas, a maioria do mundo do samba. O banqueiro do jogo do bicho Aniz Abraão David, o Anísio da Beija-Flor, representou os demais chefes de clãs da cúpula da contravenção. Em meio à cerimônia, o patriarca dos Paes Garcia buscava apoio para uma vendeta contra os envolvidos na morte de seu pupilo.

Miro chegou a exigir de Anísio uma reunião de cúpula no Clube do Barão. O velho *capo* sabia que o assassinato de seu filho estava relacionado à recusa dele em abrir mão da Barra para os Andrades. O patriarca estava certo de que a execução havia sido autorizada pelo colegiado, em que seu clã tinha rivais históricos. As suspeitas foram reforçadas pela ausência de alguns dos principais chefões no velório e no enterro de seu primogênito. Os Paes Garcia estavam isolados. Afastado do comando dos negócios desde a descoberta da doença, Miro havia dado carta branca ao filho. Centralizador e prepotente, Maninho julgava-se intocável ao ponto de não preparar nenhum sucessor para uma eventualidade.

Ao se ver obrigado a retomar a administração do império, o patriarca constatou que o filho conduzia as atividades na zooteca como uma pequena empresa familiar. Sem opção, seu Miro recorreu aos amigos de Maninho. O patriarca não acreditava na capacidade de Alcebíades para tocar os negócios ilegais. Bid nunca escondera do pai nem do irmão a falta de traquejo para as atividades relacionadas à zooteca. Ele não gostava de ir aos pontos de apostas e, principalmente, ao *bunker* onde funcionava a apuração. Bid gostava de viajar, participar de safáris e cuidar das fazendas de gado.

A aflição e o isolamento de seu Miro só aumentavam com o passar dos dias. Ignorado pela cúpula, o patriarca decidiu manter Bid à frente das fazendas da família, exceto a propriedade de Guapimirim. O Haras Garcia seguiria sob a administração de Mesquita, que também passou a gerenciar os negócios ilegais, controlando inclusive o repasse de dinheiro aos herdeiros.

Apesar de se apresentar como pecuarista, Rogério Mesquita não passava de um cafetão quando se aproximou de seu Miro. Sem trabalho, vivia de aplicar golpes em turistas que buscavam diversão nas casas de prostituição do bairro. Aos 31 anos, ele aproveitou o momento em que o patriarca tomava café num bar na Rua Almirante Gonçalves para puxar conversa. A poucos metros dali, Maninho cortava o cabelo com Baiano, na antiga barbearia ao lado do Hotel Debret.

Era outubro de 1984. Mesquita se aproximou do *capo* dizendo que ele estava sendo roubado. Sob o olhar desconfiado de Miro, o desconhecido acusou Russo, um dos gerentes de banca, de estar desviando dinheiro das apostas para sustentar uma prostituta da boate Barbarella, na Avenida Prado Júnior com a Ministro Viveiros de Castro. Mesquita alegou ter ficado sabendo da treta por uma conterrânea, que ganhava a vida como *stripper* na boate. Na verdade, Mesquita mantinha um relacionamento com a jovem potiguar, desde os tempos em que se conheceram, no Bairro das Rocas, uma antiga zona de prostituição às margens do porto de Natal. Nina havia migrado para o Rio de Janeiro ao receber uma proposta de trabalho numa boate de Copacabana.

Russo era um assíduo frequentador da Barbarella e da quitinete de Nina. Encantado pela jovem de longos cabelos negros e pele morena, o gerente de banca passou a fazer confidências sobre o que acontecia nos pontos de apostas e, principalmente, como ganhava dinheiro para custear as noitadas regadas a uísque e cocaína. Ao ouvir a versão de Mesquita sobre Russo, o patriarca chamou o filho, que acabara de sair do salão de Baiano. Miro e Maninho então decidiram preparar uma armadilha para testar a lealdade do gerente e, sobretudo, descobrir se aquele desconhecido falava a verdade.

Na manhã seguinte, Maninho entregou a um emissário certa quantia em dinheiro para que fizesse uma fezinha no milhar 6220, no cachorro, para o sorteio das 14 horas, na banca da Constante Ramos. Em seguida, Maninho telefonou para Mesquita com um recado de seu Miro. O forasteiro deveria ir à apuração do jogo às 13h. Era nesse horário que as pules, como são chamados os recibos de apostas, passavam por conferência antes do anúncio do resultado. Para surpresa de Miro e Maninho, o número do milhar e o valor entregue ao emissário não constavam em nenhuma das vias de apostas feitas nas bancas gerenciadas por Russo. Sorte do alcaguete, azar do funcionário infiel.

Naquela tarde, Russo foi chamado à apuração. De lá, o gerente foi levado numa Kombi até a Fazenda Garcia, em Guapimirim. Após o episódio, Rogério Mesquita assumiu sua função à frente das bancas da Constante Ramos. O gerente trapaceiro nunca mais foi visto.

Mesquita ganhou a confiança de Miro, passando a atuar também como uma espécie de guarda-costas informal de seu primogênito, então com 23 anos. No início, Maninho só se referia a Mesquita como paraíba, de maneira jocosa. O preconceito diminuiu com o avanço da amizade. Tempos depois, Maninho passou a tratar o funcionário como um irmão mais velho.

O príncipe dos Paes Garcia tinha 45 anos quando foi assassinado. As investigações da Polícia Civil não resultaram no indiciamento do matador, tampouco na identificação do mandante. Geraldo Antônio Pereira, o sargento PM citado nos subterrâneos da polícia carioca como o executor, passou incólume nas investigações oficiais. Após a morte do príncipe dos Paes Garcia, Pereira passou a explorar máquinas de caça-níqueis em áreas de Jacarepaguá e do Recreio dos Bandeirantes.

Infiltrado de elite: um caveira a serviço do bicho

A lua crescente estava a três noites de alcançar a plenitude quando as labaredas começaram a ganhar intensidade no interior do casebre erguido nos lotes 99 e 100 da Estrada do Vecchi, em Papucaia, distrito de Cachoeiras de Macacu, interior do Rio de Janeiro. Sob o luar da madrugada, o crepitar das chamas consumindo o imóvel expandiu-se numa explosão no instante em que o fogo chegou ao tanque de combustível do Gol ano 1994.

O carro estava parado sob o puxadinho, coberto por telhas de amianto, improvisado para converter uma parte da cozinha em garagem do sítio de José de Oliveira da Nóbrega. Aos 62 anos, o posseiro da pequena propriedade rural não estava presente no momento em que invadiram o imóvel e atearam fogo em tudo que ele havia amealhado em décadas de trabalho como peão de obra, porteiro, caseiro, pequeno agricultor e comerciante.

Horas antes do início das chamas, o paraibano de Santa Luzia fora preso[75] sob a acusação de manter duas armas em casa e de oferecer 600 reais para tentar subornar três inspetores da Delegacia de Homicídios da Polícia Civil do Rio de Janeiro.

Passava das 9 horas de quinta-feira, 11 de setembro de 2008, quando os policiais chegaram ao sítio carregando um mandado de prisão[76] em nome do filho dele. José da Nóbrega, também conhecido como Paraíba, era pai do recém-promovido capitão da PM Adriano Magalhães da Nóbrega, então com 31 anos.

O oficial treinado no Bope estava sendo procurado por suspeita de envolvimento na tentativa de assassinato de Rogério Mesquita. Pouco antes da chegada dos policiais, Adriano e seu Nóbrega tomavam café, com bolo de milho e pão de queijo. A caneca usada pelo capitão foragido ainda estava quente, na pia da cozinha, quando os inspetores entraram no imóvel. Nesse instante, o agente Nelson Vieira avistou uma garrucha na estante da sala. O inspetor, então, perguntou ao posseiro se havia mais armas na casa. De pronto, seu Nóbrega negou ter outras armas e ressaltou que a velha garrucha servia apenas como objeto de decoração. Não era verdade.

Sobre a cama, os policiais encontraram um revólver calibre 38 enrolado em uma toalha. Ao lado, numa bolsa preta, havia 40 munições intactas. Na mesinha de cabeceira, um maço de notas despertou a atenção dos inspetores. As cédulas sobrepostas somavam 600 reais.

Ao ser questionado sobre a quantia, Paraíba retrucou, querendo saber "se com os 600 tinha conversa".

O inspetor Vieira o indagou sobre o tipo de conversa sugerida. Seu Nóbrega então desconversou, dizendo ser trabalhador e amigo de Rogério Mesquita. Em seguida, contou que mantinha o revólver para se proteger de ladrões e de chofre sugeriu que os policiais levassem a arma, as munições e o dinheiro em troca de sua liberação. A tentativa de suborno foi rechaçada, e o pai de Adriano acabou preso em flagrante.

Quatro meses antes, Mesquita fora alvo de tocaia ao voltar para casa com a família e um grupo de amigos da Exposição Agropecuária de Papucaia. O pecuarista escapou do ataque graças à reação de José Reis, um policial civil aposentado apelidado de Rambo. Ele estava num veículo atrás do carro guiado por Mesquita e abriu fogo contra os atiradores envolvidos na tocaia. A frustrada tentativa de assassinato selou o fim do compadrio de mais de duas décadas entre Mesquita e seu Nóbrega.

Rogério Mesquita o havia indicado ao patriarca do clã Paes Garcia, no fim dos anos 1980. Naquela época, Miro planejava criar um haras na fazenda para investir em cavalos das raças Campolina e Mangalarga Marchador. Ex-porteiro de um prédio na Rua Sá Ferreira, Paraíba acabara de sair de um tumultuado processo de separação.

Pai de três filhos – Adriano, 12, Tatiana, 10, e Daniela, 8 –, ele queria deixar a cidade para voltar a viver no campo, onde tinha experiência no trato com gado e cavalos. Contratado como caseiro, Paraíba se tornaria um importante ativo no processo de expansão ilegal da propriedade rural do clã Paes Garcia, juntamente com Mesquita. Em noites de lua cheia, a dupla aproveitava a luminosidade para fazer a cerca da fazenda andar, ganhando terreno para o patrão. Ouvi a expressão carregada de sentido figurado durante a primeira conversa que tive com Rogério Mesquita, dois meses após ele ter escapado do atentado.

A dupla conduzia as invasões e a grilagem de terrenos no entorno da Fazenda Garcia, não raro queimando casebres e expulsando a bala famílias de colonos pobres. Na madrugada de 12 de setembro, Paraíba experimentou uma dose do próprio veneno, supostamente ministrado pelo ex-parceiro de invasão de terras.

Ao escapar da morte, Mesquita se tornou inimigo declarado de Adriano e, por extensão, também de seu Nóbrega. Fui apresentado a ele pelo policial aposentado José Reis, fonte dos tempos de redação no jornal *O Dia*. Dono de um sítio em Guapimirim, na Baixada Fluminense, Reis também havia trabalhado para o patriarca dos Paes Garcia, época em que conheceu Mesquita.

Desde o assassinato de Maninho eu tentava uma entrevista com o escolhido de Miro para administrar o espólio do principal herdeiro das bancas do lendário Tio Patinhas. Passados quatro anos da execução de Maninho, o pecuarista vivenciava um dos momentos mais delicados de sua relação com os herdeiros do clã. Em especial, Shanna Garcia e seu marido, José Luís de Barros Lopes, o Zé Personal.

Destituído pelo casal do comando das operações da zooteca, o pecuarista vinha sendo acusado de roubar gado e insumos da Fazenda Garcia e do Haras Modelo para seu sítio, recém-comprado em Papucaia.

Mesquita negava os desvios, mas não tinha uma explicação convincente para a repentina evolução patrimonial apresentada desde que passara a administrar o espólio. Encontrei o pecuarista num amplo apartamento de frente para a Rua Redentor, quase esquina com a Rua Aníbal de Mendonça, em Ipanema, bairro com um dos metros quadrados mais caros do país.

Pela janela da sala era possível ver o burburinho à frente do Gero, tradicional restaurante italiano onde ele costumava pedir o almoço. Cheguei ao apartamento na companhia de Reis, às 10 horas de sexta-feira, 18 de julho de 2008. Mesquita estava sentado numa espaçosa poltrona de couro num canto da sala e tinha um copo de uísque na mão. De pronto, o policial aposentado repreendeu o amigo, dizendo ser muito cedo para beber. Preferi silenciar.

Reis tinha 64 anos, mas era do tipo coroa sarado. Caminhava e frequentava a academia de musculação diariamente. Vaidoso, costumava cortar os cabelos cacheados na altura do ombro. Mesmo aposentado, o policial mantinha o hábito de andar armado, não raro com uma submetralhadora, que levava numa bolsa de ginástica junto com toalhas e mudas de roupa limpa. Vinha daí o apelido de Rambo. Mesquita estava visivelmente tenso. Na véspera de nosso encontro, ele havia prestado um longo depoimento à promotora Beatriz Leal, do Ministério Público, em Cachoeiras de Macacu.

No relato de onze páginas, ele rompeu o silêncio sobre a relação com o clã Paes Garcia e fez graves acusações contra Shanna, Zé Personal e dois ex-pupilos: o capitão Adriano e o tenente João. O pecuarista atribuíra ao grupo oito crimes praticados na sangrenta disputa pelo milionário espólio de Maninho. Mesquita tinha razão para estar nervoso. Sobretudo após descumprir a *omertà*, o código de silêncio instituído pela máfia italiana e seguido à risca por organizações criminosas mundo afora.

Depois de sorver o segundo copo de Jack Daniel's, o pecuarista prenunciou a própria execução. E foi além, dizendo que os próximos nomes na relação de mortos seriam o de Alcebíades Paes Garcia, o Bid, e Myrinho Garcia, respectivamente, irmão e filho do *capo* assassinado.

Publiquei a entrevista de Mesquita na edição[77] de domingo, 20 de julho de 2008, no jornal *O Globo*. Três dias depois, ele foi intimado a comparecer à Delegacia de Homicídios, onde prestou um novo depoimento, ao delegado Ricardo Barboza de Souza. O pecuarista não só manteve o que já havia dito à representante do MP, como deu mais detalhes sobre a participação dos dois oficiais caveira na tropa de matadores a serviço de Shanna e Zé Personal. As informações dadas pelo pecuarista foram incluídas num inquérito policial[78].

A partir das denúncias de Mesquita, equipes da DH fizeram uma varredura na Fazenda Garcia e no Haras Modelo. Era manhã de sexta-feira, 2 de agosto de 2008. Os agentes buscavam por armas e corpos numa pequena fração da propriedade rural. As investigações indicavam que Miro e Maninho usavam o espaço para dar fim a desafetos, além de funcionários da zooteca pegos roubando. Caso de Russo, o gerente de bancas substituído por Mesquita. Sob o comando de Shanna e Zé Personal, o grupo mantinha o velho hábito do clã.

A propriedade de 600 alqueires, cortada por um rio que abastece quatro açudes, abriga um trecho de mata nativa, além de uma grande área de pasto, obstáculos que tornaram infrutíferas as buscas por corpos. Entretanto, os policiais encontraram fragmentos de ossadas e apreenderam seis armas, entre elas um fuzil AK-47. A análise dos ossos foi inconclusiva, mas a descoberta do arsenal serviu de base para a Justiça decretar as prisões de Shanna, Zé Personal, capitão Adriano e tenente João. Antes de se aliarem ao casal, os dois oficiais do Bope costumavam chamar Rogério Mesquita de padrinho.

A relação afetiva do pecuarista com Gordo e Joãozinho, como ele se referia à dupla, foi construída ao longo de anos de contato com os dois adolescentes na fazenda dos Paes Garcia. Ambos eram filhos de funcionários contratados pelo patriarca do clã por sua indicação.

A partir da publicação de sua entrevista, Mesquita tornou-se uma importante fonte de informações sobre os subterrâneos da máfia do jogo. Ao orbitar Miro e Maninho por anos, o pecuarista acumulou um raro conhecimento dos meandros da organização criminosa e de seus integrantes, nos mais diferentes escalões.

Naquele domingo, 20 de julho, Mesquita me telefonou cedo, logo depois de comprar o jornal numa banca ao lado da Confeitaria Rio Lisboa, na esquina da Avenida Ataulfo de Paiva com a Rua General Artigas, no Leblon. Em 2008, apesar dos avanços tecnológicos, a leitura de jornais impressos ainda não tinha sido substituída pelo frenético dedilhar nas telas dos smartphones. Ao telefone, Mesquita alternava momentos de euforia e angústia ao ler trechos da reportagem, fruto de nossa conversa.

Ironicamente, o pecuarista deixou claro que suas maiores fontes de temor naquele instante eram os afilhados Gordo e Joãozinho, a dupla identificada por Mesquita com potencial para dar início a um antigo projeto: a criação de uma guarda pretoriana para servir aos Paes Garcia.

Embora Joãozinho fosse seu primo de segundo grau, Mesquita não escondia a predileção por Gordo. O pecuarista reconhecia no filho de Paraíba a ambição e o destemor que o levou a trocar o Rio Grande do Norte pelo Rio de Janeiro. Tão logo chegou à fazenda, o jovem grandalhão fez amizade com João. Ambos eram filhos de migrantes nordestinos.

Assim como seu Nóbrega, Gordo tinha gosto por viver na fazenda, onde ajudava o pai na lida com o gado e com os cavalos. Não demorou para o garoto começar a montar os animais de raça criados para competições e exposições. "Não fosse o tamanho e o peso, Adriano teria se tornado jóquei", me disse certa vez Mesquita.

A relação do pecuarista com Gordo e Joãozinho por vezes lembrava a de um pai. Mesquita convencera a dupla a não abandonar os estudos sem ao menos concluir o Ensino Médio. Alunos sofríveis, eles costumavam faltar às aulas para ficar na fazenda, tomando banho de rio, caçando e pescando. Nessa toada, João repetiu duas vezes a oitava série do antigo ginasial. Gordo ficou em recuperação na sexta e na oitava séries, mas passou raspando nas duas ocasiões.

Na tarde em que me contou sobre o início da amizade com os dois adolescentes, Mesquita estava nostálgico, triste. O pecuarista mantinha numa estante, na sala do apartamento de Ipanema, fotografias ao lado de Miro e Maninho em viagens, desfiles do Salgueiro e no haras. Entre os muitos porta-retratos, um me chamou a atenção. Nele, o pecuarista aparecia sorridente entre os dois adolescentes.

Na ocasião perguntei se eram seus filhos. Mesquita então respondeu que era como se fossem. Na imagem, ele usava um chapéu de vaqueiro e estava ladeado por Joãozinho e Gordo. O pecuarista não soube dizer ao certo a idade dos garotos na época em que foi tirada a fotografia, às margens de um dos açudes da propriedade rural.

Na manhã daquele dia, ele havia relatado ao delegado Ricardo Barboza os detalhes sobre a tentativa de assassinato da qual havia escapado, na madrugada de 9 de maio de 2008. Relembrar o episódio três meses depois do ocorrido revolveu antigos sentimentos na cabeça do pecuarista. Mesquita lembrou que Adriano esteve em seu apartamento quatro dias após o atentado. Ao chegar à casa do padrinho, no início da tarde de 12 de maio, o caveira estava nervoso e de cara amarrada. "Não se parecia em nada com o adolescente sorridente da fotografia na estante", ressaltou Mesquita.

Gordo foi ao seu apartamento para cobrar explicação sobre o Registro de Ocorrência[79] feito por Mesquita na delegacia de Cachoeiras de Macacu horas depois de ter escapado do atentado a tiros. Em tom ameaçador, o capitão negou participação no ataque e friamente acrescentou:

"E aí, Paraíba, tentaram te pegar? Que história é essa que estão comentando na rua que você disse que eu tentei te matar. Tu sabe que se fosse eu tu tava morto, né?[80]".

A intempestiva aparição de Adriano serviu apenas para reforçar as suspeitas de Mesquita sobre a aliança do afilhado com Shanna e Zé Personal. Uma das características mais marcantes do caráter do caveira, na opinião do pecuarista, era a dissimulação. Gordo era capaz de criar e manter uma versão fantasiosa sobre um fato mesmo diante de testemunhas. Era um mentiroso contumaz.

Tal característica por pouco não custou o emprego de seu Nóbrega, me disse Mesquita, alternando o tom de voz: ora de tristeza, ora de raiva. O episódio aconteceu num fim de semana. Maninho chegou ao haras trazendo um cavalo da raça Campolina, que acabara de arrematar num leilão em Nova Friburgo. O potro era cria de dois animais campeões. O príncipe dos Paes Garcia estava encantado pelo animal, de pelo marrom-claro e patas negras. Parecia calçar botas. Ao levá-lo ao estábulo, o contraventor deu orientações a Paraíba para alimentá-lo e escová-lo.

O cavalo seria dado de presente ao filho caçula. Myrinho acabara de completar 1 ano de idade. Gordo estava ao lado do pai. Seu Nóbrega de imediato levou o animal ao cocho de ração e foi buscar a escova. Enquanto o pai se afastava, o garoto, de uns 13 anos, na época, tentou montar o potro. Arredio, o animal começou a relinchar até conseguir escapar num pinote, em direção ao pasto próximo a um dos açudes. Maninho e Mesquita estavam sentados num banco de madeira, na frente da mesa perto da churrasqueira, quando tiveram a atenção voltada para os relinchos do valioso potrinho.

No instante em que corriam em direção ao estábulo, eles viram o cavalo se desvencilhar de Gordo, que tentava montar o bicho na marra, sem sela e agarrando sua crina. A cena, inicialmente, arrancou gargalhadas da dupla. Auxiliados por um peão, eles conseguiram laçar o potro, que estava com as patas enlameadas por galopar às margens do lago.

Paraíba correu para acudir o patrão, quando Gordo se aproximou dizendo que o cavalo havia se assustado ao ver uma cobra perto do cocho. Maninho fechou a cara e desmentiu o garoto de imediato. Mesquita emendou, dizendo terem visto a distância o adolescente tentando montar o animal à força.

Mesmo assim, Adriano não voltou atrás na versão fantasiosa. Insistente, chegou a apontar a direção para onde a cobra imaginária teria escapado. Maninho arregalou ainda mais os olhos já esbugalhados. Mirando firme pai e filho, o *capo* mandou seu Nóbrega fazer as malas imediatamente, para deixar a fazenda com o garoto mentiroso.

Mesquita interveio a favor de Paraíba, que aos berros colocara Gordo para dentro de casa sob uma sucessão de lambadas de cinto. Por fim, a turma do deixa-disso conseguiu arrefecer os ânimos do contraventor. Mas, daquele dia em diante, Maninho pegou implicância com Adriano.

Para evitar novos problemas com o patrão, Paraíba proibiu por um longo tempo o filho de ficar perambulando pela propriedade quando Maninho estivesse na fazenda. Gordo e as irmãs Tatiana e Daniela costumavam passar períodos com o pai em Guapimirim, e com a mãe no sobrado da avó, na Rua Doutor Manuel Cotrim, acesso à favela do Rato Molhado, no subúrbio do Rio.

Ao contrário de seu Nóbrega, Raimunda Veras Magalhães detestava a vida no campo tanto quanto o próprio nome. Ela pedia aos mais próximos para ser chamada apenas de Vera. Conhecedor dos humores da companheira, Nóbrega, sempre que queria puxar briga com a mulher, a chamava aos berros de Raimunda. O casal vivia às turras, até que, numa briga feia, os vizinhos foram obrigados a chamar a PM para contê-los. Paraíba e Raimunda acabaram sendo levados à 13ª DP, em Copacabana. A briga custou a Nóbrega o emprego de porteiro e marcou o fim do conturbado casamento com a mãe de seus três filhos.

Foi nessa época que Rogério Mesquita o indicou a Miro para trabalhar no Haras Modelo.

Raimunda, mesmo separada, não gostou nada da ideia de Paraíba viver em Guapimirim. Aquele fim de mundo, como costumava se referir à localização da fazenda.

Cearense da pequena Tamboril, Raimunda também não simpatizava com Mesquita, a quem costumava acusar de levar o ex-marido para beber nos puteiros da Praça do Lido. O pecuarista nunca negou o gosto pelas noitadas nas zonas de prostituição, um hábito adotado desde os tempos em que vivia na região portuária de Natal, no Rio Grande do Norte.

Na medida em que a mudança para a fazenda afastou seu Nóbrega da ex-mulher, estreitou os laços de amizade com Mesquita. Juntos, eles passaram a cuidar da propriedade dos Paes Garcia, deixando o lugar impecável para os patrões passarem os fins de semana ou temporadas de férias. Maninho e Miro tinham plena confiança em Mesquita.

Além de cuidar da manutenção da propriedade e dos afazeres com os animais, a dupla iniciou um movimento de expansão das terras, invadindo áreas de mata e terrenos ocupados por pequenos posseiros ao redor da propriedade. Ao fazer a cerca da Fazenda Garcia andar, a dupla alimentava a esperança de ganhar dos patrões um naco da terra para eles próprios.

Certa vez, Mesquita me disse que a atuação deles teria duplicado o tamanho da área original adquirida por seu Miro nos idos de 1970. Dobrar de tamanho pode ter sido exagero. O pecuarista era dado a hipérboles, mas em parte a sua versão foi corroborada pelo conteúdo de duas ações judiciais[81] relacionadas aos espólios de Miro e Maninho. Aos dois processos foram anexados, pela defesa de antigos posseiros da região, pedidos para a aferição da área original da propriedade. Num deles é questionada a inclusão de uma ponte na área pertencente ao haras.

Pendengas judiciais à parte, Mesquita e Paraíba nunca receberam a tão esperada recompensa em terras. O pecuarista costumava atribuir o fato à súbita morte de Maninho.

Já seu Nóbrega pensava diferente. Tanto que numa das últimas vezes em que fizeram a cerca andar, invadindo uma área de mata nativa, Paraíba praguejou contra os patrões e em tom de desabafo disse que morreria de tanto trabalhar sem conseguir ao menos um pedaço de terra para cultivar uma horta, criar umas galinhas e morrer em paz.

A reação de Gordo ao comentário do pai surpreendeu Mesquita. O adolescente garantiu a seu Nóbrega que ele teria um pedaço de terra, nem que para isso fosse obrigado a matar um dos patrões. Paraíba o mandou calar a boca e lhe deu um safanão, seguido de um tapa na cabeça. Adriano silenciou imediatamente. O adolescente tinha adoração pelo pai.

Naquela noite de lua cheia, ele e Joãozinho se embrenharam na mata madrugada adentro para colocar os mourões que serviriam de base à nova cerca de arame farpado. Enquanto abriam uma trilha a golpes de facão, a frase dita por Adriano martelava na cabeça de Mesquita, que pensou em desistir de empregá-lo na cruzada expansionista do clã pela fatia mais rica da zona oeste do Rio.

Mesquita costumava mudar o rumo da prosa sempre que eu lhe perguntava sobre os caminhos percorridos para infiltrar Adriano e João na Academia Dom João VI e, posteriormente, na tropa de elite da PM. Naquele fim de tarde, ainda sob o efeito de horas de inquirição na Delegacia de Homicídios e algumas doses de Jack Daniel's, o pecuarista desandou a falar. Começou dizendo que a ideia não era original. Mesquita havia se inspirado num filme do qual não lembrava o nome. O longa-metragem, segundo ele, retratava a história de um espião britânico infiltrado na Gestapo, a temida polícia secreta da Alemanha nazista.

Maninho nunca foi entusiasta dos planos do amigo, sobretudo em relação à escolha de Adriano para integrar sua tropa de elite. O príncipe do clã não confiava no filho de Paraíba. A birra não se devia apenas ao episódio com o potro. Havia ali um componente extra jamais admitido: o ciúme. Aos 18 anos, exceto pelo rosto de menino, Gordo não lembrava em nada o garoto rechonchudo e desajeitado acolhido na fazenda. Adriano ganhara músculos bem distribuídos em quase 1,80 m. Oito anos mais velho do que as gêmeas Shanna e Tamara, o rapaz tímido costumava arrancar involuntariamente suspiros de algumas das amigas da então primeira-dama, Sabrina Harrouche, desagradando ainda mais o possessivo Maninho. Mesmo casado, o bicheiro mantinha inúmeras relações extraconjugais. Não raro, com amigas da mulher.

Apesar da desaprovação do príncipe, seu Miro abraçou o plano de Mesquita e financiou o ingresso de Adriano e João na antiga Escola de Formação de Oficiais da Polícia Militar Dom João VI. O patriarca, segundo me contou o pecuarista, teria articulado com aliados na corporação para garantir a aprovação da dupla. Mesquita nunca citou nomes ou valores pagos para pavimentar o acesso de seus pupilos ao curso de formação de oficiais. A Polícia Militar silencia sobre a suposta articulação dos Paes Garcia para infiltrar aliados na instituição, tampouco permite acesso às fichas funcionais da dupla. Solicitei os dados com base na Lei de Acesso à Informação, mas a corporação vetou, alegando tratar-se de documentos pessoais.

O fato é que, em 1º de dezembro de 1998, Adriano Magalhães da Nóbrega, então com 18 anos, e João André Ferreira Martins, com 21, foram selecionados para o curso de formação de oficiais. As aulas começaram no ano seguinte. Gordo e Joãozinho receberam, respectivamente, os números de matrícula 58.838 e 60.918 de aspirantes da Polícia Militar.

O primeiro passo para a formação da tropa de elite dos Paes Garcia, entretanto, havia sido dado anos antes e a 86 quilômetros da sede do Bope, em Laranjeiras. Foi na fazenda, sob a supervisão de Mesquita, que Adriano e João aprenderam a manejar revólveres, pistolas, espingardas e até fuzis.

Os treinamentos também incluíam exercícios físicos variados e até testes de sobrevivência na mata, em que os dois jovens passavam fins de semana embrenhados na floresta em torno da propriedade. Gordo e Joãozinho podiam levar apenas cantis com água, seus facões e as roupas do corpo. O rigor nos treinos por vezes levou João a desistir no meio da madrugada, vencido pela fome ou pelo frio. Adriano seguia firme e ainda debochava do amigo. Apesar de ser três anos mais velho, Joãozinho não tinha o biotipo nem a disposição de Gordo. O filho de Paraíba era pura força bruta. Em contrapartida, João o superava em engenhosidade.

As diferentes características dos dois contribuíram para os planos de Mesquita. O escudeiro de Maninho não escondia que seu objetivo era formar assassinos profissionais, usando recursos e a estrutura da temida tropa de elite da Polícia Militar. A dupla Adriano e João marcou época no Bope, mas disso falaremos mais adiante.

Enquanto Gordo queimava tecido adiposo e ganhava músculos em intermináveis sessões de musculação e corridas, João gastava seu tempo criando engenhocas, como armadilhas e até armas rudimentares usadas para caçar porcos do mato e outros animais na fazenda. Para Mesquita, a dupla se completava nas diferenças.

Em comum, além da ambição, os dois jovens tinham o mesmo fascínio por armas, carros de luxo e filmes de ação, especialmente pelos enlatados americanos estrelados por Sylvester Stallone. *Rambo 2 - A Missão* era o longa-metragem preferido da dupla. Embora tenha sido lançado em 1985, quando Gordo e Joãozinho tinham, respectivamente, 8 e 11 anos de idade, foi na adolescência que eles passaram a gostar do personagem.

A descoberta não se deu nas telas de cinema, mas por meio de videocassete. O aparelho que se tornou febre nos anos 1980 e 1990 era usado por Mesquita como instrumento de doutrinação. A violência das cenas protagonizadas por Stallone e outros brutamontes travestidos de justiceiros – Arnold Schwarzenegger e Jean-Claude Van Damme – tinha o condão de incentivar a agressividade em seus pupilos.

A estratégia adotada pelo pecuarista teve seu primeiro resultado prático numa noite chuvosa de treinamento, quando Adriano surpreendeu o pai e o mentor ao se camuflar em meio à lama para atacar a dupla. Gordo tinha se inspirado numa cena do filme *Rambo 2*[82], em que o protagonista surge em um barranco, completamente coberto de argila, para matar um oponente com um golpe de faca. A imagem marcou tanto Adriano que ele comprou uma faca semelhante à usada por Stallone, com o dinheiro que havia juntado trabalhando no haras. O adolescente era fã do astro de Hollywood e mantinha em seu quarto um pôster da franquia *Rambo*, em que o ator aparece empunhando uma bazuca.

Adriano bem que tentou deixar o cabelo crescer, mas foi censurado pelo pai. Homofóbico, Paraíba costumava dizer ao filho que cabelo grande era coisa de mulher ou de veado. Gordo desistiu da ideia de cultivar uma cabeleira, mas seguiu nutrindo o fascínio por armas e facas de caça. O jovem aspirante se irritava quando o pai zombava dele por pagar caro pelas bicudas. Seu Nóbrega dizia que nenhuma faca tinha mais utilidade do que uma boa peixeira de cabo de madeira.

Mesquita gostava de relembrar tais histórias, mas desconversava quando eu lhe perguntava se as execuções faziam parte do treinamento de Adriano e João. O pecuarista admitia ter matado gente, mas sempre buscava justificar o ato de ceifar vidas como legítima defesa. A ressalva invariavelmente acompanhava a confissão. Uma maneira infame de tentar minimizar os crimes.

Mesquita defendia a morte como método para punir ladrões e chegou a ser investigado por suspeita de integrar um grupo de extermínio. Fazer justiça com as próprias mãos foi um dos ensinamentos repassados aos dois pupilos. Contudo, o pecuarista insistia em dizer que nunca havia levado Adriano e João para eliminar ninguém nos tempos em que viviam na Fazenda Garcia. A versão mantida pelo pecuarista, entretanto, não se sustentava diante do conteúdo de uma investigação instaurada pela Polícia Civil. A apuração cita os dois aspirantes por suspeita de participação em crimes de assassinato e de ocultação de cadáveres no interior da propriedade rural do clã Paes Garcia.

A investigação, datada de maio de 1999, teve início na delegacia de Cachoeiras de Macacu. A unidade policial da cidade vizinha funcionava como central de flagrantes nos fins de semana, concentrando os registros de ocorrência na região. Antigo distrito de Magé, Guapimirim emancipou-se em 1990, mas só ganhou uma delegacia própria treze anos depois de conquistar a autonomia administrativa.

Nesse meio-tempo, os crimes ocorridos na localidade ficavam sob a responsabilidade de policiais da 65ª DP de Magé ou da delegacia de Cachoeiras de Macacu. Foi o caso do desaparecimento de três homens suspeitos de envolvimento em roubos de gado na região. A investigação nem sequer chegou às identidades do trio, como foi possível constatar na Verificação Preliminar de Inquérito[83] (VPI) aberta na 159ª DP a partir de um telefonema recebido por um atendente da Central 190 da Polícia Militar.

Descritos apenas como dois homens pardos e um negro, os três suspeitos de invadir fazendas, em Guapimirim e Papucaia, para roubar animais foram vistos pela última vez sendo levados à propriedade dos Paes Garcia. O denunciante, que não se identificou, relatou ter presenciado o momento em que o trio foi cercado por homens armados e obrigado a entrar numa Kombi.

A testemunha conclui o relato dizendo ter visto o veículo seguir em direção à Estrada Rio-Friburgo (RJ-122), onde atravessou a porteira do Haras Modelo. Na VPI de apenas duas páginas, o cabo PM Baptista informa ter sido destacado para checar a denúncia. O PM seguiu numa patrulha do Destacamento de Policiamento Ostensivo (DPO) do Vale das Pedrinhas até a propriedade dos Paes Garcia.

Em seis linhas, o cabo PM conta ter sido atendido pelo caseiro, identificado como José da Nóbrega, que estava acompanhado do filho e de um amigo, ambos aspirantes a oficiais da corporação. Baptista confirma no relato ter avistado no interior da propriedade alguns veículos, inclusive uma Kombi branca, utilitário semelhante ao descrito pelo autor do telefonema ao 190. A passagem do cabo Baptista pelo haras levou exatos 12 minutos, conforme os horários de chegada e de saída descritos na VPI. Na breve visita, o policial diz não ter encontrado nenhuma anormalidade, tampouco ter avistado no local os dois homens pardos e o negro citados pelo denunciante anônimo.

Uma equipe da delegacia de Cachoeiras de Macacu também esteve na propriedade em 12 de maio, três dias depois do cabo Baptista. Assim como o PM, os inspetores da Polícia Civil não encontraram nada que justificasse a conversão da VPI em inquérito para aprofundar a apuração.

Em condições normais de temperatura e pressão, Mesquita apenas silenciaria sobre o episódio. Naquela tarde, entretanto, o administrador da fazenda confirmou a versão testemunhada pelo denunciante. E foi além, mas não antes de me pedir que desligasse o gravador. Em geral, ele não fazia objeção à gravação de nossas conversas. Mas o seu relato descambou para uma confissão de culpa. Mesquita contou que estava tentando pegar os responsáveis pelo roubo de dois bezerros da Fazenda Garcia. Ele vinha sendo cobrado por seu Miro. O patriarca exigia punição rigorosa a quem ousasse desrespeitar seu território, sobretudo para ladrões. No passado, o chefão resolveria pessoalmente esse tipo de pendenga. Prática também adotada por Maninho. Pai e filho não mandavam matar, eles mesmos eliminavam seus desafetos, costumava dizer o pecuarista.

Ao invadirem a propriedade do clã para levar bezerros, os ladrões não atentaram apenas contra o patrimônio material da família. O ato feria a aura de poder em torno de Miro e Maninho, ofensa inaceitável para os chefões. Mesquita aproveitou o episódio para tentar colocar um fim à resistência do príncipe do clã ao filho de seu Nóbrega. Gordo e Joãozinho estavam indo bem na escola de formação de oficiais, mas precisavam ganhar a confiança do patrão. A operação para localizar e punir os envolvidos no roubo dos novilhos acabou transformada por Mesquita num ritual de iniciação da dupla na *famiglia*. O pecuarista não teve dificuldade para chegar aos suspeitos.

A fama dos Paes Garcia era conhecida na região, o que levou o pecuarista a concluir que os ladrões não conheciam bem a localidade ou trabalhavam para algum desafeto do clã. Com o apoio dos dois aspirantes, Mesquita localizou os suspeitos numa ocupação próxima ao Quilombo das Luízas. Os três ladrões não tinham ideia do vespeiro em que haviam se metido ao roubar os novilhos. Foi o próprio comprador de um dos animais que caguetou a localização do trio depois de receber uma visita surpresa de Gordo, Joãozinho e Mesquita. Eles chegaram ao sítio orientados pelo dono da única loja de rações da localidade.

O comerciante fornecia insumos para os animais da fazenda e do haras. No dia anterior, enquanto atendia os clientes, ele ouvira um sitiante comentar ter feito um ótimo negócio ao trocar uma bicicleta usada, alguns mantimentos e um pedaço de charque por um bezerro.

O homem não poderia imaginar que o animal havia sido roubado, tampouco que pertencia à fazenda de seu Miro. Afinal, quem seria tolo o suficiente para invadir a propriedade e roubar um dos chefões da máfia do jogo? Apontado pelo comerciante, o dono do sítio não se fez de rogado ao abrir o portão e dar de cara com Mesquita e os dois aspirantes. Dedo em riste, indicou sem dó a direção do casebre invadido pelos forasteiros.

O alcaguete se livrou de levar uma surra, mas, além de devolver o novilho, Mesquita exigiu dele como compensação a saca de ração comprada no dia anterior. O pobre coitado estava tão apavorado que se ofereceu para entregar o animal e a saca de alimento direto na fazenda.

Menos sorte tiveram os três ladrões. Um deles ainda tentou escapar na bicicleta negociada como pagamento pelo bezerro, mas foi traído pela corrente, rompida na fuga pela força das pedaladas. A cena foi presenciada por alguns moradores da localidade, que viram o trio sendo rendido sob a mira de pistolas e de uma espingarda de caça. Empurrados para o interior da Kombi, os três homens foram levados ao estábulo da fazenda, onde foram amarrados, surrados e torturados até a morte. Adriano e Joãozinho se revezavam nos métodos de martírio. Ora usando pedaços de madeira, ora retalhando as vítimas com facas.

Mesquita não entrou em detalhes sobre o destino dos corpos. Ao fim do relato, o pecuarista tentou justificar a barbárie descrita sob a velha ótica do justiceiro: bandido bom é bandido morto. Os aspirantes a oficiais Adriano da Nóbrega e João Martins foram doutrinados dentro dessa lógica perversa.

Os treinamentos na fazenda, somados à rede de contatos dos Paes Garcia na PM, abriram o caminho dos dois aspirantes para o Curso de

Operações Especiais (Coesp) no ano 2000, logo após a conclusão do ensino na Escola de Formação de Oficiais Dom João VI. A aprovação da dupla no Bope foi comemorada numa orgia na suíte Sultão das Termas 4 x 4, uma casa de prostituição na Rua Buenos Aires, no Centro do Rio. Ao relembrar o episódio, Mesquita não disfarçava o orgulho dos pupilos, mas principalmente dele próprio. Afinal, ao concretizar seu plano de formar assassinos de elite, ele se consolidaria como um aliado do clã. O pecuarista só não imaginava que um dia se tornaria alvo dos matadores que ajudou a forjar.

A sorte de Rogério Mesquita e de seus pupilos começou a mudar pouco antes da conclusão do curso no Bope, em meados de 2001. Foi quando Joãozinho, mesmo tendo passado por todas as rigorosas etapas para a formação de um caveira, acabou impedido de permanecer na tropa de elite. A rejeição ao aspirante se devia a uma denúncia anônima. João teria sido visto em uma boca de fumo num conjunto habitacional em Sulacap, próximo à Escola Dom João VI. Por ironia do destino, a frágil suspeita de envolvimento com traficantes de drogas levou o aspirante infiltrado pela máfia do jogo a ser transferido para o 1º Batalhão da PM, no Estácio, bairro no Centro do Rio.

Mesquita bem que tentou mexer os pauzinhos com seu Miro para reverter a decisão do comando da tropa de elite, mas o patriarca dos Paes Garcia dessa vez preferiu seguir a opinião do filho. O príncipe do clã estava furioso. Seus contatos o tinham alertado sobre as dificuldades dos pupilos de Mesquita em seguir a rígida disciplina da unidade. Adriano e João formavam uma dupla considerada altamente operacional, na opinião de alguns dos instrutores. Na prática, não tinham dificuldade em eliminar alvos, mas costumavam agir instintivamente, sem seguir protocolos e, por vezes, colocando em risco o grupo durante um treinamento e até mesmo em ações planejadas.

Um episódio protagonizado por Adriano da Nóbrega e João Martins durante o curso de Operações Especiais ganhou contornos de lenda entre jovens *caveiras*, colocando a dupla na alça de mira de veteranos da tropa de elite. Como se estivessem em um filme de ação, eles improvisaram um cavalo de troia num carro particular para chegar próximo a um ponto de venda de drogas no Morro de São Carlos, no Estácio.

Enquanto João guiava o velho Monza, ano 1982, pela Rua Campos da Paz, seu parceiro seguia agachado no espaço do banco do carona, que fora retirado. No interior do improvisado cavalo de troia, o encosto do banco traseiro havia sido reclinado sobre o assento, permitindo ao aspirante apoiar o fuzil em uma base feita por ele com tubos metálicos, uma espécie de monopé.

Com a mira do fuzil ajustada em direção ao porta-malas, Adriano aguardava João abrir internamente o dispositivo no instante em que parasse próximo ao ponto de venda de drogas. A ação cinematográfica levou um suspeito de ligação com o tráfico à morte e possibilitou a apreensão de um fuzil, uma pistola 9 milímetros e 328 papelotes de cocaína.

Anos depois, a dupla aperfeiçoaria a engenhoca, usando uma Fiat Fiorino para praticar assassinatos a soldo. Se por um lado a ação inconsequente alçou os dois jovens oficiais à condição de heróis entre os demais alunos do curso de Operações Especiais, o reflexo imediato da aventura na cúpula do Bope foi o desligamento de João Martins.

O tenente Adriano da Nóbrega não demoraria a ter o mesmo destino do parceiro. A indisciplina, somada à ganância demonstrada pelos dois oficiais, não agradava em nada a Maninho. Para o contraventor, tanta ousadia e ambição poderiam representar um risco à cadeia de comando da organização criminosa. O tempo mostrou que Maninho não estava errado em sua percepção.

A falta de confiança nos dois caveiras o levou a proibir Mesquita de delegar à dupla missões estratégicas, contrariando os planos de seu escudeiro. Sem alternativa, restou ao pecuarista empregar Adriano e João na execução do serviço sujo, ou seja, eliminar desafetos.

A determinação de Maninho desagradou à dupla, especialmente Adriano, e representou um revés para os planos de Mesquita. Ele ambicionava assumir a administração de um cassino clandestino aberto por Maninho, em parceria com Fernando de Miranda Iggnácio. Na época, o genro do finado *capo di tutti capi* da máfia do jogo, Castor de Andrade, era o único autorizado pelo Clube do Barão a distribuir máquinas de videopôquer e caça-níqueis no estado. Maninho e Fernando Iggnácio eram amigos e tinham acabado de instalar 150 máquinas num antigo imóvel de vila na Rua Ronald de Carvalho, quase esquina com a Ministro Viveiros de Castro, em Copacabana.

O cassino ficava dentro da área gerenciada por Mesquita, que pretendia delegar a administração dos pontos de apostas do jogo do bicho e assumir a casa de jogos eletrônicos. O escudeiro de Maninho tinha tudo planejado. Seu primo assumiria a gerência das bancas da zooteca, e Adriano cuidaria da segurança do cassino clandestino.

A jogada garantiria um significativo acréscimo nos ganhos do trio, como admitiu à época o pecuarista. Mesquita só não contava com o revés gerado pelo afastamento do recém-promovido tenente João da unidade de elite da PM. Para piorar a maré de azar de Mesquita, a permanência de Adriano no Bope aumentou a insatisfação de Maninho.

Irritado, Maninho preteriu o pecuarista ao escolher o primo, Guaracy Paes Falcão, o Guará, para cuidar do cassino de Copacabana. Contrariado com a decisão do *capo*, Mesquita pediu para ser substituído na gerência das bancas de Copacabana, alegando precisar de mais tempo para cuidar da fazenda.

Apesar de se sentir injustiçado, ele não tentou reverter a decisão do príncipe do clã sobre a administração da casa de jogos eletrônicos. Mesquita dirigiu a sua ira ao pai de Gordo. De volta à administração da propriedade rural, ele passou a perseguir Paraíba. Para se vingar, encheu a cabeça do patrão com histórias sobre roubos de ração, vermífugo e outros insumos. Maninho não demitiu seu Nóbrega, mas autorizou Mesquita a descontar do salário do caseiro os supostos prejuízos.

A implacável perseguição a seu Nóbrega levou Adriano a se afastar de Mesquita, arrastando João a reboque. A dupla tinha uma ligação fraternal. Não eram irmãos de sangue, mas de afinidade. Na adolescência, Gordo e Joãozinho dividiram roupas e pares de tênis. Com o tempo, passaram a compartilhar motos, carros e até armas. Invejavam a vida de luxo dos Paes Garcia, sobretudo o harém de Maninho.

Sem função definida na estrutura da organização criminosa, os dois oficiais caveiras passaram a atuar paralelamente numa série de crimes, como sequestros, extorsões e assassinatos a soldo. Clínica geral, como dizem no submundo. Num primeiro momento Adriano permaneceu no Bope, mas a saída de João o colocou sob vigilância acirrada do comandante da unidade, o tenente-coronel Sérgio Woolf Meinicke.

Oficial respeitado dentro da cúpula da corporação, Meinicke conseguira reunir ao longo da investigação sobre o tenente João Martins evidências robustas da existência de vínculo entre os dois jovens oficiais com o clã Paes Garcia. Os dados foram fundamentais para sustentar o pedido de afastamento do tenente Nóbrega do Bope. A iniciativa pegou de surpresa os instrutores e oficiais da cadeia de comando da tropa. Adriano era considerado um guerreiro exemplar entre seus pares. Ao contrário de Joãozinho, o tenente não era dado a brincadeiras e pouco sorria. Quando não estava na escala, o oficial se oferecia para tirar serviço e sempre estava disposto a participar de operações de alto risco e treinamentos como voluntário.

Numa dessas experiências, Adriano bateu por duas vezes o próprio recorde numa complexa simulação de conflito com reféns. O treinamento para capacitar mestres em tiro sob pressão foi aplicado por Paulo Storani, veterano capitão do Bope. Em resumo, a prova consistia na realização de uma série de atividades psicomotoras envolvendo corrida, escolha de alvos, tiro de precisão e superação de obstáculos. Tudo cronometrado numa pista de 600 metros.

Já na primeira tentativa, Adriano superou todos os demais participantes, sendo alguns deles atiradores experientes. O jovem tenente fez o melhor tempo, sem errar nenhum dos alvos definidos por cores e formas geométricas. Certeiro, Gordo passou pelo teste sem provocar danos colaterais. Em bom português, não matou nenhuma das vítimas mantidas reféns na simulação.

Mesmo depois de bater o recorde da prova, ele pediu para repetir o percurso e terminou com um tempo ainda menor. Apesar dos excelentes resultados nas provas de tiro, Adriano era ainda melhor nas ações realizadas em florestas ou áreas alagadiças. Gordo se adaptava como poucos a terrenos considerados hostis. Circular por áreas pantanosas ou de mata fechada o remetia aos tempos de adolescência na fazenda, onde se embrenhava sem medo mato adentro. Adriano carregava o DNA de mateiro de seu Nóbrega. A experiência adquirida nas montanhas de Guapimirim foi de grande valia para o jovem oficial do Bope em operações nos maciços do Rio de Janeiro.

A topologia da cidade, marcada por morros e florestas, vinha sendo usada para abrigar acampamentos de traficantes, muitos deles treinados por ex-militares cooptados pelas facções criminosas. Nesse cenário, Adriano se integrava completamente ao terreno. Camuflado, sumia para reaparecer feito assombração ao localizar esconderijos do tráfico em trechos da Mata Atlântica.

Assim, o caveira assombrou integrantes do CV que circulavam feito formigas nas trilhas dos maciços da cidade. Foi numa dessas operações que Gordo passou a ser conhecido entre os caveiras como Fantasma. A alcunha teve origem numa ação do Bope, em um trecho de mata fechada entre as favelas da Rocinha e do Vidigal. Nesse tipo de terreno, Adriano circulava sem ser visto, como um fantasma.

Naquela noite, traficantes de facções rivais, que disputavam o controle dos dois territórios, passaram a guerrear em meio à floresta. Era junho de 2001 e cresciam os relatos sobre a participação de ex-militares cooptados pelas quadrilhas nessas ações de guerrilha, detectadas também em comunidades instaladas nos maciços da Tijuca e da Pedra Branca, na zona oeste da cidade.

O aliciamento pelo narcotráfico de jovens capacitados, desligados pelas Forças Armadas, gerou um problema de segurança pública no Rio. Em média, 2 mil militares treinados em batalhões especializados, como fuzileiros navais e paraquedistas, eram dispensados anualmente. Sem trabalho, alguns acabavam atuando como armeiros e até mesmo no treinamento de soldados do tráfico. A situação se agravou a tal ponto que o governo do estado criou um programa para contratar ex-militares[84].

A tropa de elite da PM realizava patrulhas frequentes em trechos de mata para monitorar e mapear a atividade desses grupos criminosos. Numa dessas operações, no Morro Dois Irmãos, o tenente Nóbrega simplesmente desapareceu em meio à vegetação, gerando certa apreensão entre os demais integrantes da guarnição. A essa altura, sua fama de insubordinado e inconsequente já era notória.

Naquela noite de inverno, a madrugada chegou com chuva forte quando o tenente rompeu o silêncio e fez contato com o capitão que comandava a patrulha. Pelo radiotransmissor, o caveira passou as coordenadas de um acampamento erguido por traficantes. A guarnição seguiu de imediato para o ponto especificado, uma clareira de onde era possível avistar a orla do Leblon ao Arpoador.

A vista exuberante dos prédios iluminados à beira-mar contrastava com a cena que me foi descrita anos depois por um dos caveiras presentes na patrulha. Adriano tinha o rosto, as mãos e a farda cobertos com uma mistura de lama e sangue. Sem esboçar nenhum sentimento, ele virou-se para o capitão e disse que ali a missão estava cumprida. À frente, pendurados numa ribanceira por cordas amarradas às pernas, como porcos, estavam dois corpos, decapitados e sem as mãos. O tenente Adriano havia eliminado a dupla a golpes de faca de caça, sem dar nem sequer um tiro. A imagem aterradora deixou o grupo em silêncio por alguns instantes. Naquele momento, ninguém perguntou o que havia sido feito das cabeças e das mãos dos dois mortos, lançados barranco abaixo.

Além da comprovada excelência nos treinamentos e missões, o tenente transmitia a seus pares de tropa de elite uma frieza inabalável, somada a uma postura de total intolerância a criminosos. Ao incorporar a imagem de oficial vibrador e honesto, Adriano arregimentou uma legião de admiradores, entre os quais oficiais graduados, que enxergavam em seus arroubos de indisciplina certo traço de inconsequência juvenil.

A narrativa descrita por um dos caveiras integrados à patrulha foi confirmada por um ex-instrutor do Bope, sob a condição de anonimato. A descoberta de ossadas humanas em áreas de encosta do Morro Dois Irmãos foi investigada pela Polícia Civil em 2003, como cemitério clandestino de traficantes da Rocinha[85].

A farsa de bom policial construída por Adriano da Nóbrega enganou muita gente, mas não o tenente-coronel Sérgio Woolf Meinicke. Com base em um minucioso, porém tardio, levantamento da vida pregressa do oficial, o comandante o desligou da tropa de elite oito meses após o afastamento do tenente João André Martins. Embora acertada, na prática a iniciativa foi inócua. Adriano e João já estavam prontos. Especialistas na arte de matar. Fora do Bope, o tenente Nóbrega solicitou transferência para o Batalhão de Choque e incluiu como alternativa o 1º BPM (Estácio), onde seu parceiro estava lotado desde o fim do curso de operações especiais. A articulação acabou frustrada. Adriano não conseguiu espaço na mesma unidade de João. O caveira então deixou o orgulho de lado e recorreu ao padrinho. Rogério Mesquita andava às turras com os pupilos. O pecuarista ainda atribuía à dupla a responsabilidade pelo seu infortúnio com Maninho.

Afastado dos negócios relacionados à zooteca, Mesquita reclamava da escassez de dinheiro, sobretudo do que achava ser falta de consideração por parte de Miro e Maninho. Renovar a aliança com os dois pupilos lhe pareceu a oportunidade ideal para buscar uma reaproximação com os chefes do clã.

Com o apoio de aliados, o pecuarista conseguiu a transferência de Adriano para o batalhão da Tijuca. O 6º BPM fica na fatia da cidade sob forte influência dos Paes Garcia. Além de controlar o jogo na região, a família erguera no número 104 da Rua Silva Teles a quadra da Acadêmicos do Salgueiro.

Ao investir na escola de samba, Miro e Maninho seguiram os passos de outros chefões da zooteca. Mais do que legalizar ativos, as agremiações servem para lavar a imagem dos contraventores, convertidos de criminosos em mecenas da cultura popular. Com a intensa programação na quadra do Salgueiro, a demanda por segurança abriria as portas para os dois oficiais caveiras, levando Rogério Mesquita a reboque. Ao se reaproximar de Gordo e Joãozinho, o pecuarista encurtou a distância para chegar a Miro e Maninho. Afinal, pai e filho frequentavam mais a escola de samba do que a fazenda e o haras de Guapimirim.

O trabalho na segurança da agremiação não garantia boa remuneração aos dois tenentes, mas serviria de vitrine. *Habitués* na quadra da vermelho e branco, empresários, artistas e integrantes da cúpula do jogo costumavam contratar seguranças, e as credenciais de caveira funcionavam como um atrativo. O bico ajudava a pagar as despesas, mas Adriano almejava muito mais. Ele desejava ter a mesma vida de luxo, regalias e poder dos Paes Garcia. Enquanto não concretizava o sonho, o tenente fazia dinheiro mantendo uma intrincada agenda paralela à escala de serviço no batalhão da Tijuca, ora fazendo bicos de segurança, ora cometendo crimes. Nem sempre fora do horário de expediente.

O desligamento da tropa de elite levou Adriano a adotar um comportamento semelhante ao de Rodion Raskólnikov, o personagem central de *Crime e Castigo*[86]. Na miséria, o ex-estudante de Direito mata uma velha usurária a machadadas, baseado numa teoria que ele próprio havia desenvolvido. Para Raskólnikov, as pessoas estavam divididas entre ordinárias e extraordinárias. As ordinárias deviam viver na obediência e não tinham o direito de transgredir as leis. Já as extraordinárias tinham o direito, não declarado, de cometer crimes e de violar as leis. Gordo certamente não havia lido nada de Fiódor Dostoiévski, muito menos ouvira falar de Raskólnikov.

O oficial caveira se limitava à leitura de apostilas de treinamento e manuais técnicos de armas e explosivos, nada mais. Contudo, inconscientemente, Adriano da Nóbrega reproduzia em atos a teoria desenvolvida pelo personagem da ficção escrita pelo jornalista e filósofo russo.

Obrigado a se despir da farda preta, uma das marcas do Bope, o oficial passou a empregar as técnicas assimiladas na dura rotina de treinamento para infligir medo e dor a seus alvos. Tudo com o objetivo de acumular dinheiro e poder. Tamanha sanha o levou a praticar crimes sem temer a punição. Na cabeça atormentada do caveira, não havia castigo maior do que o desligamento da tropa de elite.

O temperamento incontrolável de Adriano o tornara um nome indesejável entre os comandantes de batalhões, avessos a excessos e a indisciplina. Em contrapartida, o ex-caveira passaria a ser disputado por comandantes de unidades tidas como operacionais, um neologismo adotado pelos adeptos da política do auto de resistência: a sumária execução de civis em supostos confrontos.

Dessa forma, Adriano foi parar no batalhão do bairro de Olaria, no conflagrado subúrbio carioca. Não demoraria para que os tenentes Adriano e João voltassem a atuar juntos, mas antes disso eles dividiram uma cela no alojamento do Batalhão de Choque, o BPChoque, no Centro do Rio. Os dois oficiais foram parar na cadeia no mesmo ano, em 2004, e por motivos semelhantes. Ambos se envolveram em casos rumorosos de tortura e assassinato de moradores de favelas sob o domínio da facção Comando Vermelho.

Adriano tinha tomado gosto pelo emprego de violência desmedida. O oficial caveira chegou a aperfeiçoar algumas das técnicas assimiladas no Bope para infligir dor às vítimas. Quando entregava à morte por prazer, Gordo era lento, sádico e implacável. Passar na faca era uma especialidade, citada com certo temor até por antigos colegas do Bope. Caso de Waldiney Gomes Lopes, um ex-soldado caveira flagrado em interceptação telefônica[87]. No diálogo, Lopes alerta o interlocutor, dizendo:

"*Adriano corta braço. Adriano corta perna*".

Apesar da predileção por lâminas, o tenente também gostava de usar técnicas de sufocamento. O saco na cabeça causava tanto suplício às vítimas quanto as serrilhadas facas de caça, com a vantagem de não deixar rastro de sangue. A alternativa considerada mais limpa criava obstáculos à coleta de provas técnicas numa eventual perícia por parte de agentes da Delegacia de Homicídios.

Joãozinho não tinha predileções. O oficial gostava de fazer experiências empregando o que estivesse à mão. Como o cabo de vassoura usado para empalar uma transexual durante operação no Morro da Coroa, em Santa Teresa. Tenente João Martins figurava entre os quinze PMs reconhecidos por Nelis Nelson Souza dos Santos como participantes de uma sessão de tortura em 15 de fevereiro de 2004.

Era uma segunda-feira. Passava um pouco das 9 horas quando o tenente invadiu a casa da família de Nelis, numa das vielas da comunidade. O oficial liderava o grupo, que seguia um informante de rosto coberto com uma touca ninja. Os policiais buscavam pistas sobre o paradeiro dos traficantes envolvidos no assassinato do soldado PM Anderson Clayton Santos, ocorrido na semana anterior.

Nelis dormia em seu quarto no momento em que os PMs invadiram o pequeno imóvel, obrigando seus familiares a saírem de casa. Um dos policiais despejou um balde de água na cara da transexual, que despertou de imediato, para em seguida levar um tapa no rosto. Os gritos de pânico de Nelis podiam ser ouvidos na vizinhança. Do lado de fora, impotentes diante dos policiais fardados, parentes começaram a chorar. A sessão de tortura continuou por mais de três horas. Nelis levou socos, pontapés, choques aplicados com o bocal de um abajur de cabeceira improvisado pelo tenente João Martins em instrumento de barbárie. Por mais que a vítima gritasse, dizendo não saber onde estavam escondidos os matadores do soldado do batalhão do Estácio, o oficial caveira seguia lhe impondo martírio.

Metódico, o tenente João retirou a gandola antes de iniciar a sessão de tortura. O caveira não queria ter que dar explicações sobre as manchas de sangue na farda. De pronto, a iniciativa do oficial foi seguida pelos demais policiais que se revezavam nas agressões. O suplício imposto a Nelis parecia não ter fim. Sem forças, a vítima desmaiou por duas vezes, sendo em seguida despertada por tapas na cara.

Quando todos pareciam exaustos, João saiu do quarto por instantes. O oficial procurava pela casa um ferro de passar roupa. "Vou passar a sua cara, que tá muito amarrotada", disse ele à vítima em tom ameaçador. Nelis não tinha forças nem sequer para suplicar por ajuda. Foi nesse momento que o tenente retornou ao quarto. Não com o ferro de passar, mas com uma vassoura.

A imagem do oficial sem camisa, suado e segurando a vassoura levou os demais PMs às gargalhadas. Um deles, em tom de deboche, perguntou se era para limpar a bagunça no quarto. Nelis estava caída no chão, nua e ensanguentada. O tenente se aproximou e disse no pé na orelha da vítima que o sofrimento havia acabado: "Agora ele vai gostar tanto que vai nos levar direto aos amiguinhos do tráfico".

Sem forças, Nelis foi virada de bruços. A cena a seguir foi descrita em detalhes pela própria vítima em depoimento à Justiça[88] e no Inquérito Policial Militar, que deu origem ao Conselho de Justificação[89]:

"Eu não tinha mais domínio do meu corpo. Estava sem forças e mal conseguia manter os olhos abertos. Lembro que pedi água quando o tenente se abaixou com a vassoura para falar no meu ouvido. Eles começaram a rir e naquele instante não entendi direito, mas quando me viraram de bruços eu percebi a intenção dele. Não lembro se fechei os olhos ou desmaiei de dor quando ele quebrou o cabo da vassoura e enfiou na minha bunda".

Terminada a sessão de tortura, os policiais saíram da casa levando uma sacola com roupas sujas de sangue e o cabo de vassoura. Só nesse momento os parentes de Nelis puderam entrar no imóvel. O cenário era de destruição, com móveis e eletrodomésticos quebrados, roupas e documentos espalhados por toda a parte. Nelis foi encontrada caída no chão, desmaiada e coberta de sangue.

A transexual foi levada pelos familiares à emergência do Hospital Miguel Couto, no Leblon, onde às 17h30 foi submetida a uma cirurgia para a reconstituição da bexiga e do canal retal. Quatro dias depois, o episódio foi denunciado em reportagem publicada pelo jornal *O Globo* sob o título "Horror em Santa Teresa – Morador do Morro da Coroa é brutalmente torturado e parentes acusam PMs"[90]. No texto, o então diretor do hospital, Edson Paixão, descreve a gravidade dos ferimentos provocados em Nelis pela sessão de tortura:

"São lesões traumáticas graves, por conta de lesões na bexiga e no reto. Lesões compatíveis com empalação".

A repercussão negativa do caso levou o comandante do batalhão do Estácio, tenente-coronel Marcos Alexandre Santos de Almeida, a abrir um Inquérito Policial Militar (IPM) para apurar a responsabilidade dos policiais envolvidos no episódio. A Polícia Civil instaurou um inquérito, sendo que o oficial e outros catorze policiais foram reconhecidos pela vítima e tiveram as prisões decretadas.

O tenente João foi conduzido inicialmente à carceragem do Batalhão de Choque, onde reencontrou o parceiro dos tempos de Fazenda Garcia e Haras Modelo. Adriano da Nóbrega aguardava o julgamento pela tortura e assassinato do flanelinha Leandro dos Santos Silva. Apesar da gravidade dos crimes praticados, os dois oficiais tinham regalias e, não raro, deixavam o cárcere para visitar familiares e fazer bicos, inclusive assassinatos a soldo. O ano de 2004 estava prestes a terminar, quando Gordo e Joãozinho receberam no BPChoque a visita de um amigo de longa data: Rogério Mesquita.

O padrinho tinha uma oferta irrecusável para fazer à dupla. Após o assassinato de Maninho e a morte de Miro, Mesquita buscava uma maneira de se aproximar de Alcebíades Paes Garcia, o filho preterido pelo patriarca para assumir o comando dos negócios ilegais do clã. O pecuarista tinha plena consciência de que a cúpula do Clube do Barão não o aceitaria à frente do valorizado território dos Paes Garcia.

Mesquita precisava do amparo de um dos herdeiros do clã e Bid lhe parecia a melhor opção naquele momento. Myrinho era jovem demais para assumir o comando da família, e os velhos barões do jogo jamais aceitariam Shanna ou Tamara na administração dos negócios. Bid, por sua vez, se acostumara a viver à sombra do irmão, que herdara a vocação do patriarca para as atividades relacionadas à zooteca.

Para conquistar a aprovação de Bid, Mesquita lhe propôs atuar como uma espécie de diretor-executivo. Caberia a ele manter em funcionamento os pontos de jogo do bicho e os cassinos clandestinos, repassando religiosamente os dividendos aos herdeiros de Miro e Maninho. Bid seria uma espécie de CEO, com poder de decisão e direito a retiradas mensais de meio milhão de reais. A proposta agradou a Bid, que temia permanecer no Rio de Janeiro. Temor que só fez aumentar com o assassinato do irmão, seguido da morte do pai. O herdeiro era um *bon-vivant*. Formado em Agronomia, mantinha uma fachada de fazendeiro, mas passava a maior parte do tempo alternando viagens de lazer e esporádicas visitas às propriedades rurais espalhadas pelo país, em geral administradas por terceiros.

Com a justificativa de garantir a segurança de Bid, de Sabrina e dos filhos de Maninho, Mesquita deixou de lado os ressentimentos e foi conversar com Adriano. Àquela altura, sua posição era bem mais confortável do que a do caveira, preso e sob risco real de expulsão da PM. Para piorar a situação do tenente, o coronel Sérgio Woolf Meinicke, o comandante que o afastou do Bope, havia sido nomeado corregedor-geral da corporação. O oficial se tornaria a pedra no coturno de Adriano da Nóbrega.

Mesquita chegou ao alojamento do BPChoque disposto a aparar as arestas com Gordo e, por tabela, com Joãozinho. A relação com os dois pupilos estava estremecida desde que Maninho o havia preterido na administração do cassino instalado em Copacabana. Na tentativa de atrair a dupla novamente para o seu lado, o pecuarista se ofereceu para custear a defesa dos dois nos processos em andamento na Justiça, além de mexer uns pauzinhos na PM.

Rogério Mesquita tinha fama de falastrão, mas de fato mantinha bons contatos no Judiciário e nas polícias, especialmente na PM. Fruto da proximidade com Miro e Maninho. A fortuna acumulada pelo clã com a exploração do jogo ilegal financiava uma influente teia de relações. Subornar autoridades era parte da função de Mesquita no período em que os dois chefões da família Paes Garcia estavam vivos.

A proposta do pecuarista consistia em empregar os tenentes Adriano e João para formar um time de contenção a uma possível covardia contra Bid e os três filhos de Maninho, além dos negócios ilegais do clã. Adriano coordenaria a tropa do bicho com autonomia para escolher seus subordinados, mas caberia a Mesquita a palavra final.

Mesmo preso, Adriano continuava sendo admirado por muitos de seus pares na tropa de elite. Situação, curiosamente, oposta à de João, visto como irresponsável. Embora ambos fossem infiltrados na estrutura de segurança do estado a serviço da contravenção, o perfil introvertido de Adriano o ajudou a construir uma imagem antagônica à sua verdadeira personalidade. Com isso, o tenente, por diversas vezes, recebia a solidariedade de oficiais considerados sérios e cumpridores da lei. Sem a mesma facilidade de Adriano para conseguir trabalho, o tenente João não fez objeção à proposta de Mesquita. Gordo, por sua vez, guardava certo rancor em razão da maneira como o padrinho havia tratado seu pai ao reassumir a administração da fazenda e do haras dos Paes Garcia.

A solução encontrada por Mesquita para atenuar a mágoa de Adriano foi oferecer a seu Nóbrega a posse de um sítio em Papucaia. Ter um pedaço de terra sempre foi o maior desejo do pai do ex-oficial caveira. Ao retomar a administração das propriedades dos Paes Garcia em Guapimirim, o pecuarista iniciou em paralelo uma série de ocupações ilegais de áreas públicas no distrito da cidade vizinha.

Adriano aceitou a proposta, mas fez uma exigência ao padrinho: Mesquita deveria registrar em cartório a promessa de venda da posse de terra em nome de José da Nóbrega. Gordo conhecia os humores do pai. Seu Nóbrega era tinhoso, orgulhoso e também andava ressentido com o compadre. Não aceitaria receber um título de posse sem uma explicação convincente.

Mesquita e Adriano simularam uma negociação, em que o oficial teria desembolsado 60 mil reais pela posse dos dois lotes invadidos. Trato feito, Gordo montou um time com policiais militares de sua confiança, parte oriunda da tropa de elite. Entre os selecionados, alguns nomes ganhariam notoriedade anos depois, ao seguir sob o comando do caveira no *Escritório do Crime*, a franquia de matadores de aluguel: os cabos Antônio Eugênio Freitas, o Batoré, Anderson de Souza Oliveira, o Mugão, e Luiz Carlos Felipe Martins, o Orelha.

Rogério Mesquita cumpriu sua parte no acordo, bancando os honorários de advogados experientes para acompanhar os processos no Tribunal de Justiça e seus desdobramentos na Corregedoria da corporação. As estratégias adotadas pelas defesas não evitaram que os dois fossem condenados em primeira instância. Contudo, uma série de chicanas prolongou ao máximo o andamento das ações em favor da dupla.

Enquanto os advogados criavam obstáculos legais ao andamento dos processos, os dois oficiais ganhavam tempo e, sobretudo, mantinham suas patentes e salários a salvo. Adriano chegou a ser promovido a capitão, mesmo antes de ser absolvido na segunda instância do Tribunal de Justiça do Rio de Janeiro.

A estratégia adotada pelos advogados foi tão eficaz que a dupla só foi excluída dos quadros da Polícia Militar mais de uma década depois. A assistência financiada por Mesquita com o dinheiro do jogo do bicho não se limitou ao pagamento dos honorários de advogados estrelados. Ao menos é o que sugerem os trechos de interceptações telefônicas, em que uma das irmãs de Adriano diz a uma tia, não identificada no relatório de transcrição dos diálogos feito pela Polícia Civil do Rio de Janeiro:

"O Tribunal pediu dinheiro a Adriano (...) Rogério Mesquita pagou por sua absolvição com dinheiro do jogo do bicho[91]".

A suposta compra de sentença favorável, entretanto, só seria conhecida anos depois. As conversas de Tatiana e Daniela com a tia foram captadas às 15h15 da terça-feira, 11 de fevereiro de 2020, dois dias após o oficial caveira ter sido morto num cerco policial ao sítio onde estava escondido, em Esplanada, a 170 quilômetros de Salvador, na Bahia.

As irmãs se consolavam enquanto falavam pelo viva-voz do celular de Gordinha, como Adriano costumava chamar Tatiana. A conversa com a tia não identificada aconteceu no Haras Modelo.

Adriano havia sido condenado em primeira instância a 19 anos e seis meses de prisão pela morte do flanelinha em Parada de Lucas. A sentença também previa a perda da função na Polícia Militar. Contudo, uma reviravolta na 4ª Câmara Criminal do TJ garantiu por unanimidade a absolvição do oficial, em setembro de 2006.

Na conversa captada pela polícia, Tatiana comenta com a interlocutora que Daniela sabe muita coisa sobre o irmão mais velho. A caçula era uma espécie de confidente de Adriano. Tanto que no diálogo de 6 minutos e 51 segundos, iniciado às 15h30, após uma breve interrupção causada pela perda de sinal, Tatiana diz que Mesquita pagou a um desembargador pela absolvição do irmão com dinheiro do jogo do bicho.

Sem citar o nome do magistrado, ela emenda que Daniela sabe de toda a história. Rogério Mesquita também foi morto antes de o caso vir à tona, sem nunca ter sido intimado a dar explicações à Justiça. O pecuarista teve os miolos estourados por tiros de pistola .40 disparados quase que à queima-roupa da garupa de uma moto. O pecuarista falava ao celular enquanto caminhava pela calçada de pedras portuguesas após sair de um treino na academia Bodytech, na Avenida Visconde de Pirajá, em Ipanema. Passava pouco do meio-dia e o vaivém de pedestres no passeio à frente da Praça Nossa Senhora da Paz foi abruptamente interrompido pelo ronco da motocicleta conduzida por um homem inteiramente vestido de preto.

O piloto subiu na calçada, passando entre os pedestres, até se aproximar do alvo. Mesquita mal teve tempo de olhar para trás, quando da garupa da moto o atirador disparou contra a sua nuca, pegando de surpresa o criador da guarda pretoriana dos Paes Garcia. Imagens captadas por câmeras de segurança de prédios e lojas no trecho da Rua Visconde de Pirajá, entre a Igreja Nossa Senhora da Paz e a lanchonete Polis Sucos, na Rua Maria Quitéria, mostram os instantes em que a moto sobe na calçada pelo acesso à garagem de um prédio ao lado da loja Elle Et Lui.

Toda a ação durou pouco mais de dois minutos. Na véspera da execução, Mesquita havia telefonado para o delegado Ricardo Barboza de Souza, adjunto na Delegacia de Homicídios. O policial era um dos responsáveis pela investigação sobre o atentado sofrido pelo pecuarista meses antes. Mesquita estava nervoso ao telefone e perguntou se o delegado poderia encontrá-lo em seu apartamento, na Rua Redentor. O pecuarista terminou a conversa dizendo ter informações de que Adriano planejava um atentado contra a vida do delegado. Barboza saiu da antiga sede da DH e seguiu para Ipanema. Assim que chegou, Mesquita lhe disse que o caveira tentaria contra a sua vida. Adriano estaria sedento por vingança e atribuía ao delegado a culpa pela prisão de seu pai, detido por tentar corromper agentes da DH.

Na cabeça do oficial caveira, Mesquita teria se aproveitado da prisão para atear fogo à casa e ao carro na propriedade outrora entregue a seu Nóbrega como prova de compadrio. Diante da afirmação, o delegado orientou o pecuarista a prestar um novo depoimento e a solicitar proteção policial. Mesquita ignorou a sugestão. Ele acreditava estar a salvo por viver em Ipanema, bairro de alto padrão com ostensivo aparato policial espalhado pelas ruas.

Mesquita estava enganado. Àquela altura, o capitão Adriano não precisava mais de mentor. O velho padrinho havia lhe ensinado sua última lição ao comprar sua absolvição. O oficial caveira aprendera na cadeia a importância de construir uma rede de padrinhos poderosos para ascender nos subterrâneos da *Cidade Partida*[92]. O assassinato de Rogério Mesquita segue sem solução, como tantos outros atribuídos ao chefe do *Escritório do Crime*. Apesar de Adriano ter sido denunciado pela vítima em depoimento e as imagens do crime indicarem semelhanças entre o seu biotipo e o do piloto da moto, o oficial caveira nem sequer foi intimado a depor no inquérito da DH, que cita entre os suspeitos o também ex-PM Antônio Eugênio da Silva Freitas, o Batoré.

Seu Nóbrega se afastou do filho após a execução de Mesquita e um ano depois decidiu voltar a viver com uma irmã na Rua Padre Ibiapina, no bairro de São José, na cidade de Santa Luzia, a 229 quilômetros de João Pessoa, na Paraíba. O pai de Adriano respondeu ao processo por tentativa de suborno até 4 de abril de 2013, quando morreu por insuficiência cardíaca[93], no Hospital Municipal Deputado Janduhy Carneiro, em Patos (PB).

Ao longo da ação judicial, seu Nóbrega teve a prisão decretada outras duas vezes por não ter sido localizado para prestar depoimento em cartas precatórias enviadas ao Fórum de Santa Luzia pela Comarca de Cachoeiras de Macacu. O último mandado de prisão foi decretado pela juíza Carla Regina Medeiros de Aguiar, em 24 de fevereiro de 2011.

José Oliveira da Nóbrega morreu aos 67 anos, amargurado com a trajetória errática escolhida pelo filho ambicioso, que chegou a renegar ao deixar o Rio de Janeiro rumo à Paraíba. Quis o destino, porém, que seu Nóbrega passasse seus últimos instantes de vida sob os cuidados de um Adriano. Não o Gordo, seu primogênito, mas o médico Adriano Marcel da Silva. O clínico assinou a sua declaração de óbito às 2 horas e 25 minutos da madrugada de quinta-feira.

Solitário, Paraíba deixou filhos e nada de bens, como consta no documento. Gordo nunca superou o afastamento do pai. Seu Nóbrega era um dos poucos a confrontá-lo. Três meses depois de sua morte, o Disque-Denúncia recebeu um relato[94] de que o capitão Adriano da Nóbrega planejava assassinar o delegado Ricardo Barboza de Souza, um dos responsáveis pela investigação da DH sobre o atentado contra Rogério Mesquita, em Papucaia. O oficial caveira culpava o delegado pelo distanciamento de seu pai, detido ao tentar corromper os policiais que o procuravam para cumprir o mandado de prisão[95] expedido pela 2ª Vara Criminal de Cachoeiras de Macacu.

O amigo do presidente: a aliança com os Bolsonaros

Rua dos Coqueiros, esquina com Padre Miguelinho, Catumbi, 16h32 de sexta-feira, dia 1º de novembro de 2002. O motorista do Santana azul, placa KQO-0089, trafega sentido bairro de Santa Teresa, quando se vê cercado por dois homens armados. Um deles esmurra intensamente a lataria do veículo aos gritos de: "Perdeu! Perdeu!"

Sem chance de reação, o condutor destrava lentamente o fecho do cinto de segurança, as portas, e coloca as mãos espalmadas sobre o volante. No banco traseiro, uma jovem apavorada se encolhe. Michele de Lima Braz chora e treme de medo, enquanto o motorista a orienta a manter a calma e se afastar lentamente do veículo com as mãos à vista. Ele sabe que será morto caso seja identificado como policial pelos ladrões. Naquele instante, o soldado Rocha, que está à paisana, teme por Michele. A descoberta de que a jovem universitária, de 20 anos, abaixada no banco traseiro é filha do comandante-geral da Polícia Militar, coronel Francisco José Braz, pode ter consequências inimagináveis.

Retirados à força do carro descaracterizado da Secretaria de Segurança Pública do Rio de Janeiro, Michele e o soldado Rocha se afastam, deixando para trás seus pertences, enquanto veem os ladrões saírem com o veículo. Os dois ainda escutam quando um deles diz em tom de deboche que o Santana oficial será usado apenas para desovar um cadáver.

Em seguida, os bandidos saem em disparada em direção ao Morro da Coroa, sem notar a pistola deixada pelo condutor no vão entre o banco e a alavanca do câmbio de marcha. O assalto foi confirmado horas depois pelo próprio comandante da PM. Em entrevista, o pai de Michele classificou os ladrões como pés de chinelo. O tom pejorativo usado pelo coronel não minimizou a sensação de insegurança disseminada em parte da população do Rio de Janeiro. O ano de 2002 estava prestes a terminar, com números recordes nos indicadores de violência:

"Vinte e duas pessoas assassinadas, 92 veículos roubados, 51 carros furtados, 52 assaltos a pedestres, 14 assaltos em ônibus, 37 roubos de telefone celular, 19 a estabelecimentos comerciais, dez a bancos e cinco a residências. Assim termina um dia comum no Estado do Rio de Janeiro".

O aterrador parágrafo destacado acima fora publicado em reportagem do jornal *O Globo*, escrita a partir de dados estatísticos reunidos na pesquisa "A Década da Violência[96]", elaborada pelo Centro de Estudos de Segurança e Cidadania da Universidade Cândido Mendes (Cesec/Ucam).

O trabalho teve origem na análise de indicadores de criminalidade de 1991 a 2002. Nesse período, no Rio (capital) a taxa de roubos saltou de 564 por grupo de 100 mil habitantes para 1.293, um aumento de 129%. Em todo o estado, o crescimento foi de 130%. Na época, Leonarda Musumeci, então professora do Instituto de Economia da UFRJ e coordenadora da área de criminalidade e violência do Cesec/Ucam, chamou atenção para um dado estarrecedor indicado pela pesquisa: apenas 25% das vítimas foram a uma delegacia de Polícia Civil para registrar os casos.

A subnotificação tornava a realidade ainda pior do que a revelada pelas estatísticas. Ao não recorrerem à polícia, cariocas e fluminenses sinalizavam a descrença nos aparelhos de segurança pública. Não seria justo atribuir unicamente ao coronel Francisco Braz a responsabilidade pela sensação de medo que tomava conta do Rio. Contudo, naquele período, o comandante-geral da PM personificava o sentimento de impotência do cidadão diante da criminalidade.

O roubo do carro oficial usado pela filha do coronel Braz ocorrera 158 dias depois de outro filho do comandante da corporação responsável pelo policiamento ostensivo no estado ter sido roubado. Marcelo Braz, de 28 anos, deixava o estacionamento do Norte Shopping, acompanhado da mulher, quando foi rendido por homens armados na Rua Gandavo, no Cachambi, zona norte da cidade. Era noite de domingo, 26 de maio de 2002, e o casal voltava do cinema.

Em maior ou menor escala, o temor vivenciado pelos filhos do comandante da PM tinha se tornado rotina na vida do morador do Rio de Janeiro. Cariocas e fluminenses presenciaram ou assistiram pela televisão a uma série de ataques criminosos. Nem mesmo a sede do governo do estado foi poupada. Na manhã de quarta-feira, 16 de outubro, o Palácio Laranjeiras foi alvo de tiros de fuzil. A PM comandada por Braz não conseguiu prender nenhum dos envolvidos no atentado terrorista.

O coronel Francisco Braz fora nomeado comandante-geral da corporação por Benedita da Silva, a vice-governadora que assumiu a administração do estado em abril de 2002, após o governador Anthony Garotinho se desincompatibilizar do cargo para concorrer à sucessão presidencial. Nos nove meses em que esteve à frente do Palácio Laranjeiras, Benedita enfrentou uma série de crises na área de segurança. Entre os fatos mais marcantes estava a execução do jornalista Tim Lopes, em 2 de junho. O repórter da TV Globo foi torturado e morto por traficantes da Vila Cruzeiro, na Penha, subúrbio do Rio de Janeiro.

Tim usava uma microcâmera para tentar captar imagens de um esquema de exploração sexual de crianças e adolescentes promovido por integrantes da facção Comando Vermelho. Flagrado pelos criminosos, o repórter foi levado ao alto do morro, martirizado, e teve seu corpo reduzido a cinzas num micro-ondas, nome dado por traficantes às fogueiras feitas com pneus para queimar suas vítimas.

Três meses depois do bárbaro assassinato, os principais chefes da facção criminosa tomaram de assalto as galerias da penitenciária Laércio da Costa Pellegrino, o Bangu 1, até então considerada uma unidade de segurança máxima. O episódio ficou conhecido como o

11 de setembro do Comando Vermelho, numa referência aos ataques feitos pelo grupo fundamentalista Al Qaeda, que no mesmo dia do ano anterior lançou aviões contra as torres do World Trade Center e o Pentágono, nos Estados Unidos.

A partir da violenta rebelião em Bangu 1, integrantes da facção colocaram em prática uma sucessão de ações criminosas no Rio. Ameaças, ataques pontuais e uma onda de boatos elevaram o clima de insegurança em diversos pontos do estado, mais especialmente na capital. Assim, o mês de outubro de 2002, quando foram realizadas as eleições, começou sob o signo do medo.

Intimidações orquestradas e atentados deixaram milhares de estudantes sem aulas e pacientes sem atendimento em unidades de saúde. Comerciantes foram obrigados a fechar as portas em 84 bairros do Rio. As imagens da cidade sitiada ocuparam as manchetes dos jornais e os noticiários das televisões, repercutindo nos jornais estrangeiros mundo afora.

Às vésperas do primeiro turno, as pesquisas de opinião refletiam a insatisfação dos eleitores acuados pela violência. A petista Benedita da Silva aparecia na disputa pela sucessão estadual atrás de Rosângela Matheus, a mulher de Garotinho, rebatizada politicamente de Rosinha Garotinho.

A essa altura, a insegurança ocupava o topo da lista de temas que mais preocupavam os eleitores do estado. Para as famílias de classe média, o aumento exponencial das estatísticas de roubos de veículos arrastava para cima os preços das apólices de seguro, impactando diretamente a economia nesses lares. O ano de 2002 terminou com 34.432 registros de carros roubados, o maior da série histórica iniciada em 1991[97]. Por dia, em média, 94 motoristas do Rio de Janeiro tiveram seus veículos levados por ladrões sob a mira de armas. O medo sentido por Michele, a filha do comandante da PM, foi vivenciado por ao menos outros 2.914 condutores no mês de outubro, quando Benedita perdeu a disputa eleitoral no primeiro turno. Rosinha obteve mais de 4 milhões de votos, equivalentes a 51,3% dos eleitores do estado.

Entre os quase três mil motoristas roubados no mês das eleições estava o mais jovem deputado estadual eleito para ocupar uma cadeira na Assembleia Legislativa do Rio. Aos 21 anos, o estudante de Direito da Universidade Cândido Mendes volta à noite de uma aula no campus da Rua da Assembleia, no Centro, para o apartamento onde vivia com a família no Condomínio Saens Peña, na Rua Dona Maria, em Vila Isabel.

Flávio Nantes Bolsonaro dirigia seu Gol 1.0 Turbo 16V, ano 2000/2001, quando foi surpreendido por homens armados em duas motos ao passar pela Praça Varnhagen, sentido Rua Almirante João Cândido Brasil. O universitário eleito com 31.293 votos estava a pouco mais de um quilômetro de distância de sua casa no instante em que teve o cano de uma pistola apontado para a cabeça. Antes mesmo de ser arrancado do veículo, o jovem branco, de olhos claros, foi reconhecido por um dos assaltantes como sendo o filho do capitão reformado do Exército Jair Bolsonaro, reeleito no domingo, 6 de outubro, com 88.945 votos para o seu quarto mandato como deputado federal. Associado imediatamente à imagem do pai, abertamente defensor da pena de morte para bandidos, Flávio passou a ser esculachado pelo bando.

Um dos ladrões o mandou sair do carro e se ajoelhar para morrer enquanto outro bandido debochava da cara de pavor do rapaz. Sob a mira das armas, o primogênito do militar aposentado foi agredido com tapas e pontapés, até que um dos ladrões o mandou correr sem olhar para trás. Enquanto fugia, Flávio ouviu disparos de tiros efetuados pelos criminosos. Sem desviar o olhar da calçada, o recém-eleito deputado estadual pelo PPB correu rente aos muros, desviando de buracos e canteiros com árvores, até encontrar abrigo na portaria de um prédio. Nesse momento, Flávio viu seu Gol Turbo passar guiado pelo ladrão que o havia mandado ajoelhar no meio da rua para morrer. Logo atrás do veículo, os demais integrantes do bando seguiam em motocicletas.

Acudido por um porteiro, que teve a atenção despertada pelo barulho dos tiros, Flávio telefonou para o pai usando o aparelho celular emprestado pelo trabalhador. Seu aparelho havia sido levado junto com o carro. Jair Bolsonaro estava em Brasília, de onde acionou alguns velhos amigos na Polícia Militar, entre eles um conhecido dos tempos de caserna, que acompanhou seu primogênito à delegacia. O sargento da PM Fabrício José Carlos de Queiroz levou Flávio à 19ª DP (Tijuca) para registrar o roubo do veículo.

Na delegacia, o jovem parlamentar foi apresentado pelo sargento a um tenente recém-transferido do Bope para o batalhão da Tijuca. Aos 25 anos, Adriano Magalhães da Nóbrega comandava uma equipe do Grupo de Ações Táticas Especiais (Gate) do 6º BPM.

Naquele instante, na portaria envidraçada do número 208 da Rua General Espírito Santo Cardoso, o ex-caveira vislumbrou naquele jovem político assustado a oportunidade de retornar à unidade de elite da Polícia Militar.

Flávio só seria diplomado deputado estadual dois meses depois, em dezembro de 2002. Entretanto, àquela altura, sua família já formava uma bancada considerável, com um deputado federal (Jair Bolsonaro) no Congresso Nacional e um vereador, Carlos Bolsonaro, na Câmara do Rio de Janeiro.

Os Bolsonaros tinham como principal bandeira a defesa de militares reservistas e policiais, além de uma radical posição contrária aos Direitos Humanos. Para o tenente Adriano, contar com o jovem parlamentar em sua rede de relações pessoais diminuiria sua dependência dos Paes Garcia e, sobretudo, de seu padrinho, Rogério Mesquita.

Ao orbitar em torno do clã de políticos capitaneados por um militar reformado, ele esperava atenuar o desgaste gerado à imagem que cultivava de bom policial pelo desligamento prematuro do Batalhão de Operações Especiais. Dessa forma, enquanto mantinha no submundo o vínculo com a máfia do jogo, na sociedade o jovem oficial posaria de protegido dos Bolsonaros.

Em contrapartida, o primogênito de Jair Bolsonaro contaria com a proteção informal de um dos mais letais caveiras formados no Bope. No submundo carioca, essa relação de compadrio é denominada "seguro de cu". Assim, naquela noite de outubro de 2002, o tenente Nóbrega saiu da 19ª DP com sua equipe do Gate para caçar os ladrões que haviam esculachado Flávio Bolsonaro.

Em certa medida, o primogênito repetia um ciclo iniciado pelo próprio pai, que tinha no sargento Fabrício Queiroz uma espécie de segurança informal, como chegou a admitir quando o escândalo das rachadinhas[98] veio à tona no gabinete do primeiro filho, na Assembleia Legislativa do Rio de Janeiro:

"Conheço o senhor Queiroz desde 1984. Depois nos reencontramos, eu como deputado federal e ele sargento da Polícia Militar. Somos paraquedistas. Continuou uma amizade. Em muitos momentos estivemos juntos em festas, eventos, até porque me interessava ter uma segurança policial ao meu lado. Com o tempo foi trabalhar com o meu filho"⁹⁹.

Assim como Flávio, o oficial aposentado do Exército se viu impotente diante da ação de ladrões ao ser surpreendido às 8h30 de terça-feira, 4 de julho de 1995¹⁰⁰, quando parou sua motocicleta Honda Sahara, 350 cilindradas, placa LAG-0656, num sinal de trânsito no cruzamento das ruas Torres Homem com Souza Franco, em Vila Isabel. Embora estivesse armado com uma pistola Glock 380, Bolsonaro não teve tempo de reagir e acabou entregando a arma e a moto, que não tinha seguro.

Largado a pé, o deputado federal reeleito no ano anterior pelo PPR mobilizou o então secretário de Segurança Pública, Nilton Cerqueira, general reformado que havia atuado no DOI-CODI, órgão de repressão subordinado ao Exército durante a ditadura militar (1964-1985). Dois dias depois a moto e a arma de Bolsonaro foram recuperadas na favela de Acari, numa controversa ação envolvendo policiais militares do 9º BPM, em Rocha Miranda.

Oito meses depois do roubo, Jorge Luís dos Santos, apontado como chefe do tráfico de drogas na favela de Acari, foi preso por policiais do Rio, escondido em Salvador, na Bahia. Trazido de volta à cidade em 4 de março de 1996, ele foi levado a uma cela da Divisão de Recursos Especiais da Polícia Civil, na Barra da Tijuca, onde foi encarcerado às 23 horas.

Pela manhã, Jorge de Acari, como era conhecido, foi encontrado morto.

Vestido com uma calça branca, descalço e sem camisa, o traficante estava pendurado a poucos centímetros do chão, enforcado com a própria camisa. De acordo com a polícia, ele teria cometido suicídio, informação contestada pela mulher e a sogra durante seu enterro.

Vinte e quatro horas depois, as duas, Márcia e sua mãe, Therezinha Maria de Lacerda, foram assassinadas a tiros às margens da Rodovia Presidente Dutra, altura de São João de Meriti, na Baixada Fluminense. Os crimes jamais foram solucionados.

Não há registro, no banco de dados da Polícia Civil do Rio de Janeiro, da recuperação do Gol Turbo roubado de Flávio Bolsonaro. Contudo, a partir do episódio, o tenente Nóbrega teve o nome relacionado a três registros de autos de resistência, como eram tipificadas à época as mortes de suspeitos em supostas trocas de tiros com policiais.

Os casos aconteceram nos morros do Borel e da Formiga. As duas favelas, dominadas pela facção Comando Vermelho, eram apontadas em investigações como principais centros de receptação de veículos roubados na região.

O jovem deputado estadual recebeu o valor integral da apólice de seguros, de R$ 25.500,00 na época, usado na compra de um Peugeot 307, ano 2003. As informações relacionadas aos dois carros constam nas declarações de bens[101] entregues à Justiça Eleitoral pelo primogênito de Bolsonaro nas eleições de 2002 e 2004.

Depois de ter sido apresentado a Flávio Bolsonaro pelo sargento Queiroz, o tenente deu início a um levantamento para chegar aos nomes, endereços e hábitos de parentes dos principais chefes do CV nas favelas da Tijuca. A partir do mapeamento, o oficial colocou em prática uma série de ações suspeitas, entre elas o sequestro de parentes de traficantes. Uma de suas vítimas foi o então estudante Isaías da Costa Rodrigues Filho, de 17 anos, primogênito de Isaías do Borel, um dos chefões do Comando Vermelho.

O adolescente foi abordado pela equipe comandada pelo tenente ao se aproximar do ponto de mototáxi, na esquina da Estrada da Independência com a Rua São Miguel. Isaías Filho voltava da escola, uniformizado, quando o oficial o enquadrou, apontando uma pistola calibre 40 para a sua cabeça.

Impedido de subir numa das motos e seguir rumo à casa onde vivia com a mãe, o adolescente foi empurrado contra a parede, enquanto a sua mochila era revirada. Com o rosto pressionado contra a superfície chapiscada de cimento, Isaías Filho tinha o cano de uma pistola colado à nuca. Apesar de estar carregando apenas material escolar, ele foi conduzido até a Patamo e, em seguida, obrigado a sentar no banco traseiro, onde dois PMs aguardavam as ordens do oficial caveira. A movimentação dos policiais no acesso ao morro despertou a atenção de quem passava.

O filho de Isaías não tinha antecedentes criminais, não transportava drogas nem armas, mas mesmo assim foi levado do local pelos policiais. Passava das 14 horas de quarta-feira, 9 de outubro de 2002, quando Sílvia Regina Rosário Rodrigues, a mãe do adolescente, foi alertada sobre a prisão do filho pelos PMs comandados por Adriano. Temendo o pior, ela correu para a porta da 19ª DP. Na unidade, policiais civis de plantão informaram não ter registrado até aquele momento nenhuma prisão feita por policiais militares no Morro do Borel.

Enquanto a mãe buscava desesperadamente informações sobre o paradeiro do adolescente, Isaías Filho era submetido a uma sessão de tortura psicológica, sendo ameaçado de morte no interior da Patamo, que àquela altura circulava pela Estrada das Paineiras. Tenente Adriano obrigou o rapaz a telefonar para um dos advogados do pai, que cumpria pena na penitenciária de segurança máxima Laércio da Costa Pellegrino, o Bangu 1. O oficial exigia um fuzil e R$ 15 mil para libertar o estudante. Sem acordo, ameaçou entregar o filho do traficante a integrantes da facção rival, o Terceiro Comando, no Morro da Casa Branca.

A proposta de vender Isaías Filho para ser eliminado na favela vizinha ao Morro do Borel não foi concretizada, mas o tenente só liberou o adolescente oito horas depois, à noite, numa das vielas da comunidade dominada pelo bando rival. O sequestro do filho de Isaías do Borel só veio à tona dois meses depois, em reportagem publicada pelo jornal O Dia[102]. No texto, o corregedor e promotor de justiça aposentado Aldney Peixoto dizia ter instaurado a investigação a partir de denúncia protocolada na Corregedoria Geral Unificada (CGU) pelos advogados de Isaías do Borel.

Ouvido no presídio, ele confirmou ter dado ordem para que o resgate não fosse pago. Isaías argumentou à época que o filho não tinha envolvimento com o crime. Por isso, decidiu não ceder às exigências do oficial e denunciar o sequestro à CGU após ser informado de que o filho não fora a única vítima dos comandados de Adriano. Dias antes, o sobrinho de outro traficante passara por martírio semelhante. O jovem, que também não tinha antecedentes, acabou assassinado, mesmo após o tio ter pago os R$ 5 mil exigidos.

Aldney Peixoto fora nomeado corregedor-geral da CGU em abril de 2002. O órgão havia sido criado pelo então governador Anthony Garotinho para dar celeridade às investigações de crimes praticados por policiais, especialmente oficiais e delegados. O corregedor-geral sempre admitiu as dificuldades em apurar a participação de policiais em delitos. Na época, a CGU já acumulava 500 inquéritos relacionados a denúncias de envolvimento de agentes públicos das polícias Civil e Militar em ações criminosas.

A CGU tinha autonomia e seu principal objetivo era driblar o corporativismo nas corregedorias internas das polícias Civil e Militar, que raramente puniam delegados e oficiais. Apesar dos esforços do corregedor-geral, a investigação relacionada ao sequestro de Isaías Filho acabou arquivada, em dezembro de 2002.

Antes da conclusão da sindicância, Adriano continuou comandando sua equipe do Gate mesmo durante as investigações na Corregedoria. Em uma das oitivas, o oficial chegou fardado e acompanhado por seus subordinados para prestar depoimento a Aldney Peixoto.

Na ocasião, o tenente caveira encontrou a mulher, o filho e um dos advogados de Isaías do Borel na antessala do órgão, que funcionava no Edifício Roberto Antonio Campanella dos Santos, na Rua da Conceição, Centro do Rio.

Ao ver o jovem sentado ao lado de Sílvia Regina, Adriano parou, encarou a dupla e em seguida perguntou em voz alta a um dos policiais que o acompanhava se ele sabia a altura do prédio, para logo depois emendar, em tom irônico: "Já imaginou cair daqui de cima?".

A CGU funcionava no 26º andar do edifício. O episódio foi relatado em depoimento por Regina ao corregedor-geral. Para a mãe de Isaías Filho, não havia dúvida de que o comentário feito em tom de deboche se tratava de uma ameaça velada ao seu filho. O relato da mulher de Isaías do Borel não teve efeito prático.

O tenente não sofreu nenhum tipo de punição por ter mantido o estudante sob cárcere por oito horas num veículo oficial da Polícia Militar, tampouco pelo comentário ameaçador. Em sua passagem pelo 6º Batalhão de Polícia Militar, o oficial comandou inúmeras ações do Gate em morros da região.

Consegui localizar no banco de dados da Delegacia de Acervo Cartorário três registros de ocorrência, lavrados na 19ª DP (Tijuca) nos dias que sucederam o roubo do carro de Flávio Bolsonaro. Eles indicam a participação de Nóbrega em ações com três mortes de suspeitos em supostas trocas de tiros nos morros do Borel e da Formiga. Apesar das mortes, os inquéritos não prosperaram.

Em um dos registros, o morto nem sequer foi identificado ao ter seu corpo deixado na entrada de emergência do Hospital do Andaraí, no início da noite de sexta-feira, 18 de outubro. Horas depois, a equipe do Gate comandada pelo tenente Nóbrega se envolveria na morte de outro jovem negro, apontado no registro de ocorrência como "elemento suspeito de ligação com o tráfico de drogas".

A suposta segunda troca de tiros aconteceu por volta das 2 horas, próximo a uma escadaria no final da Rua da Cascata, uma via sinuosa e esburacada que leva ao topo do Morro da Formiga. Ricardo Vitor dos Santos, de 21 anos, segundo relato do sargento Santos, teria atirado ao notar a aproximação dos policiais, "que reagiram à injusta agressão".

Baleado com tiros de fuzil no tórax, o "elemento suspeito" também foi levado ao Hospital do Andaraí, aonde chegou morto. No relato de cinco linhas, feito na delegacia da Tijuca, o sargento não informa quem teria atirado no suspeito, tampouco dá detalhes sobre a dinâmica do evento que resultou na morte de Ricardo. O tenente Adriano da Nóbrega é citado apenas como o oficial responsável pela patrulha e pela descoberta de um revólver calibre 32, encontrado numa bolsa largada na escadaria próxima ao jovem baleado.

No episódio relacionado ao primeiro morto da noite, um jovem negro sem identificação, o tenente sustentou no registro ter havido uma intensa troca de tiros: "O elemento pardo reagiu a tiros ao ser surpreendido pela aproximação da Patamo do Gate, no Morro do Borel". Apesar da afirmação feita pelo tenente Adriano, nenhuma arma foi apresentada na delegacia para justificar o suposto confronto.

Ao analisar os três registros é possível constatar que o Morro do Borel era o alvo preferido de Adriano e sua equipe. Foi na favela sob o domínio de Isaías do Borel que Fábio Chagas Júlio, de 28 anos, morreu baleado na cabeça e nas costas, na localidade conhecida como Terreirão, um descampado no alto do morro, em 28 de outubro de 2002.

O confronto relatado pelos PMs desta vez aconteceu numa segunda-feira, por volta das 11 horas, com o sol a pino. Fábio já havia sido preso por suspeita de envolvimento com o tráfico, mas na ocasião os parentes disseram que ele estava a caminho do trabalho, em um canteiro de obras. A morte de Fábio gerou comoção entre os moradores do Morro do Borel, que desceram da comunidade e atearam fogo em pneus e pedaços de madeira, impedindo o tráfego de veículos na Rua Conde de Bonfim. Comerciantes da região foram obrigados a fechar as portas[103].

Os três registros de ocorrência elaborados a partir dos dados fornecidos pelo Gate sob o comando do tenente Nóbrega têm em comum três pontos: ausência de detalhes sobre as ações, desqualificação dos suspeitos e total inação da Polícia Judiciária e do Ministério Público.

Nenhum dos registros resultou em abertura de inquérito policial. Adriano seguiu incólume.

Não raro, durante o trabalho, o tenente fazia contato por telefone celular com Flávio Bolsonaro para informar que estava de serviço e à disposição do jovem deputado estadual para escoltá-lo no caminho da faculdade para casa.

Em seu primeiro mandato na Alerj, o primogênito de Jair Bolsonaro conciliava o trabalho de deputado com as aulas de Direito na Universidade Cândido Mendes, a poucos metros da sede do Legislativo do estado. O deputado tinha participação atuante na Comissão Especial para Fiscalizar o Efetivo Cumprimento das Leis. Sempre em defesa de policiais investigados por desvio de conduta ou por prática de crimes.

À noite, quando retornava para casa, no fim de uma sessão ou de uma aula, Flávio cruzava com a Patamo do Gate sob o comando de Adriano da Nóbrega. O tenente costumava basear o veículo na Praça Varnhagen, próximo ao local onde o jovem parlamentar havia sido roubado.

Além de manter contato frequente com o parlamentar, o tenente buscava se aproximar de Fabrício Queiroz. Adriano costumava se referir ao sargento como coroa ou careca, alcunhas que não agradavam ao vaidoso ex-paraquedista. Aplicar apelidos pejorativos era a maneira usada pelo oficial para forçar uma intimidade.

Adriano fazia o tipo calado, parecia distante enquanto observava tudo ao redor. O oficial caveira não cultivava amizades. Ele agrupava pessoas como degraus, necessários à sua escalada por poder. Ao se aproximar do sargento Queiroz, via no subordinado hierárquico na PM uma ponte para consolidar seu acesso a Flávio Bolsonaro. O tenente planejava contar com a atuação do parlamentar em defesa de policiais para retornar ao Bope. Adriano se dizia vítima de uma perseguição dos oficiais graduados, um injustiçado de um sistema corrompido, que não aceitava a sua ascensão.

O caveira sabia que o capital político da família Bolsonaro estava nos votos de militares reformados, pensionistas e policiais, como ele próprio. Já que era parte dessa equação, por que não tirar proveito disso? Mesmo afastado do Bope, o tenente carregava na farda azul o emblema com a imagem da faca cravada no crânio. Um símbolo de força que Adriano sempre que podia usava a seu favor.

O bairro da Tijuca, onde à época vivia o clã Bolsonaro, estava cercado por favelas conflagradas por disputas entre as facções CV e TC. Nos primeiros meses de seu mandato, Flávio atuou à frente do processo da Comissão de Segurança Pública da Alerj, que defendeu a cassação do mandato do deputado Francisco de Carvalho, o Chiquinho da Mangueira. O parlamentar, com reduto eleitoral no Morro da Mangueira, havia sido acusado pelo coronel Erir Ribeiro, comandante do 4º BPM (São Cristóvão), de pedir trégua nas ações do batalhão de enfrentamento ao tráfico de drogas na localidade, sob domínio do CV.

Apesar de todas as evidências levantadas pela comissão presidida por Flávio Bolsonaro, em setembro de 2003 a mesa diretora da Assembleia arquivou por unanimidade o processo, usando um argumento técnico: a Comissão de Segurança Pública não tem atribuição para pedir a cassação de um parlamentar[104].

Nesse cenário de frequentes conflitos e insegurança no caminho do trabalho para casa, nada melhor para o primogênito de Jair Bolsonaro do que contar com a proteção de um capacitado oficial caveira. Assim, a amizade com Adriano prosperou. No início, a aproximação do tenente, de 25 anos, gerou certa ciumeira em Fabrício Queiroz. Apesar de ter apenas 37 anos, o sargento baixinho aparentava ser mais velho, graças à acentuada calvície, somada aos inseparáveis óculos de grau e à barriga saliente.

Doze anos mais novo, Adriano parecia um armário ao seu lado. O tenente tinha plena consciência de sua superioridade em relação ao sargento, mas não interessava a ele alimentar uma disputa com Queiroz, companheiro de longa data do patriarca da família Bolsonaro.

Para evitar que uma simples ciumeira se tornasse um obstáculo à aproximação com o primogênito, o oficial se ofereceu para dar instruções de tiro e manuseio de armas a Flávio Bolsonaro. Após o roubo do carro, o parlamentar solicitou um porte de arma.

A sanha armamentista alimentada desde o berço no clã Bolsonaro pavimentaria o caminho do ambicioso tenente, que estendeu o convite a Queiroz e ao então deputado federal Jair Bolsonaro. Adriano carregava no currículo[105] os cursos de Sniper Policial 1, Tiro Defensivo na Preservação da Vida – método Giraldi, com pistola .40, e foi habilitado como multiplicador de conhecimento adquirido, em 19 de julho de 2002.

A experiência do ex-oficial caveira com armas, somada à especialização em Segurança Especial VIP (Very Important Person), chamou a atenção do patriarca da família. Seu Jair, como Adriano se referia a Bolsonaro, chegou a participar de uma das instruções no estande de treinamento do Bope. O espaço era de uso restrito da tropa de elite, mas o Comando da Polícia Militar autorizou o emprego da estrutura de treinamento, atendendo a um pedido de Bolsonaro. O deputado federal havia alegado a necessidade de o filho estar preparado para usar uma arma de fogo diante do quadro de insegurança na cidade.

Retornar à sede do Bope, erguida no alto do maciço entre os bairros de Laranjeiras e do Catete, ladeado por dois parlamentares, foi um momento de glória para o renegado caveira.

Contudo, o retorno do proscrito tenente deu origem ao antagonismo entre Jair Bolsonaro e o comandante da unidade de elite da PM, coronel Sérgio Woolf Meinicke.

Dezoito anos depois, Flávio Bolsonaro, eleito senador da República, diria em depoimento a procuradores e promotores do Ministério Público do Rio de Janeiro ter conhecido Adriano da Nóbrega durante instrução de tiros no Batalhão de Operações Policiais Especiais:

"Conheci Adriano dentro do Bope, ele me dando instrução de tiro [...] Por intermédio do Queiroz, que serviu com ele no batalhão, não sei qual"[106].

Era a primeira vez que o primogênito de Jair Bolsonaro, então presidente da República, falava sobre a sua relação com o tenente Adriano da Nóbrega. O senador foi ouvido em agosto de 2020, seis meses após o foragido ex-oficial do Bope ser morto no interior da Bahia. O depoimento fora prestado no processo que apurava suspeitas sobre a existência de um esquema de peculato montado em seu gabinete, na Assembleia Legislativa do Rio de Janeiro. O crime é definido no artigo 312 do Código Penal e prevê pena de prisão de 2 a 12 anos, além de multa, ao servidor que se apropria ou desvia recursos públicos em benefício próprio.

A rachadinha está entranhada no DNA político da família Bolsonaro, como detalhou a jornalista Juliana Dal Piva no livro *O Negócio do Jair: a história proibida do clã Bolsonaro*. Fabrício Queiroz, Adriano da Nóbrega, sua mãe, Raimunda Veras Magalhães, e sua mulher, Danielle Mendonça Costa da Nóbrega, figuravam entre os suspeitos de integrar uma rede de corrupção no gabinete do então deputado estadual. É fundamental ressaltar que, nos anos em que Jair Bolsonaro ocupou a Presidência, as investigações e o processo relacionados ao caso foram paralisados e, posteriormente, anulados por meio de uma série de chicanas jurídicas, somadas à inação de representantes de órgãos de fiscalização. Em especial, o Ministério Público do Rio de Janeiro e a Procuradoria da República.

Ao afirmar ter sido apresentado ao tenente Adriano da Nóbrega por Queiroz, Flávio Bolsonaro disse uma meia-verdade. Passadas quase duas décadas, o político talvez tenha se esquecido da noite de terror em que teve o carro roubado na Tijuca. Contudo, ao dizer que desconhecia o batalhão onde Queiroz e Adriano atuaram juntos, o senador dava sinais de estar seguindo um roteiro sugerido previamente por sua defesa.

De volta a 2002, Sérgio Woolf Meinicke, o coronel responsável pelo afastamento de Adriano da Nóbrega do Bope, ficou contrariado ao ver o decaído dando instruções de tiro aos dois políticos da família Bolsonaro no estande destinado exclusivamente à capacitação dos caveiras.

A notória fama de militar indisciplinado cultivada por Jair Bolsonaro só fez aumentar a insatisfação de Meinicke, filho de um general do Exército. O oficial pertence a uma longa linhagem de militares considerados linha-dura. Três anos depois, a cizânia entre eles chegaria ao Congresso Nacional, mas sobre isso falaremos mais à frente.

Tenente Adriano fora transferido para o batalhão de Jacarepaguá, o 18º BPM, após a Corregedoria Geral Unificada (CGU) concluir as investigações sobre o sequestro do filho de Isaías do Borel. Embora não tenha sido punido pelo episódio, Adriano tinha consciência de que suas ações nas favelas controladas pelo CV no bairro poderiam resultar em represália do tráfico. Mesmo preso, o pai de Isaías Filho poderia buscar vingança. A Tijuca já não era mais segura para o caveira e, sobretudo, para o clã Bolsonaro, que fixou residência na Barra da Tijuca, bairro adjacente a Jacarepaguá, onde o tenente Nóbrega passou a dar expediente junto com o sargento Fabrício Queiroz.

A região vivia um *boom* na construção civil, sobretudo no segmento de imóveis voltados às classes média e alta. A reboque da desenfreada expansão imobiliária cresceram também as ocupações irregulares nas encostas e às margens dos rios e lagoas da região.

O vácuo gerado pela inação do estado na zona oeste também deu origem a um fenômeno com profundas raízes na insegurança pública: as milícias. Grupos paramilitares formados por policiais civis, militares, bombeiros e ex-integrantes dessas forças, que passaram a disputar o controle territorial com traficantes, especialmente da facção Comando Vermelho.

Com a ampliação territorial das milícias nos bairros do entorno da Barra da Tijuca, a Cidade de Deus se tornou o principal enclave do CV na região. E foi na comunidade patrulhada pelo 18º BPM que o tenente Nóbrega voltou a protagonizar mais um caso de uso excessivo de força. Dessa vez, ele tinha um novo parceiro na violenta ação policial: o sargento Fabrício Queiroz.

A madrugada de quinta-feira, 15 de maio de 2003, estava agitada ao redor da Quadra do Karatê, na CDD, como é conhecida a Cidade de Deus. A movimentação de moradores e forasteiros nas barracas de bebida espalhadas por um trecho da Rua Crisântemo rolava ao ritmo do batidão. Perto dali, um grupo de policiais acompanhava o vaivém de dependentes em busca de maconha e cocaína num beco que leva à Rua Jonas.

Por volta de 1 hora da madrugada, dois dos PMs desceram do Patamo com os fuzis em punho, se esgueirando em direção ao beco. À frente da ação estava o caveira Adriano da Nóbrega, seguido de perto por Queiroz. A movimentação da dupla não foi acompanhada pelos outros quatro policiais, que permaneceram próximos ao veículo estacionado à frente do Cantinho do Açaí. Adriano e Queiroz sumiram da vista dos colegas de farda ao entrarem no beco mal-iluminado. Alguns metros depois, eles avistaram um jovem negro, que carregava uma mochila nas costas. A partir daí, duas versões contraditórias servem de narrativa para um mesmo desfecho: a morte a tiros do estudante Anderson Rosa de Souza, de 29 anos.

Na história narrada em três curtos depoimentos na 32ª Delegacia Policial, na Taquara, o tenente Nóbrega e o sargento Queiroz disseram que o suspeito estava vendendo drogas no instante em que foi surpreendido pela aproximação da dupla. Ao avistar os PMs saindo do beco, o rapaz teria efetuado disparos em direção aos policiais, que prontamente revidaram e o atingiram com três tiros. Sem esboçar nenhum movimento, Anderson foi arrastado por alguns metros pelo beco de terra batida até a Patamo, que chegou ao local em resposta à solicitação feita por rádio por Adriano. Jogado no compartimento destinado ao transporte de presos, o corpo inerte foi levado ao Hospital Cardoso Fontes, em Jacarepaguá.

O suspeito estava morto ao ser deixado numa maca, na entrada do setor de emergência, como atestou o chefe da equipe de plantão. Para sustentar a versão de que o jovem negro tinha sido baleado numa troca de tiros, Adriano e Queiroz apresentaram aos policiais civis de plantão na delegacia da Taquara uma mochila, supostamente apreendida com Anderson. Dentro da bolsa havia papelotes de cocaína, trouxinhas de maconha e um revólver, que não teve o seu calibre especificado no registro de ocorrência. O caso acabou sendo registrado como auto de resistência, a morte de um suspeito em suposta troca de tiros com policiais.

Até aquela noite, Anderson de Souza não tinha nenhum registro de antecedentes criminais. Casado, pai de duas crianças, ele trabalhava como técnico em refrigeração autônomo.

A viúva de Anderson tem outra versão para a morte do marido. A partir do relato de pessoas da comunidade, que estavam próximas à Quadra do Karatê e testemunharam a ação dos PMs, ela conta que o companheiro não tinha envolvimento com traficantes e foi pego na saída do beco, arrastado por alguns metros e colocado de joelhos num canto escuro. Logo em seguida, disparos de arma de fogo foram ouvidos.

Uma vizinha, que conhecia o rapaz desde a infância, disse ter ouvido Anderson suplicar para não ser morto, dizendo estar desempregado e ser pai de família. "Sem perdão", teria retrucado um dos PMs. Estava muito escuro e a mulher não conseguiu identificar o autor da frase, tampouco de onde partiram os tiros que atingiram Anderson. O técnico em refrigeração foi ferido por um disparo na nuca e outros dois no tórax e no abdome, que transfixaram após perfurar o pulmão, o fígado e o baço. O laudo de necropsia do Instituto de Criminalística Carlos Éboli (ICCE) reforça a versão de que Anderson foi executado, como contou a vizinha.

Apesar das evidências de execução, a viúva e um dos irmãos de Anderson de Souza, que reconheceram seu corpo no Instituto Médico Legal, não foram intimados a depor na 32ª Delegacia Policial. Durante dezessete anos, o inquérito tramitou 72 vezes pelos escaninhos da burocracia entre a delegacia da Taquara e a 3ª Promotoria de Justiça de Investigação Penal Territorial de Jacarepaguá. A suposta execução do técnico em refrigeração pelos PMs Adriano da Nóbrega e Fabrício Queiroz só veio à tona graças a uma reportagem publicada pela revista *Veja*, em 21 de junho de 2019. Sob o título "Fabrício Queiroz: um passado que condena[107]", o texto revelou a ligação entre o velho companheiro de caserna de Jair Bolsonaro com o então foragido ex-capitão do Bope, apontado como chefe do Escritório do Crime.

A polêmica gerada pela descoberta levou o Ministério Público do Rio de Janeiro a anunciar a reabertura do caso, que segue sem solução e prestes a prescrever. Dificilmente a viúva e os filhos do técnico em refrigeração vão encontrar na Justiça uma resposta para a morte de Anderson de Souza. Em quase duas décadas, delegados e promotores que atuaram no caso pouco fizeram para solucionar a investigação. Sem ouvir sequer uma testemunha, os responsáveis pela condução do inquérito solicitaram ao longo de dezessete anos seu arquivamento por treze vezes e só incluíram nos autos as Fichas de Antecedentes Criminais (FACs) dos dois PMs após a publicação da reportagem da *Veja*. Nem mesmo os laudos de necropsia indicando a trajetória descendente de ao menos um dos disparos que levaram a vítima à morte foram levados em consideração.

A análise pericial reforça a versão de que Anderson de Souza estaria agachado ou mesmo deitado ao levar o tiro na nuca, coincidindo com o relato de que o técnico em refrigeração havia sido colocado de joelhos e executado. As sucessivas falhas no decorrer da apuração incluem a ausência de um laudo de resíduo de pólvora nas mãos do suspeito. O exame poderia comprovar sua participação na troca de tiros com os policiais. Outro detalhe fundamental só descoberto com a reabertura do caso se refere ao calibre da arma de onde partiram os três tiros desferidos contra Anderson. A munição que o levou à morte não era compatível com a dos fuzis e das pistolas usadas pelo tenente, tampouco pelo sargento, naquela madrugada de 15 de maio de 2003.

A descoberta sugere que apenas um dos PMs teria atirado no suspeito, colocando por terra a versão de tiroteio apresentada na delegacia tanto pelo tenente quanto pelo sargento. Para agravar ainda mais a história, a arma usada não constava na relação de armamentos em poder dos dois policiais. Anderson teria sido executado com uma arma fantasma, para criar obstáculos à investigação. A prática é comum entre matadores a serviço da contravenção. Anos mais tarde, investigações revelaram que Adriano da Nóbrega fazia rotineiramente uso de armas fantasmas para eliminar pessoas, como indicam os relatos anexados aos inquéritos das operações Intocáveis, Escritório do Crime e Gárgula.

Sete meses antes de ter se envolvido na suposta execução do técnico em refrigeração na Cidade de Deus, o tenente Adriano havia respondido a um procedimento na CGU pelo sequestro do filho do traficante Isaías do Borel, que o levou a ser transferido do batalhão da Tijuca, onde havia se familiarizado com o clã Bolsonaro. A morte de Anderson de Souza abreviou a passagem do tenente pelo 18º BPM, onde o caveira permaneceu por apenas seis meses, mas não a sua parceria com o sargento Queiroz e o clã Bolsonaro.

Apenas cinco meses depois do episódio, o oficial recebeu das mãos do parlamentar Flávio Bolsonaro, em sessão solene na Assembleia Legislativa do Rio de Janeiro, a Moção de Louvor e Congratulações nº 2003[108]/2650. Sargento Queiroz também estava entre os PMs agraciados naquela noite. Na ocasião, o 1º tenente Adriano da Nóbrega comandava a guarnição de Patrulhamento Tático Móvel do 16º Batalhão de Polícia Militar, em Olaria, para onde foi transferido do batalhão de Jacarepaguá no fim de agosto de 2003. No texto, onde defendeu a concessão da honraria ao policial, o parlamentar ressaltou:

> *Requeiro à Mesa Diretora, na forma regimental, que seja consignado nos Anais desta Casa de Leis, MOÇÃO DE LOUVOR E CONGRATULAÇÕES ao ilustre 1º TENENTE PM ADRIANO MAGALHÃES DA NÓBREGA, RG 58.838, COMANDANTE DA GUARNIÇÃO DE PATRULHAMENTO TÁTICO MÓVEL-PATAMO, lotado no 16º Batalhão de Polícia Militar.*
>
> *Com vários anos de atividade, este policial militar desenvolve sua função com dedicação, brilhantismo e galhardia.*
>
> *Presta serviços à Sociedade desempenhando com absoluta presteza e excepcional comportamento nas suas atividades.*
>
> *No decorrer de sua carreira, atuou direta e indiretamente em ações promotoras de segurança e tranquilidade para a Sociedade, recebendo vários elogios curriculares consignados em seus assentamentos funcionais.*
>
> *Imbuído de espírito comunitário, o que sempre pautou sua vida profissional, atua no cumprimento do seu dever de policial militar no atendimento ao cidadão.*

É com sentimento de orgulho e satisfação que presto esta homenagem ao 1º TENENTE PM ADRIANO MAGALHÃES DA NÓBREGA, devendo receber desta Casa Legislativa a presente MOÇÃO DE LOUVOR E CONGRATULAÇÕES.

Plenário Barbosa Lima Sobrinho, 24 de outubro de 2003.

Trinta e três dias depois de o parlamentar afirmar que o oficial "desenvolvia sua função com dedicação, brilhantismo e galhardia, prestando serviços à sociedade com absoluta presteza e excepcional comportamento nas atividades", Adriano da Nóbrega comandou a sessão de tortura seguida de execução do guardador de carros Leandro dos Santos Silva, no galpão de uma fábrica desativada em Cordovil, bairro do subúrbio do Rio.

A participação do caveira na execução de mais um suspeito não abalou sua relação com os Bolsonaros. Pelo contrário, mesmo depois de ter tido a prisão decretada em decorrência da morte do flanelinha, o tenente Nóbrega recebeu publicamente o apoio dos parlamentares Flávio e Jair Bolsonaro durante uma controversa rebelião no recém-inaugurado Batalhão Especial Prisional (BEP), em Benfica, na zona norte.

Era manhã de quinta-feira, 28 de outubro de 2004. Um grupo formado por 40 soldados, cabos e sargentos presos na galeria da nova unidade anunciou o motim. À frente do grupo de rebelados estava o sargento Italo Pereira Campos, um dos dez policiais militares do 16º Batalhão, encarcerados após a execução do flanelinha Leandro Silva.

O porta-voz do grupo de praças afirmou que mantinha como reféns os nove oficiais da corporação recém-transferidos à unidade, entre eles o tenente Adriano da Nóbrega.

Antes da criação do BEP, os policiais detidos por suspeita de participação em crimes permaneciam nos alojamentos de suas unidades ou do Batalhão de Choque, o BPChoque, no Centro do Rio.

Mal havia iniciado o motim, alardeado pelos praças, que começaram a bater com suas canecas nas mesas do refeitório do BEP no instante em que o café da manhã era servido, os deputados Jair e Flávio Bolsonaro já tinham telefonado às redações dos principais jornais cariocas.

Na sala de escuta do jornal *O Dia*, o repórter Luarlindo Ernesto se lembra de ter atendido cedo ao telefonema de Flávio Bolsonaro. No outro lado da linha, o jovem parlamentar alertava para o "protesto dos PMs". As redações dos veículos de imprensa mantinham espaços onde os jornalistas podiam acompanhar, por meio de aparelhos que rastreavam as frequências dos prédios das polícias e do corpo de bombeiros, a movimentação na cidade.

Luar, como é tratado, chegava às 6 horas para render o repórter de plantão na madrugada. Não fosse o inusitado do acontecimento, ele não se lembraria do episódio: uma rebelião organizada por policiais presos, que mantinham seus superiores reféns, era novidade para o veterano jornalista.

Jair e Flávio Bolsonaro chegaram cedo à frente do portão principal da unidade prisional, na Rua Célio Nascimento, em Benfica. O prédio, localizado no acesso à favela Parque Arará, havia passado por uma reforma após ter sido parcialmente destruído durante uma rebelião de presos das facções Comando Vermelho e Terceiro Comando. Enfiados em ternos mal ajambrados, pai e filho ainda tinham os cabelos úmidos. O calor daquela manhã os levou a retirar os blazers, mantendo apenas as gravatas. A todo instante, eles falavam por telefone celular com os policiais amotinados. A imagem chamou a atenção do então subsecretário estadual de Direitos Humanos, Paulo Baía, convocado para acompanhar as negociações.

O sociólogo chegou à unidade prisional por volta das 9h30. No portão principal, os dois parlamentares estavam cercados por jornalistas em busca de informações sobre os acontecimentos no interior da cadeia. Após passar pela portaria, sentinelas acompanharam o subsecretário por uma alameda até chegar à entrada da galeria destinada aos policiais presos.

O prédio recém-reformado havia sido dividido em três grandes galerias, autônomas e independentes. Uma para abrigar presos com diploma de nível superior, outra para policiais envolvidos em crimes e a terceira para criminosos comuns, muitos dos quais traficantes ligados à facção Terceiro Comando. Embora estivessem integradas no mesmo conjunto arquitetônico, não havia ligação entre essas galerias, e o setor destinado aos policiais militares não estava sob a tutela da Secretaria de Administração Penitenciária, responsável pela gestão e segurança das outras duas unidades.

O Batalhão Especial Prisional estava sob a responsabilidade direta da Polícia Militar, que havia designado um coronel para gerir o espaço, em tese seguindo a hierarquia e a disciplina de uma força auxiliar das Forças Armadas. Apesar disso, a principal queixa levantada pelos amotinados se baseava na proximidade dos presos da facção Terceiro Comando.

O argumento usado pelo representante dos rebelados, o sargento Campos, era que os criminosos comuns colocavam em risco a segurança dos PMs, presos por também praticar crimes. Enquanto Campos usava a tese para exigir o imediato retorno dos oficiais ao BPChoque, do lado de fora os Bolsonaros amplificavam o discurso para a imprensa.

Dentro do BEP, postado à frente da grade que separava o saguão do portão de acesso às celas, o subsecretário de Direitos Humanos teve sua atenção voltada a um jovem oficial, sentado de forma displicente numa cadeira plástica no fundo da galeria. Cercado por outros oficiais, ele falava sem parar ao telefone celular, como se estivesse passando instruções.

Vestido com calça jeans, sapatos de couro e uma camisa gola polo azul de listras brancas, o oficial só deixava de lado o aparelho para falar com o sargento Campos, que desde o início do motim se apresentara como porta-voz dos amotinados. O vaivém dos PMs enfiados em roupas comuns quebrava a monotonia na galeria de piso e paredes brancas.

Aos olhos do sociólogo, ora subsecretário de Direitos Humanos, o jovem oficial parecia ser o verdadeiro articulador da rebelião. Tratava-se do tenente Adriano Magalhães da Nóbrega.

O caveira não estava nada satisfeito com a transferência para a nova unidade prisional. Até a véspera do motim, ele e outros cinco oficiais – entre os quais o tenente João André, seu parceiro de adolescência na Fazenda Garcia – estavam em alojamentos, no Batalhão de Choque.

A imponente construção, que se assemelha a um castelo medieval, fica na Rua Frei Caneca, a pouco mais de 200 metros da Avenida Marquês de Sapucaí, templo do carnaval carioca. Apesar da imponente muralha de pedras, o lugar não era tão intransponível quanto aparentava. Nos alojamentos da unidade, o tenente Nóbrega e os demais oficiais tinham acesso a uma série de regalias. Danielle Costa da Nóbrega, mulher do tenente Adriano, costumava passar noites com ele num dos alojamentos. O espaço havia sido transformado por Adriano e João numa espécie de suíte.

Foi no período em que esteve preso no alojamento do BPChoque que Adriano recebeu o convite de Rogério Mesquita para assumir o comando da segurança de Alcebíades Paes Garcia, o Bid, e dos herdeiros de seu irmão, o bicheiro Waldemir Paes Garcia, o Maninho, executado no mês anterior.

A transferência para um regime verdadeiramente fechado no BEP não representaria apenas a perda de algumas regalias. Tenente Nóbrega corria o risco de perder a chance de assumir o comando da segurança de Bid, de Sabrina Harrouche Garcia, das gêmeas Shanna e Tamara, mas especialmente do príncipe herdeiro Myrinho.

Paulo Baía nunca ouvira falar em Adriano da Nóbrega, tampouco de seus laços com um dos mais poderosos clãs da máfia do jogo no país. Entretanto, a postura arrogante e atrevida do jovem oficial lhe chamou a atenção:

"Ele só levantou da cadeira e se aproximou da grade de acesso à galeria uma única vez. Foi quando chegou o coronel João Carlos, chefe da Inspetoria Geral da PM", lembrou o subsecretário.

O coronel havia sido designado pelo comandante-geral da corporação para negociar com os amotinados o fim da rebelião. Ao se aproximar da grade, Adriano disse em tom irônico estar sob poder dos praças e concluiu:

"Vamos acabar logo com isso. A gente só quer voltar para o BPChoque".

O negociador da PM não se dirigiu ao tenente Nóbrega. Após uma breve conversa com o subsecretário de Direitos Humanos, o coronel assumiu a negociação. Paulo Baía deixou a carceragem pouco mais de uma hora depois de iniciar as tratativas. Do lado de fora, encontrou novamente os jornalistas e os deputados Jair e Flávio Bolsonaro. Pai e filho estavam ao telefone.

O cruzamento de informações públicas mostra que os dois parlamentares usaram seus cargos para produzir documentos e defender perante as autoridades estaduais e do Estado Maior da PM o retorno dos oficiais aos alojamentos do BPChoque, especialmente o tenente Adriano da Nóbrega.

Enquanto durou a rebelião, em que praças afirmavam manter reféns os oficiais, os deputados Jair e Flávio Bolsonaro permaneceram à porta da unidade prisional. Pai e filho deram inúmeras entrevistas para jornais, emissoras de televisão e rádios. Sempre defendendo os policiais amotinados.

Em 2004, os sites de notícias e os blogs ainda não tinham grande capacidade de disseminação de conteúdo. A análise dos jornais *O Dia*, *Jornal do Brasil* e *O Globo*, publicada no dia seguinte ao motim, serve de prova do tom beligerante adotado por Jair e Flávio Bolsonaro, em detrimento da hierarquia na PM. A dupla não poupou críticas à política de direitos humanos adotada pela governadora Rosinha Garotinho e ao comando-geral da PM, acusado de colocar em risco a vida dos policiais ao colocá-los numa galeria "compartilhada com bandidos de alta periculosidade". O cenário descrito não representava a realidade no BEP.

Jair e Flávio lançaram mão da cantilena de que "o pessoal dos direitos humanos só defende bandidos e que a permanência dos PMs, presos numa galeria ao lado de criminosos perigosos, acabaria num banho de sangue[109]", disse Jair Bolsonaro em reportagem publicada no *JB*. Seu primogênito foi ainda mais incisivo, acusando o comando da PM de perseguir o tenente Nóbrega por ele atuar sem trégua no combate aos traficantes. O deputado estadual fez coro às palavras do pai de que os criminosos presos na unidade anexa poderiam fazer uma rebelião para massacrar os policiais presos por assassinato, tortura, extorsão, entre outros crimes previstos no Código de Processo Penal.

Apesar de toda a grita organizada pelos dois parlamentares, o comando da PM não atendeu às reivindicações feitas pelos policiais amotinados, que permaneceram encarcerados na nova galeria do Batalhão Especial Prisional. Flávio e Jair Bolsonaro não se limitaram apenas a dar entrevistas contra a transferência dos PMs à carceragem do BEP. Como integrante da Comissão de Fiscalização ao Cumprimento das Leis na Alerj, o parlamentar encaminhou ofício à Secretaria de Segurança Pública, questionando a legalidade das prisões numa unidade recém-reformada, onde, em tese, os PMs envolvidos em malfeitos não teriam acesso a regalias, tampouco deixariam suas celas para praticar crimes.

Ao estabelecer uma linha do tempo nas relações entre o oficial caveira Adriano da Nóbrega e o clã Bolsonaro, fica evidente o uso da máquina pública em seu benefício. As honrarias concedidas por Flávio Bolsonaro foram utilizadas pelos advogados do tenente Nóbrega nas audiências de instrução do julgamento no Tribunal do Júri, com o objetivo de tentar evitar a sua condenação e, sobretudo, sua exclusão dos quadros da Polícia Militar.

A essa altura, investigações internas da Corregedoria Geral Unificada e da Corregedoria da PM já indicavam o vínculo do caveira com a família Paes Garcia e o jogo do bicho. Indiferente a todas as evidências, às vésperas da oitiva da defesa no processo relacionado à execução do flanelinha Leandro Silva[110], quando são apresentadas à Justiça provas documentais e testemunhos em favor do réu, Flávio Bolsonaro apresentou requerimento à mesa diretora da Assembleia Legislativa para conceder ao oficial preso a Medalha Tiradentes, a maior honraria do Poder Legislativo estadual.

A resolução 1065/2005 foi aprovada no plenário da casa legislativa no fim da sessão plenária de quarta-feira, 15 de junho de 2005. Nove dias depois, Adriano da Nóbrega recebeu a honraria das mãos de Flávio Bolsonaro, numa sala anexa ao gabinete da direção do Batalhão Especial Prisional.

Uma pequena cerimônia foi organizada no espaço destinado a reuniões e confraternizações dos policiais presos com seus familiares. A mãe de Adriano, Raimunda Veras Magalhães, havia levado à lavanderia a farda social para o filho vestir ao receber a comenda. O fardão azul-marinho tinha sido utilizado na formatura do aspirante a oficial na Academia Dom João VI, quatro anos antes.

Por pouco os botões da casaca não fecharam. Preso havia mais de um ano, Adriano da Nóbrega ganhara peso na carceragem do BEP. A dificuldade gerada pela barriga saliente ao abotoar o uniforme deixou o oficial irritado. Dona Vera, como a mãe do caveira prefere ser tratada, pôs panos quentes:

"Filho, fica calmo, a farda está justa porque acabou de voltar da lavanderia", teria dito Raimunda Magalhães, segundo um oficial presente à cerimônia.

Mesmo ao lado da mãe, da mulher, Danielle da Costa Nóbrega, e das irmãs Tatiana e Daniela, o caveira não estava feliz. A família tentava animá-lo, apontando detalhes no vestido longo usado pela mulher. A irmã caçula, que tinha em Adriano um herói, dizia ter gasto um dinheiro para alugar o vestido. Adriano apenas sorria com o canto da boca.

Nem mesmo a chegada de Flávio Bolsonaro, acompanhado do pai, que voltara de Brasília na véspera da cerimônia, animou o tenente Nóbrega. O caveira passou a maior parte do tempo com o olhar perdido, ora mirando a porta, ora o relógio. Ele sentia a falta de seu Nóbrega. O pai andava distante, decepcionado com o rumo tortuoso trilhado pelo filho desde a saída do Batalhão de Operações Policiais Especiais.

Enquanto aguardavam pela entrega da Medalha Tiradentes, o pequeno grupo de convidados, entre eles o sargento Italo Campos, comia risoles de carne, coxinhas de galinha, quibes e bolinhas de queijo. Para beber, foram servidos guaraná, Coca-Cola e cerveja Skol em copos plásticos.

O sargento não era o único policial preso a testemunhar a entrega da Medalha Tiradentes a Adriano Magalhães da Nóbrega. O tenente João e os outros oito PMs denunciados no processo pela morte de Leandro Silva também participaram da cerimônia. Seu Nóbrega não deu as caras, mas ligou para o celular da filha caçula para parabenizar o primogênito. Paraíba tinha um rígido código moral e não compactuava com as escolhas feitas pelo filho varão. Durante a infância dos filhos, exigia que lhe tomassem a bênção. As meninas faziam troça, imitando a mãe. Gordo não zombava do pai.

Antes de colocar a medalha no pescoço de Adriano, o deputado Flávio Bolsonaro fez um breve discurso, elogiando a coragem do oficial caveira em nome de sua família, representada ali pelo patriarca, e da família policial militar. Jair apenas aplaudiu.

Por fim, o soldado Abnor Machado Furtado, filho de um pastor da Igreja Batista, recitou Mateus 23:12: "Todo aquele que a si mesmo se exaltar será humilhado, e todo aquele que a si mesmo se humilhar será exaltado". O policial, recém-convertido à fé do pai, também integrava a equipe envolvida na tortura e na execução de Leandro Silva.

Três dias depois, uma fotografia do tenente Adriano exibindo a Medalha Tiradentes sobre a apertada farda social da corporação foi anexada ao processo criminal. Além da imagem, foram incluídos nos autos da ação o diploma e a Moção de Aplausos e Congratulações concedida anteriormente por Flávio Bolsonaro. A justificativa do parlamentar para conceder a Medalha Tiradentes ao oficial encarcerado foi sobre uma operação realizada havia quatro anos, no Morro da Coroa, um aglomerado de casas debruçado na encosta do bairro de Santa Teresa, sobre o Túnel Santa Bárbara, que liga o Centro à Laranjeiras. Na época, Adriano servia nas fileiras do Bope.

A ação aconteceu em 26 de junho de 2001. Aos 21 anos, o tenente Nóbrega comandava uma equipe de patrulhamento na conflagrada região sob disputa territorial por traficantes das facções Comando

Vermelho e Terceiro Comando. Ao perseguir um suspeito pelas vielas da comunidade, Adriano chegou a uma casa usada como paiol pelos criminosos, no alto do Morro da Coroa.

No *bunker* foram encontrados quatro fuzis calibre 7.62, modelos FAL e M-16, uma submetralhadora calibre 9 milímetros, duas pistolas .40, uma granada argentina modelo FMK, drogas e munições de diversos calibres. A ação rápida da equipe do oficial caveira pegou de surpresa os doze traficantes que estavam no local. Não houve reação e todos foram presos. Ninguém foi morto.

O deputado estadual Flávio Bolsonaro não foi o único integrante do clã a usar o cargo para colaborar na estratégia de defesa do tenente Nóbrega. Na tarde de segunda-feira, 24 de outubro de 2005, o patriarca da família, numa atitude inédita, se predispôs a defender Adriano na Justiça. Jair Bolsonaro compareceu ao julgamento como testemunha de caráter de Adriano da Nóbrega. A presença do deputado federal na sala de audiência do Tribunal do Júri não evitou a condenação do oficial, mas serviu como demonstração de prestígio do jovem tenente da PM.

Bolsonaro vestia terno azul, camisa branca e gravata. Ao falar sobre o oficial durante o julgamento, ele o tratou inicialmente como Adriano, numa demonstração de proximidade com o tenente. A partir daí, o parlamentar passou a enaltecer o policial, descrito como herói, desvalorizado numa sociedade que reverencia bandidos. Ao mesmo tempo que exaltava Adriano, o parlamentar acusou a vítima e as testemunhas de defesa de ligação com o tráfico de drogas, o que levou o juiz Luiz Noronha Dantas a chamar sua atenção por duas vezes. Naquele instante, Adriano da Nóbrega passava a integrar a galeria de heróis de Bolsonaro, juntamente com o torturador Carlos Alberto Brilhante Ustra[111], cultuado pelo clã Bolsonaro como herói nacional.

Ustra foi o primeiro oficial graduado do Exército a ser reconhecido na Justiça como torturador. No período em que chefiou o DOI-Codi do 2º Exército, em São Paulo, entre os anos de 1970 e 1974, ao menos 40 pessoas foram mortas no local.

O testemunho de caráter feito pelo parlamentar não teve o condão de alterar o resultado do julgamento encerrado no fim da noite de segunda-feira, 24 de outubro de 2005. O tenente Adriano foi condenado à pena de 19 anos e seis meses de prisão.

O júri considerou o crime hediondo, agravando ainda mais a situação do oficial. A condenação de Adriano foi um duro golpe para Jair Bolsonaro. O parlamentar deixou o Fórum tarde da noite, após o anúncio da sentença, seguido por Flávio, Raimunda Veras e outros parentes do oficial.

Para elevar o moral do grupo, o deputado federal recorreu à velha máxima popular: "Perdemos uma batalha, mas não a guerra". Três dias depois, o parlamentar usaria o plenário da Câmara Federal, em Brasília, como trincheira para atacar o resultado do julgamento e, em especial, a honra de um dos mais antigos oficiais em atividade na PM do Rio, o coronel Sérgio Woolf Meinicke, a quem atribuiu a responsabilidade pela condenação do ex-caveira.

A sessão plenária de quinta-feira, 27 de outubro de 2005, iniciava com alguns poucos parlamentares presentes. Jair Bolsonaro havia se inscrito para fazer um pronunciamento e aguardava de pé à frente do microfone, visivelmente ansioso, enquanto o presidente da Casa, o deputado Inocêncio de Oliveira, repassava com os integrantes da mesa diretora os nomes inscritos para falar.

Com os olhos voltados à lista nominal, Oliveira convoca Roberto Gouveia para falar e cita Jair Bolsonaro como ausente, sem olhar para o aflito parlamentar postado alguns metros à sua frente. Na sequência, alertado por outro parlamentar, o presidente olha em direção ao plenário e, sorrindo, concede cinco minutos a Bolsonaro, emendando com a frase: "Tão grande assim", como se tentasse justificar não ter enxergado o colega.

Bolsonaro responde de pronto: "Com Vossa Excelência presidindo, jamais me ausentarei". Encerrado o rapapé, o deputado se põe a defender o tenente Adriano da Nóbrega e a atacar o funcionamento da Corte, o coronel Meinicke, o casal Garotinho, referindo-se à governadora Rosinha e ao seu marido, o ex-governador Anthony Garotinho. Na visão do deputado, os dois políticos atendiam a interesses da Anistia Internacional ao levar policiais à cadeia. Num pronunciamento que ultrapassou os cinco minutos estabelecidos pela mesa, Bolsonaro voltou a se referir a Adriano como um herói e um brilhante oficial:

"Se não me engano, o primeiro colocado na academia da Polícia Militar".

Ao transformar o plenário do Congresso Nacional em trincheira para sua guerra pessoal, Bolsonaro desqualificou a vítima e oito testemunhas. Todos acusados, sem provas, de ligação com o narcotráfico. Desta vez, entretanto, não teve a atenção chamada por seus pares. Por vezes, o parlamentar vitimizou o tenente Adriano, citado como um coitado, condenado para atender a interesses dos direitos humanos e da Anistia Internacional.

As imagens gravadas[112] pela TV Câmara são reveladoras de um método que se tornaria a marca do clã Bolsonaro. Em seu quarto mandato, Jair Bolsonaro distorcia os fatos, criava narrativas descoladas da realidade, abusava de estereótipos, atacava a imprensa e as entidades de defesa dos Direitos Humanos. Ao fim do pronunciamento de pouco mais de seis minutos, Bolsonaro pediu a desqualificação do depoimento do coronel Sérgio Meinicke, que na opinião dele estava do lado dos interesses do governo, dos direitos humanos e da Anistia Internacional:

"A acusação contra o tenente Adriano era que numa incursão numa favela teria sido executado um elemento, que apesar de envolvimento com o narcotráfico, a imprensa deu conotação de que ele era apenas um simples flanelinha. E todas testemunha (sic) de acusação, seis no total. Todas tinham envolvimento com o tráfico. Todos. O que é muito comum".

Em sua cruzada cega em defesa de Adriano da Nóbrega, Bolsonaro questiona a credibilidade do resultado da votação no corpo de jurados, que por 5 a 2 condenou o tenente: "Um coitado, um rapaz de vinte e poucos anos". E imputa a responsabilidade pelo resultado ao depoimento do coronel Meinicke:

"Quem o condenou eu não considero que foi a promotoria. Compareceu o coronel Meinicke. É um dos coronéis mais antigos do Rio de Janeiro. Compareceu fardado ao lado da promotoria. E ali falou o que queria e o que não queria contra o tenente. Contra o tenente. O acusando de tudo que foi possível", esbravejou o parlamentar.

Bolsonaro questionou o fato de o coronel, responsável pelo afastamento de Adriano da Nóbrega do Bope, ter detalhado para os jurados em seu depoimento o relatório da sindicância interna que justificou o afastamento do oficial da tropa de elite.

O deputado afirmou ainda que os advogados do tenente não conseguiram nenhum outro coronel para falar em sua defesa devido à hierarquia da corporação:

"Nenhum coronel mais moderno aceitou falar por temer ser perseguido posteriormente. Quem iria dizer que o coronel mais antigo estava mentindo?".

Ao fazer a afirmação, Bolsonaro ocultou o fato de ele próprio ter sido arrolado pelos advogados de defesa como testemunha de caráter de Adriano para contrapor o depoimento do coronel Sérgio Meinicke.

Um dos pontos elencados na sindicância citada pelo ex-comandante do Bope fazia referência às relações suspeitas do tenente Adriano com a família Paes Garcia, integrante da cúpula do jogo do bicho.

Curiosamente, durante a sua veemente defesa do oficial, Bolsonaro recorreu por quatro vezes à deputada Denise Frossard. Em 21 de maio de 1993, a então juíza condenou catorze chefões das famílias envolvidas na exploração ilegal do jogo no estado, entre eles os chefes do clã Paes Garcia:

"Eu queria que a Denise Frossard me ouvisse. Eu queria me aconselhar com ela, que é juíza. Depois vou me assessorar com a Denise e com outro juiz. Porque o advogado vai recorrer desta sentença", pontuou o deputado.

No início da fala de Bolsonaro, Denise Frossard se aproximou, passou pelo parlamentar e conversou com o deputado Antônio Delfim Netto, que estava sentado numa fileira logo atrás do microfone usado pelo exaltado deputado. Bolsonaro terminou a defesa pública de Adriano da Nóbrega fazendo um questionamento e uma afirmação reveladora sobre a sua seletiva noção de moral:

"A quem interessa a condenação pura e simples de militares da polícia militar do Rio de Janeiro, sendo eles culpados ou não? Interessa ao casal de Garotinhos. Porque a Anistia Internacional cobra a punição de policiais em nosso país".

Quinze anos depois, eleitos respectivamente presidente e senador da República, Jair e Flávio Bolsonaro negariam com a mesma veemência a relação de amizade com o oficial caveira que se tornou o chefe do Escritório do Crime. A negação se tornaria marca da República sob Bolsonaro, mas nos tempos em que o clã político habitava o baixo clero, a devoção a Adriano Magalhães da Nóbrega levou o então deputado estadual Flávio Bolsonaro a nomear em seu gabinete, na Assembleia Legislativa do Rio, a mulher e a mãe do oficial da PM.

Ao defender publicamente o caveira no plenário da Câmara Federal, Bolsonaro o chamou de pobre coitado não apenas pelo resultado do julgamento. Adriano, segundo ele, não tinha dinheiro para garantir o sustento da família e pagar advogados caros para recorrer da condenação.

O soldo do tenente custeava o aluguel do apartamento de quarto e sala, onde vivia com Danielle, no décimo andar do edifício 63 da Avenida Prado Júnior, em Copacabana. O oficial também ajudava nas despesas de dona Raimunda. Pagar honorários a advogados de renome estava fora de sua realidade financeira.

Apesar do aparente cenário de penúria descrito por Bolsonaro, o caveira não ficou sem advogado, tampouco viu seu processo parar nos escaninhos da onerosa burocracia do Judiciário por falta de dinheiro para as custas na 2ª instância do Tribunal de Justiça. A defesa de Adriano seguia estruturada, com a inclusão de outros três advogados e a oculta participação de um notório criminalista.

O estrelado advogado me disse certa vez que vinha atuando *pro bono* na causa do oficial. A locução latina significa pelo bem público ou em benefício do público. Em bom português, trabalho voluntário, sem remuneração. Difícil de acreditar, diante do luxuoso escritório mantido pelo jurista numa das áreas mais valorizadas da cidade. Estive algumas vezes com o criminalista, que só aceitou conversar sob a condição de anonimato. O advogado não assinava petições nem qualquer movimentação referente ao andamento do processo no TJRJ. Ele atuava como uma eminência parda, dando instruções aos defensores oficialmente envolvidos na causa em tramitação na 4ª Câmara Criminal.

Mas o que levaria um criminalista de renome a atuar nos bastidores em defesa de um policial com o violento histórico de Adriano da Nóbrega? O criminalista admitiu que havia atendido a pedidos de amigos. Respondeu no plural, laconicamente, sem revelar nenhum outro detalhe.

Na lista de clientes de seu escritório figuravam empresários de grande porte, políticos e até alguns chefões da contravenção carioca. Em contrapartida, nenhum dos Bolsonaros. Ao ser perguntado se o pedido havia partido de algum integrante da família, ele sorriu e, displicente, fez pouco caso. Naquela época, os membros do clã habitavam o baixo clero da política nacional. Difícil imaginar que alcançariam o topo da República.

Enquanto a apelação corria entre desembargadores da 4ª Câmara Criminal, Jair e Flávio Bolsonaro submergiram. A permanência de Adriano numa cela do BEP afastou muita gente de seu círculo de relações. O clã de políticos optou por um distanciamento estratégico, preocupado com um eventual desgaste da imagem. Ao defender Adriano e atacar o coronel Sérgio Meinicke no plenário da Câmara Federal, Jair Bolsonaro recebeu muitas críticas de militares graduados das Forças Armadas. Os alertas de insatisfação chegavam por meio dos arapongas remanescentes dos aparelhos de repressão militar, que frequentavam assiduamente os gabinetes da família no Rio e em Brasília.

O levantamento feito pelo comandante do Bope era robusto e trazia evidências contundentes sobre os elos do tenente Adriano da Nóbrega não apenas com a contravenção. A ambição desmedida tornara o jovem caveira suscetível a alianças com grupos criminosos nos mais diversos níveis de atuação: do tráfico de armas ao narcotráfico. Práticas consideradas graves, na avaliação de interlocutores de Bolsonaro com a caserna. Seu Jair optou por submergir.

O oportuno distanciamento durou pouco menos de dois anos, chegando ao fim junto com a anulação da sentença condenatória do oficial. Oito meses depois de confirmada a decisão da 4ª Câmara Criminal do TJ, a mulher de Adriano, Danielle Mendonça da Nóbrega, foi nomeada assessora parlamentar, matrícula 412.104-2, no gabinete de Flávio Bolsonaro, com salário bruto de R$ 6.490,35.

Com a filha do casal recém-nascida, ela só comparecia à Assembleia Legislativa para retirar o salário e assinar a folha de ponto, que lhe era entregue pelo sargento Fabrício Queiroz.

Uma espécie de faz-tudo de Flávio e Jair Bolsonaro, o policial por vezes tentava se esquivar da mulher de Adriano, que aproveitava as raras idas ao Centro do Rio para reclamar do cansaço e da ausência do companheiro. Após a saída da prisão, Adriano passava a maior parte do tempo entre o 17º Batalhão de Polícia Militar, na Ilha do Governador, e a segurança dos herdeiros do clã Paes Garcia. A relação com a mulher ia de mal a pior, e o salário de assessora de Flávio Bolsonaro servia como uma espécie de pensão, paga com dinheiro público.

Por onze anos, Danielle repassou em média 20% do valor recebido ao sargento Queiroz, como indicavam as planilhas relacionadas à investigação da rachadinha, um inquérito paralisado três vezes por medidas judiciais impetradas pelos advogados de Flávio Bolsonaro. Em média, o percentual devolvido por Danielle ficava muito abaixo dos valores exigidos dos demais participantes do esquema.

Antes do Superior Tribunal de Justiça (STJ) anular provas levantadas no curso da investigação, os advogados do senador protocolaram em diferentes instâncias da Justiça nove pedidos para trancar a ação[113]. Flávio Bolsonaro havia sido denunciado pelos crimes de organização criminosa, peculato e lavagem de dinheiro.

Os promotores concluíram que Danielle jamais cumpriu expediente no gabinete do então deputado estadual, o que foi negado pela mulher do oficial PM em depoimento. Danielle disse ainda que o seu salário era usado para custear despesas da filha, como creche, plano de saúde e alimentação. Quanto ao percentual devolvido, ela argumentou que eram parcelas para o pagamento de um empréstimo feito no período em que o tenente estava preso.

Aos promotores, Danielle confirmou a "separação de corpos de Adriano, com quem seguia casada apenas no papel". Uma das queixas mais frequentes que costumava fazer a Queiroz estava relacionada à ausência do marido. Ao sair da prisão, beneficiado por um *habeas corpus* em novembro de 2006, o tenente distanciou-se dela. Adriano parecia viver em busca de um motivo para brigar. Ora pelo choro da filha, ora pelos gastos com a casa.

A mulher chegou a desconfiar que ele estivesse tendo um caso. Danielle tinha ciúme da proximidade de Adriano com Sabrina Harrouche Garcia, a viúva de Maninho, e até mesmo de Shanna, uma das gêmeas do chefão do clã Paes Garcia, oito anos mais nova que o tenente. O oficial caveira costumava reagir com impaciência à desconfiança da mulher, chamando-a por vezes de maluca.

Por mais que negasse, Adriano passava mesmo mais tempo envolvido com os negócios e com as herdeiras da família de contraventores. Nessa época, a amizade com os Bolsonaros seguia discreta, sem sobressaltos. Flávio Bolsonaro até dava pinta vez ou outra no camarote da quadra do Salgueiro, nas noites de ensaio, quando o oficial coordenava a segurança na escola de samba.

Em meados de 2007, Adriano buscava a todo custo meios para fazer dinheiro e recuperar o tempo perdido no cárcere. Ao adotar a velha cantilena sobre os baixos salários da PM, o oficial encontrou solidariedade nos Bolsonaros. O clã de políticos nunca se posicionou contra as relações promíscuas entre policiais e as famílias da máfia do jogo, tampouco em relação ao envolvimento com organizações criminosas paramilitares.

Escudados pela imunidade parlamentar, Jair e Flávio seguiram defendendo de suas trincheiras nos parlamentos, no Rio e em Brasília, a participação de policiais nessas milícias. Proscrito do Bope, mas livre da condenação por tortura e assassinato, Adriano começava a enveredar pelos meandros dessa nova atividade criminosa, em paralelo com o serviço na polícia e na função de chefe de segurança dos Paes Garcia. Tempos em que os Bolsonaros não apoiaram Adriano apenas em palavras, mas em atos. Atos oficiais, como o publicado no Diário Oficial do Poder Legislativo, que nomeou Raimunda Veras Magalhães assessora parlamentar. Era segunda-feira, 2 de março de 2015, quando a senhora de 67 anos passou, em tese, a dar expediente no gabinete da liderança do Partido Progressista (PP).

Na época, Flávio Bolsonaro ocupava a liderança da legenda na Assembleia Legislativa.

A nomeação da idosa foi concretizada 419 dias após a publicação, no Diário Oficial do estado, do decreto de expulsão de seu filho da Polícia Militar do Rio de Janeiro. O texto[114] cita como base para a exclusão do oficial o resultado do Conselho de Justificação[115], que reuniu sólidas evidências do envolvimento do ex-capitão numa série de crimes relacionados às disputas por poder na família Paes Garcia.

A expulsão de Adriano não impediu Flávio de nomear a mãe do oficial como assessora parlamentar. Ao manter Raimunda em seu gabinete, o primogênito de seu Jair não só ignorou os motivos que levaram à exclusão de Adriano, como subverteu o princípio da impenetrabilidade da matéria, segundo o qual, um corpo não pode ocupar ao mesmo tempo dois lugares distintos no espaço.

Enquanto exercia o cargo de assessora parlamentar, Raimunda Veras Magalhães figurava como sócia em três estabelecimentos comerciais. O Restaurante e Pizzaria Rio Cap Ltda, na Rua Aristides Lobo, 224, loja B, o Restaurante e Pizzaria Tatyara Ltda, na Rua Aristides Lobo, 52, esquina com a Rua Barão de Itapagipe, e a KSabor Lanchonete Ltda, registrada no mesmo endereço. Todos no mesmo bairro, o Rio Comprido, mas separados por pouco mais de 500 metros.

Apesar da idade, por três anos e seis meses, a mãe de Adriano teria conciliado os afazeres à frente dos três estabelecimentos comerciais com a função de assessora parlamentar. Tamanha dedicação talvez explique o fato de Flávio Bolsonaro ter levado a funcionária para seu gabinete na Assembleia Legislativa, após deixar a liderança do PP para filiar-se ao Partido Social Cristão (PSC). Ao iniciar a transição de partido, em 31 de março de 2016, o deputado exonerou Raimunda para nomeá-la novamente em seu novo gabinete, em 29 de junho. Por quase três meses, a mãe de Adriano da Nóbrega pôde se dedicar apenas ao trabalho nos três estabelecimentos comerciais.

As investigações do Grupo de Atuação Especial de Combate ao Crime Organizado (Gaeco), do Ministério Público do Rio, constataram que o ex-capitão também figurou como sócio na Rio Cap e na Tatyara, época em que as contas comerciais das duas pizzarias foram usadas para transferir recursos para o sargento Queiroz.

A análise das transferências bancárias sugere repasses que somariam R$ 198 mil provenientes da suposta prática de peculato no gabinete de Flávio Bolsonaro. Quando o escândalo das rachadinhas veio à tona, em 2018, o ex-capitão Adriano da Nóbrega já havia se consolidado como chefe do Escritório do Crime. A essa altura, uma *holding* criminosa envolvida em diversos ramos da economia ilegal, da exploração de cassinos clandestinos, passando pela grilagem de terras e a construção ilegal de edifícios nas favelas da Muzema e de Rio das Pedras, reduto do grupo paramilitar. Atuando como um CEO do crime organizado, Adriano criou um esquema financeiro semelhante ao da pirâmide, em que os recursos captados erguiam prédios de apartamentos para alugar. Os dividendos eram repartidos entre os investidores.

Há fortes indícios de que parte dos recursos desviados por meio da rachadinha no gabinete de Flávio Bolsonaro teria irrigado essa lucrativa pirâmide. O esquema contava com uma empresa constituída legalmente, a SCM 07, com capital social de R$ 11 milhões e endereço na Avenida das Américas, na Barra da Tijuca. A firma, registrada como *holding* na Junta Comercial do Rio de Janeiro, tem como principal atividade a locação de imóveis próprios.

A descoberta veio à tona a partir do compartilhamento[116] de provas obtidas na investigação dos assassinatos de Marielle Franco e de seu motorista, Anderson Gomes, na noite de 14 de março de 2018.

Embora não haja referência ao primogênito de Jair nos milhares de páginas do processo da vereadora, o nome de Adriano e de outros três implicados no esquema da rachadinha é mencionado em telefonemas e mensagens interceptadas. O material reunido permitiu o desmembramento das investigações em três inquéritos distintos, que resultaram nas operações Escritório do Crime, Gárgula e Intocáveis. A primeira da série de ações fechou o cerco ao ex-capitão. Adriano teve a prisão decretada pela Justiça no dia de seu aniversário, 14 de janeiro de 2019, mas foi o único que conseguiu escapar, o que levantou suspeitas sobre um possível vazamento de informações.

Àquela altura, o ex-capitão contava com uma estruturada rede de negócios ilegais e legais, amparada por alianças nos subterrâneos da política e do jogo. A escolha do nome – Intocáveis – para batizar a operação sinalizava a extensão dos tentáculos da organização criminosa chefiada por Adriano da Nóbrega.

Nesse cenário, seguir o formidável fluxo de caixa movimentado pelo ex-caveira teria o condão de chegar a figuras em ascensão na política nacional, mas colocaria a investigação numa encruzilhada. Flávio Bolsonaro, o deputado pego na rachadinha, era agora senador, e seu pai, um ferrenho defensor da ditadura militar, presidente da República. O foro privilegiado ganhara o significativo reforço da caneta presidencial.

Num primeiro momento, setores do Ministério Público fluminense chegaram a acreditar na imparcialidade e na honestidade autoproclamada por Jair Bolsonaro. Houve uma promotora que vestiu, literalmente, a camisa do candidato eleito. Com o desmembramento das investigações, optou-se por encarar o prato quente pelas beiradas.

Tudo parecia conspirar a favor da lei, até o presidente enquadrar seu ministro da Justiça, Sergio Moro, numa reunião de cúpula do governo, um ano depois de o cerco se fechar sobre a rachadinha no gabinete de seu primeiro filho e o laureado ex-capitão do Bope. O tom belicoso adotado por Bolsonaro deixou claro que a chapa ferveu no Planalto, naquela sexta-feira, dia 22 de maio de 2020:

"Mas é putaria o tempo todo pra me atingir, mexendo com a minha família. Já tentei trocar gente da segurança nossa no Rio de Janeiro, oficialmente, e não consegui! E isso acabou [...] Não vou esperar fuderem (sic) a minha família toda, de sacanagem, ou meus amigos. Porque não posso trocar alguém na ponta [...]. Se não puder trocar, troca o chefe, senão troca o ministro".

O recado estava dado. Assim, o recém-eleito senador foi poupado, apesar de as informações rastreadas a partir das movimentações financeiras ligarem a rede de negócios de Adriano às transferências bancárias feitas em contas da Chocotone, a franquia da Kopenhagen da qual Flávio Bolsonaro era sócio, no Via Parque Shopping, na Barra da Tijuca.

A franquia da loja de chocolates do primeiro filho ficava a pouco mais de 9 quilômetros de distância de Rio das Pedras, sede do Escritório do Crime. Entre seus clientes frequentes estavam nomes listados no organograma de empresas do ramo da construção civil na favela, entre eles dois policiais militares. As investigações do MP comprovaram que as construtoras São Felipe Construção Civil Eireli e São Jorge Construção Civil foram registradas em nome de "laranjas[117]" do ex-capitão Adriano.

Regularizadas para atuar em pequenas construções e reformas, as duas empresas faziam parte de um *pool* de construtoras envolvidas nas edificações de prédios ilegais em Rio das Pedras e na Muzema. Um esquema milionário, que só veio à tona após as mortes de 24 pessoas na queda de um edifício de cinco andares na Muzema, na manhã de sexta-feira, 12 de abril de 2019.

Treze dias depois, publiquei no Intercept Brasil uma reportagem[118] revelando a suspeita de que parte do dinheiro da rachadinha no gabinete de Flávio Bolsonaro teria irrigado o esquema de verticalização imobiliária nas duas comunidades.

Na segunda fase da Operação Intocáveis, a denúncia oferecida à Justiça pelo Ministério Público ressalta que toda construção de imóveis nas duas comunidades dependia de autorização. Não do poder público, mas da milícia chefiada por Adriano e seus aliados no comando da organização criminosa: o major Ronald Paulo Alves Pereira, o Tartaruga, e o tenente reformado Maurício Silva da Costa, o Maurição, ambos da Polícia Militar. Antes da queda do edifício, Adriano teria 200 apartamentos em prédios erguidos nas duas comunidades, a maior parte deles alugada por valores entre R$ 1.200 e R$ 1.800. O próprio ex-caveira fazia questão de receber os aluguéis das mãos dos locatários.

"Era de fé, nos dias 5 e 10 de cada mês, o Patrãozão rodava de moto cobrando os inquilinos. Imagina se alguém tinha coragem de atrasar (sic)?".

Ouvi a frase, pontuada com uma pergunta irônica, de uma fonte ligada à Associação de Moradores de Rio das Pedras. A versão me foi confirmada depois por um delegado da Polícia Civil e um promotor do Gaeco. A alcunha "Patrãozão" usada pela fonte para se referir ao ex-capitão também aparece nos relatórios da Subsecretaria de Inteligência da Secretaria de Polícia Civil do Rio, órgão responsável pelas transcrições do conteúdo captado por meio das quebras de sigilo de comunicação dos suspeitos.

Os mais chegados costumavam dizer que o apelido só era usado pelos bajuladores que orbitavam a estrutura criminosa em busca de aproximação com o chefe. Adriano não dava muita bola, mas o jeito simples encorajava os mais afoitos. Especialmente nas noites de quarta-feira, quando a cúpula do Escritório do Crime se reunia para jogar bola no campo de terra batida, nos fundos de um supermercado.

Apesar do fascínio por picapes e motos de alta potência, vez ou outra Adriano chegava de bicicleta pela via light para participar da pelada, que terminava em churrasco e cerveja ao som de samba, sertanejo e funk. Os eventos também funcionavam como chamariz para atrair as novinhas da comunidade, muitas delas exploradas sexualmente, segundo relatos computados pelo Disque-Denúncia.

Numa dessas denúncias[119], registrada em 28 de setembro de 2018, a testemunha cita o tenente PM reformado Maurição como responsável por oferecer dinheiro às novinhas em troca de sexo oral. Por vezes as festinhas terminavam em suruba, regada a bebida e drogas, num *trailer* na praça ao lado da sede da Associação de Moradores de Rio das Pedras.

Adriano não curtia drogas nem sexo com menores. Nessas reuniões, costumava beber cerveja com energético e reproduzir conversas que tinha com seu Jair, o presidente da República, e seu filho, o senador, a quem se referia como sendo um mauricinho ganancioso. Antes de ter a prisão decretada, o ex-capitão demonstrava admiração pelo patriarca do clã Bolsonaro, mas certo desprezo pelo primeiro filho. O respeito por seu Jair começou a ruir após o sargento Fabrício Queiroz procurá-lo para informar da decisão do clã de exonerar sua ex-mulher e sua mãe do gabinete de Flávio. A orientação para a família se afastar do ex-caveira teria partido dos generais, que afiançaram a escolha de Jair Bolsonaro para concorrer à sucessão presidencial.

Nessa época, a situação financeira do ex-capitão era muito confortável, diferente da vivenciada no período em que ficou preso no BEP. O ex-oficial já tinha amealhado uma fortuna, mas a ideia de pagar pensão a Danielle não lhe agradava, especialmente por causa do ciúme de Júlia Lotufo. O ex-caveira caíra de quatro diante da loirinha de pele bronzeada, catorze anos mais jovem, que conhecera na Vitrinni Lounge, uma sofisticada boate frequentada por endinheirados da Barra da Tijuca. O encanto foi tamanho, que na semana seguinte Adriano levou a menina para um *resort* de alto luxo no Ceará, época em que aventou mudar de vida. A começar pelo nome: Marco Antônio Linos Negreiros.

A nova identidade fora tirada durante a viagem do casal ao estado do Nordeste, região onde o ex-capitão planejava fixar residência ao largar a vida de decaído. O documento emitido pela Secretaria de Segurança e Defesa Social do Ceará na quinta-feira, 9 de junho de 2016, acabou apreendido anos depois, no cerco policial à casa onde Júlia e Adriano passaram o *réveillon* de 2020, num luxuoso condomínio na Costa do Sauípe, na Bahia. O sonho ficou no passado, assim como o arroubo de romantismo juvenil.

De volta à realidade em Rio das Pedras, o ex-capitão, por mais avarento que fosse, sabia que a exoneração de Danielle e sua mãe, Raimunda, não lhe traria problemas financeiros. Mas representava o início do fim da relação de compadrio com os Bolsonaros. Afinal, por quase duas décadas, ele fora fiel ao clã nos tempos de baixo clero. Em nome da amizade, pediu a Queiroz que constasse nos decretos de desligamento da mãe e da ex-mulher: exoneração a pedido. A solicitação foi atendida e publicada no Diário Oficial do Poder Legislativo, em 13 de novembro de 2018.

Decaído

A bola rolava no campinho de terra batida ao lado da Caixa D'Água do Guarabu, no alto da Rua Ipuá, no Jardim Carioca, na Ilha do Governador. Era manhã de domingo e o sol a pino de janeiro de 1999 castigava os jogadores. Às margens do campo, jovens empunhando fuzis e pistolas baforavam enormes cigarros de maconha, os "balões", no dialeto da favela, enquanto acompanhavam a pelada.

No grupo estavam alguns soldados da escolta de Marcelo Soares de Medeiros, o PQD, armeiro e homem de confiança de Romildo Souza da Costa, o Miltinho do Dendê, dono do morro, preso em Bangu 1 havia pouco mais de três anos. PQD, um ex-paraquedista cooptado pelo chefão da organização criminosa depois de ter sido dispensado do Exército, estava em campo.

O ex-militar assumira o comando das bocas de fumo no Morro do Dendê, Jardim Carioca e na localidade conhecida como Guarabu, após Miltinho rodar numa operação policial, em outubro de 1995[120]. Após sua ascensão, Marcelo PQD impôs aos subordinados uma disciplina militar. Os olheiros, uma espécie de sentinelas do tráfico, estavam proibidos de usar drogas durante os serviços.

A função exigia atenção redobrada para evitar a perda de carregamentos, armas e prisões de integrantes da quadrilha, como costumava bradar PQD. O ex-militar também estabelecera regras para toda a cadeia hierárquica do bando. Vapores e esticas, como são conhecidos os responsáveis pelas vendas no varejo da maconha e da cocaína, também não podiam usar drogas enquanto estivessem "trabalhando".

As escalas de serviço impostas pelo ex-militar aos subordinados da quadrilha seguiam padrões similares aos utilizados na Brigada de Paraquedistas. Os soldados de PQD também zelavam pelas próprias armas. O ex-militar costumava enfileirar sua tropa para dar instruções de tiro e manutenção do arsenal. Suas práticas acabaram adotadas por outros traficantes a partir do aliciamento de ex-militares e até mesmo militares da ativa.

Marcelo PQD era metódico, e ao deixar o campo no fim daquela manhã de domingo estava furioso com a derrota de seu time. Sobretudo após ele mesmo perder um gol feito. Ninguém tinha peito para zoar o baixinho atarracado, mas o ex-paraquedista descontou toda a raiva ao ver entre seus soldados um olheiro fumando maconha.

Aos 21 anos, o rapaz mal teve tempo de explicar que seu turno havia terminado. Ao ver Cebolinha de olhos injetados, segurando um baseado e com o radiotransmissor pendurado numa das motos de sua escolta, Marcelo PQD lhe deu uma rasteira. Ao cair de pernas para o ar, o olheiro teve a bermuda frouxa arrancada pelos pés.

A cena foi acompanhada de uma sonora gargalhada dos parceiros do ex-militar, que saiu numa das motos, deixando para trás o jovem de cueca. Atordoado, o rapaz foi amparado por um amigo dos tempos de infância, que assistiu à cena ao passar pela esquina das ruas Itaguaí com Ipuá, na volta do culto na Assembleia de Deus Ministério Monte Sinai, no qual atuava como missionário. A casa de oração funcionava num imóvel simples, a pouco mais de 300 metros do campinho de futebol.

Ao ver o amigo de cueca, o missionário retirou o paletó e o entregou a Cebolinha, que o amarrou imediatamente à cintura, cobrindo a bunda. José, o pastor, estava na casa dos 30 anos e também havia se envolvido com drogas na adolescência. Sua mãe era amiga de Maria Aparecida, mãe do jovem olheiro. As duas costumavam frequentar juntas os cultos nas manhãs de domingo.

Foi pelas mãos de dona Maria que José abraçou a fé. Naquele dia, o jovem missionário enxergou no episódio um sinal divino, uma forma de retribuir o apoio do passado, levando Cebolinha à casa de oração. Lá, o filho da abençoada senhora tomou um banho, recebeu roupas limpas, um prato de comida e uma Bíblia. Ao lhe entregar o Livro, José disse uma frase que marcaria a vida do olheiro: "Os humilhados serão exaltados". Um ano depois do entrevero no campinho, Marcelo PQD foi preso por policiais da Divisão de Repressão a Entorpecentes (DRE) do Rio de Janeiro, em um sítio de 3,3 mil m², a 1.538 quilômetros de distância do Morro do Dendê, na Ilha do Governador.

A propriedade fora adquirida pelo ex-paraquedista no loteamento Recanto dos Pampas, em Gravataí, cidade metropolitana distante 23 quilômetros de Porto Alegre, no Rio Grande do Sul. Marcelo PQD tinha planos de transformar parte da área do sítio em entreposto para a distribuição de drogas e armas compradas de fornecedores no Paraguai.

Cebolinha, o olheiro esculachado no campinho, comemorou a prisão do chefe. Ele jamais esqueceria a humilhação daquela manhã de domingo. O episódio o levou a largar as drogas e, a seu modo, converter-se ao evangelho. O versículo de Mateus 23:12, citado por José, foi tatuado em suas costas. Começava ali a escalada de poder de Fernando Gomes de Freitas, o Fernandinho Guarabu[121], no mundo do crime.

O traficante foi o pioneiro em unir o fundamentalismo religioso com a venda de drogas, sob as graças de PMs corruptos do batalhão da Ilha do Governador, entre os quais se destacava o capitão Adriano da Nóbrega. A inusitada aliança permitiu a Fernandinho criar um modelo de negócio, que não se limitava à venda de drogas. Ao estabelecer o controle territorial, ele passou a explorar outras atividades ilegais em parceria com os PMs.

A escalada de poder do ex-olheiro ganhou força a partir da prisão de PQD. Com o seu principal aliado fora das ruas, Miltinho do Dendê perdeu o controle que exercia de sua cela na penitenciária de segurança máxima sobre os demais integrantes da organização criminosa. Sem liderança, o bando rachou, com disputas internas pelo controle do milionário negócio das drogas.

Encravado na Ilha do Governador, bairro de classe média onde fica localizado o Aeroporto Internacional Antônio Carlos Jobim, o Morro do Dendê chegou a ser apontado como o principal entreposto de distribuição de maconha e cocaína a aliados da facção Terceiro Comando no subúrbio e parte da zona norte do Rio.

Na época, a polícia estimava que o bando de Miltinho movimentava 100 quilos de cocaína pura por mês, o que colocava o Morro do Dendê atrás apenas da Rocinha no mercado de drogas da cidade. A bem da verdade, esses números não passavam de chutes arbitrados com base numa média de apreensões contabilizadas na delegacia do bairro. O empirismo não era o forte da polícia carioca.

A primeira investida de Fernandinho Guarabu para tomar o poder aconteceu no fim da madrugada de segunda-feira, 29 de outubro de 2001. O baile funk do Dendê, iniciado na noite anterior, estava chegando ao fim. O bando liderado pelo ex-olheiro aproveitou a grande movimentação de jovens pelas ruas para tentar surpreender Claudecy de Oliveira, o Noquinha, sobrinho de Miltinho do Dendê, que assumira a chefia da quadrilha após a prisão de Marcelo PQD.

A tentativa de golpe de estado contara com a participação de um pequeno, mas bem treinado grupo de policiais militares. A improvável aliança se tornaria o pilar central da longeva administração de Fernandinho Guarabu à frente do Morro do Dendê e de sua quadrilha de traficantes, ora convertidos ao evangelho.

Naquela madrugada, os mercenários da PM usaram uma Patamo do batalhão do bairro como cavalo de troia para garantir a chegada dos aliados de Guarabu ao *bunker* de Noquinha. A audaciosa estratégia não resultou na tomada total do território, mas garantiu ao ex-olheiro o controle de parte do terreno, incluindo a Caixa D'Água do Guarabu. Vem daí o apelido aplicado a Fernando, que deixou o Cebolinha no passado.

O envolvimento de PMs na guerra interna da quadrilha foi investigado por policiais da 37ª Delegacia de Polícia Civil, na Ilha do Governador. O inquérito[122] aberto após a tentativa de golpe reunia também relatos feitos por testemunhas ao Disque-Denúncia. Num dos telefonemas computados pela ONG, um informante disse que o Morro do Dendê havia sido invadido no final do baile por seis carros, tendo à frente uma viatura do 17º batalhão.

Dentro do veículo oficial, policiais fardados usavam toucas ninja para cobrir o rosto. Fernandinho Guarabu ocupava o banco traseiro, sentado entre dois PMs. Ele carregava preso à bandoleira um fuzil G3, da fabricante alemã Heckler & Koch. A arma de guerra seguia amparada no antebraço direito, onde o nome de Jesus Cristo havia sido tatuado em letras góticas.

Parte de seu bando estava escondida no compartimento destinado ao transporte de presos. Todos armados com fuzis. Quando a viatura convertida em cavalo de troia parou nas proximidades do esconderijo de Noquinha, o grupo desembarcou, largando o aço, como dizem os bandidos ao abrirem fogo em direção a um alvo. Nesse caso, um imóvel de dois pavimentos, na Rua Sebastião de Sampaio.

O cerco ao bando rival resultou numa intensa troca de tiros. Noquinha foi ferido de raspão na perna esquerda, mas conseguiu escapar do *bunker*, amparado por seus seguranças. O sobrinho de Miltinho do Dendê amargou um prejuízo em armas e drogas que estavam escondidas numa cisterna, transformada em depósito. As investigações sobre a guerrilha daquela madrugada no Morro do Dendê não evoluíram a ponto de identificar os policiais militares envolvidos no ataque aos rivais de Fernandinho Guarabu. Sem nomes, o inquérito fazia referência à presença de PMs do batalhão da Ilha do Governador na ação, supostamente liderada por um jovem oficial do Batalhão de Operações Policiais Especiais, o Bope.

Por dois anos, os moradores da região foram obrigados a conviver com pequenos conflitos relacionados à disputa territorial de Guarabu com os remanescentes do bando de Miltinho do Dendê. O ápice da guerra declarada pelo ex-olheiro aconteceu no início da noite de 28 de outubro de 2003.

A repetição da tentativa de golpe de estado no mesmo mês da investida ocorrida dois anos antes tinha uma explicação. Fernando Guarabu queria comemorar o domínio do território com uma grande festa no dia de seu aniversário, 20 de novembro. A menos de um mês de completar 25 anos, Guarabu vestiu-se para a sua guerra santa. A essa altura, o traficante evangélico carregava tatuado no corpo, além do nome de Jesus Cristo, trechos de dois versículos bíblicos: "Os humilhados serão exaltados" e "Se Deus é por nós, quem será contra nós?".

Guarabu acreditava ser um predestinado. Contudo, sua proteção nada tinha de divina. A escalada de poder do ex-olheiro foi sustentada por policiais militares corruptos, recompensados não apenas com caixinhas semanais. Os aliados de primeira hora receberam de Guarabu autorização para cobrar taxas de proteção aos donos de kombis e vans usadas no transporte clandestino de passageiros e aos mototaxistas da Ilha do Governador.

Protegido pelo grupo de policiais, o traficante passou a adotar em seus domínios métodos semelhantes aos colocados em prática em favelas sob influência das milícias. A monopolização da venda de botijões de gás, garrafões de água e o fornecimento de sinal clandestino de TV e Internet passaram a fazer parte do combo de atividades econômicas ilegais em sociedade com os PMs.

Aos policiais responsáveis pelo serviço de "gatonet", Guarabu exigia apenas que o acesso aos canais de conteúdo adulto fosse disponibilizado durante a madrugada. O religioso traficante não queria que as crianças de seu território assistissem a filmes eróticos. Quanto à exposição dos pequenos aos mortos em confrontos, às balas perdidas e estilhaços originados em sua guerra por poder, Guarabu simplesmente entregava a Deus.

Foi o caso de Jennifer[123], de 11 anos, atingida por estilhaços de granada na perna direita enquanto assistia à televisão dentro de casa, no Morro do Dendê. Era noite de terça-feira, pouco depois das 21 horas, quando o estrondo causado por uma forte explosão fez a casa humilde estremecer. Apavorada, a menina gritou pela mãe, Gláucia, que a encontrou caída no chão com as pernas ensanguentadas.

Desesperada, a jovem de 28 anos pegou a filha no colo e saiu em busca de ajuda pelo beco São Miguel, em direção à Rua Tupinambá, onde fica a associação de moradores. No caminho, mãe e filha se depararam com um grupo de homens armados de fuzis, alguns deles vestidos de preto, usavam coturnos e tinham o rosto coberto por toucas ninja. Gláucia correu para a sede da associação.

Mãe e filha estavam com as roupas cobertas de sangue quando um dos diretores abriu a porta da casa de dois pavimentos, com o interior às escuras. Naquela noite de 28 de outubro de 2003, o espaço serviu de abrigo para outras vinte pessoas, todas moradoras da comunidade, surpreendidas pelas cenas de guerrilha urbana no caminho de volta às suas casas. No interior da associação, o grupo se concentrava num corredor entre a cozinha e a sala da diretoria, amontoado pelo chão.

A cada estampido de tiro ou explosão, eles se encolhiam, espremidos pelo medo. Àquela altura, parte do morro estava sem luz, em virtude de um apagão calculado pelos invasores, que abriram fogo contra os transformadores de energia na subida da Rua Tupinambá.

Gláucia temia pela vida da filha, enfraquecida pela perda de sangue. Jennifer tinha cortes espalhados pela coxa, alguns aparentemente profundos, que drenavam a vitalidade da menina. A presença da criança ferida elevou ainda mais a tensão entre os refugiados. Alguns sugeriam colocar pó de café sobre o ferimento para estancar a sangueira. Por sorte, uma das abrigadas na associação era Vânia, uma enfermeira que horas antes terminara o plantão no Hospital Estadual Getúlio Vargas, na Penha. Vânia vivia a duas casas de Gláucia e Jennifer, no beco São Miguel, e também aguardava o fim da batalha entre os bandidos para conseguir chegar em casa, onde sua mãe, Dalva, de 64 anos, cuidava de seu casal de filhos, de seis e oito anos.

A enfermeira conseguiu estancar o sangue, pressionando uma toalha sobre o ferimento mais profundo, na perna direita de Jennifer. Por centímetros, o corte não atingiu a veia femoral. Enfraquecida, a menina foi colocada deitada no chão, com a cabeça no colo da mãe. O telefone da associação não funcionava. Júnior, o diretor que fez do espaço um abrigo de guerra, tentava contato por celular com a Polícia Militar e com o Corpo de Bombeiros. A menina precisava chegar rapidamente a um hospital.

O comando do batalhão da Ilha do Governador determinou um cerco ao morro, mas as patrulhas só entraram na comunidade na manhã do dia seguinte, quase doze horas após o início do conflito. Pelo celular, o líder comunitário foi orientado a descer com a menina até um dos acessos ao Dendê. Sem opção, Júnior, Vânia e Gláucia se alternaram, levando Jennifer no colo por quase um quilômetro morro abaixo.

Durante o percurso feito na escuridão, o grupo se deparou com um cenário de guerra, com corpos e homens armados. O tio de Jennifer era um dos integrantes da quadrilha de Noquinha. Os fragmentos que atingiram a menina saíram de uma granada lançada na casa ao lado, onde Roberto da Silva Melo, o BT, vivia com a mulher e um filho de oito anos.

Ao chegar à emergência do Hospital Paulino Werneck, na Cacuia, Ilha do Governador, Gláucia desabou em prantos ao ver a filha sendo levada pelos médicos. A sensação de alívio durou pouco. BT, seu irmão de 29 anos, estava entre os três mortos levados pelos policiais à unidade de saúde. Além dele, Michel Bezerra Rayol, de 24 anos, e Bruno dos Santos Macedo, o Bruninho, de 19 anos ocupavam macas no corredor. Todos mortos.

O ataque chefiado por Fernandinho Guarabu deixou um rastro de sangue, com doze corpos contabilizados pela polícia. O número de mortos, segundo moradores do Dendê, foi ainda maior. Muitos dos alvos da fúria de Guarabu tiveram os corpos retalhados e seus pedaços lançados na Baía de Guanabara.

No caminho do morro para o mar, uma Kombi foi abandonada na estrada de Tubiacanga com sete cadáveres. Apenas um dos mortos foi identificado. Era Pablo Freitas de Barros, de 22 anos. Integrante da escolta de Marcelo PQD, ele havia gargalhado ao ver o ex-militar deixar Cebolinha de cueca às margens do campinho de pelada. Marco Aurélio Souza Guimarães, de 32 anos, apontado pela polícia como sendo outro segurança de Marcelo PQD, teve o corpo parcialmente queimado num Fiat Palio, abandonado na Rua Arujá, perto do Dendê. O carro havia sido roubado na véspera do ataque. A PM também encontrou um corpo sem identificação no campus da Universidade Federal do Rio de Janeiro.

A chacina do Morro do Dendê consolidou o domínio territorial de Fernandinho Guarabu. Na ocasião, o então secretário de Segurança Pública do estado, Anthony Garotinho, silenciou sobre o banho de sangue. As imagens dos conflitos, somadas aos relatos de moradores impedidos de chegar às suas casas, ganharam espaço até em jornais do exterior.

Designado para dar explicações à imprensa, o delegado da 37ª Delegacia de Polícia, José Pedro Costa da Silva, atribuiu a carnificina à cisão na quadrilha de Miltinho do Dendê, agravada pelas prisões de Marcelo PQD e de Ronaldo Souza da Costa, irmão do chefão encarcerado em Bangu 1.

Em entrevistas concedidas a repórteres de jornais, emissoras de televisão e rádios, o delegado citou três suspeitos de envolvimento no ataque: "Os traficantes Edson Francisco Alves, o Bizulai, Fernandinho e Marcelo Russo resolveram tomar o poder no esquema do tráfico no morro. Eles estariam acompanhados de mais cinco criminosos[124]".

Pela análise do delegado, apenas oito homens teriam executado ao menos doze traficantes, após tomarem de assalto o Morro do Dendê, um complexo de favelas com 70 mil habitantes[125], numa área que se estende por seis sub-bairros da Ilha do Governador.

Embora o Disque-Denúncia tenha recebido informações sobre a suposta participação de PMs e caveiras do Bope no ataque, o delegado nem sequer tocou no assunto. José da Silva acrescentou que Noquinha, o principal alvo dos envolvidos no ataque, havia escapado vivo, mas com ferimentos nas pernas. Policiais civis fizeram buscas em clínicas particulares na Ilha do Governador e bairros próximos para tentar localizar o sobrinho de Miltinho do Dendê.

Noquinha conseguiu fugir, mas sua casa foi completamente destruída pelo bando insurgente. Embora Guarabu já despontasse como um dos chefes do golpe, tanto o delegado quanto o comandante do batalhão da PM não detalharam sua participação, tampouco citaram seu nome completo.

O comandante do 17º Batalhão de Polícia Militar, coronel Pedro Paulo da Silva, disse aos jornalistas ter enviado 60 policiais ao morro. O oficial, entretanto, esquivou-se ao ser perguntado sobre a permanência dos PMs nos acessos à comunidade enquanto as duas quadrilhas disputavam à bala o domínio do território, sitiando moradores, comerciantes e quem estivesse dentro dos limites da área conflagrada. Coronel Silva também não comentou as suspeitas sobre o envolvimento de PMs no bando de Fernandinho Guarabu.

Nos dias seguintes à chacina, os jornais *O Dia* e *JB* abriram espaço em suas páginas para relatos de moradores do Dendê, que afirmavam ter presenciado a participação de policiais na tropa de Guarabu. Uma das testemunhas acrescentou ter visto dois PMs fardados subindo a favela numa Kombi branca, usada no transporte de passageiros no morro, os cabritinhos. O veículo descrito tinha as características do utilitário encontrado com sete corpos em seu interior, na Estrada de Tubiacanga, a pouco mais de dois quilômetros do epicentro do massacre.

O relato da testemunha transcrito por *O Dia* trazia semelhanças com uma das ligações[126] registradas pelo Disque-Denúncia, dois dias depois dos confrontos. De acordo com o denunciante, o soldado do batalhão da Ilha que dirigia a Kombi seria primo de Fernando Gomes Freitas, o Guarabu. O policial militar suspeito era Antônio Eugênio de Souza Freitas, o Batoré. Na ocasião, a denúncia foi encaminhada à corregedoria da corporação, onde acabou arquivada. Dois anos depois da chacina, o nome do PM seria oficialmente relacionado à organização criminosa chefiada por Guarabu, em um processo[127] julgado pela 17ª Vara Criminal do Tribunal de Justiça do Rio de Janeiro.

O soldado Batoré foi condenado a 319 anos de prisão por ligação com o traficante numa série de crimes, como assassinatos, extorsão, ameaça e ataques a motoristas de transporte alternativo, na Ilha do Governador. Apesar da condenação em primeira instância e da gravidade das denúncias, Antônio de Freitas permaneceu no batalhão da Ilha do Governador até ser expulso da corporação, quatro anos depois da primeira sentença.

Batoré e Fernando Guarabu eram aliados na prática de crimes e tinham em comum o sobrenome Freitas. Contudo, não havia entre eles nenhum grau de parentesco, como sugeriu o informante ao Disque-Denúncia. Cheguei a essa conclusão após cruzar informações de seus pais e avós, que obtive ao pesquisar processos e documentos do policial e do traficante.

Durante a análise, descobri que Batoré tinha o hábito de ocultar informações ao prestar depoimento na condição de investigado em inquéritos e IPMs. O soldado PM sempre informava os números de sua Carteira de Identidade e do Cadastro de Pessoa Física, o CPF, sem o último caractere. Registros de Identidade e CPFs em geral possuem, respectivamente, nove e onze caracteres.

A análise dos quatro processos criminais em que o policial fora denunciado à Justiça e de sua ficha no Sistema de Identificação Civil do Portal da Segurança do Estado do Rio de Janeiro comprova a omissão dos dados. Uma estratégia tosca, provavelmente utilizada pelo PM para tentar se esquivar do alcance da lei. Em certa medida, funcionou por algum tempo.

A pesquisa processual revelou um dado ainda mais importante: a antiga ligação do soldado com Adriano da Nóbrega. Ambos ficaram presos no BEP, mas se conheceram na passagem relâmpago do oficial caveira pelo batalhão de Jacarepaguá, região da cidade que vivenciava um forte avanço dos grupos paramilitares.

No batalhão da Ilha do Governador, Batoré atuava como elo entre Fernandinho Guarabu e o capitão. O soldado antecipava ao traficante as informações sigilosas sobre operações e até mesmo investigações em andamento no serviço reservado da unidade. Adriano da Nóbrega fora transferido para o 17º BPM no início de 2007. Não demorou para o caveira se tornar uma liderança entre os policiais que agiam como mercenários fardados a serviço do crime.

Quando chegou ao alojamento de oficiais, Adriano era o nome mais comentado nas rodinhas de bate-papo entre os 486 oficiais e praças lotados no quartel da Ilha do Governador. Aos 30 anos, o laureado oficial, recém-absolvido de uma condenação de 19 anos e seis meses de prisão por assassinato e tortura, mantinha uma aura de protegido entre seus pares. Capitão Adriano levava presa à farda azul a insígnia com a imagem de um crânio atravessado por uma faca, símbolo do Bope.

Seis anos após o seu afastamento da tropa de elite, o oficial mantinha o emblema no peito, mas já não carregava a esperança de retornar ao Bope. Adriano se tornara um decaído. A expressão, como explica Paulo Storani, um ex-capitão e instrutor da tropa de elite, é usada para identificar os policiais aliciados pelo submundo, os corrompidos. Aqueles que desvirtuam o objetivo das técnicas assimiladas nos extenuantes treinamentos em detrimento da missão: servir à lei.

Decaído também remete a Lúcifer, o anjo que se rebelou contra Deus. Não que os policiais da tropa de elite se julguem anjos ou demônios. A comparação se deve ao fato de que os ensinamentos transmitidos no curso dão aos caveiras a capacidade de escolher entre a vida e a morte de seus alvos. Um poder divino nas mãos de jovens condicionados à batalha e submetidos a uma rotina de forte estresse.

Ao sair da prisão, capitão Adriano decidira usar esse condão unicamente para fazer dinheiro. Mesmo poupado da condenação, o oficial se julgava vítima de um sistema injusto. Adriano se enxergava como um guerreiro, um justiceiro, altamente capacitado, mas impedido de exercer o ofício para o qual havia sido adestrado. O capitão tinha uma visão distorcida da verdadeira função do policial. Parte dessa miopia se devia ao próprio treinamento. Foi no Bope que Adriano aprendeu a torturar e a matar. Em sua lógica torta, não lhe parecia justo ser punido por cumprir a lição.

Ao escolher o 17º BPM para retornar às ruas, capitão Adriano não tinha mais em mente o desejo de voltar ao Bope. O oficial traçara planos bem mais ambiciosos. Nessa nova trajetória, o reencontro com o tenente Joãozinho serviu para consolidar a parceria com o velho amigo dos tempos de Fazenda Garcia, Escola Dom João VI e do Batalhão de Operações Especiais. Capitão Adriano e o tenente João Martins, o Joãozinho, ficaram sabendo ainda em suas celas, no Batalhão Especial Prisional, que Fernandinho Guarabu estava disposto a pagar caro para recrutar caveiras para formar sua própria tropa de elite. O soldado Batoré pavimentaria o caminho da dupla até o traficante da facção Terceiro Comando Puro (TCP), pioneiro em unir tráfico com uma seita evangélica, dando origem ao que os criminólogos chamam de narcopentecostais.

Guarabu andava preocupado com a segurança de seu território. Um temor justificado. Em janeiro de 2007, Marcelo PQD fora beneficiado por uma decisão judicial, que converteu sua pena de prisão em regime fechado para o semiaberto. Com a decisão, o ex-paraquedista, inimigo visceral de Guarabu, foi transferido de uma cela de segurança máxima para o Instituto Penal Edgar Costa, em Niterói. Marcelo PQD deveria sair da prisão pela manhã para trabalhar numa loja de material de construção, em São Gonçalo, e retornar no fim do expediente para dormir no cárcere. Logo na primeira semana, PQD descumpriu a medida, não retornando ao presídio. A fuga do ex-paraquedista tirou Fernandinho Guarabu do prumo.

O traficante temia ser alvo de um golpe dentro de seu próprio bando. Ele sabia que parte da quadrilha não comungava de sua conversão religiosa e, sobretudo, de algumas medidas que ele havia colocado em prática após estabelecer o domínio territorial no Morro do Dendê, se espraiando por áreas da Ilha do Governador. Em seus arroubos fundamentalistas, Fernandinho Guarabu havia dado ordens para fechar e destruir terreiros de umbanda no Dendê, expulsando e ameaçando de morte pais e mães de santo da comunidade. O traficante também proibiu, às sextas-feiras, o uso de roupas brancas e adereços que, segundo ele, estavam relacionados às religiões de matriz africana. Guarabu só se referia ao movimento religioso como feitiçaria.

O radicalismo levou antigos aliados a se afastarem. Desconfiado, Guarabu mandou eliminar Edson Francisco Alves, o Bizulai, parceiro de golpe que frequentava um terreiro de umbanda e mantinha boas relações com Marcelo PQD. O ex-militar era metódico e tão sanguinário quanto Guarabu, mas jamais impôs regras de comportamento aos moradores, tampouco perseguiu grupos religiosos.

A possibilidade de acabar morto assombrava Fernandinho Guarabu, que incumbiu Batoré de arregimentar caveiras como salvaguardas em tempo integral e não apenas para participar de ataques aos rivais. A paranoia do traficante era tamanha, que, numa manhã, ao ver uma galinha preta ciscando no terreno de uma de suas casas no Dendê, Guarabu mandou seus seguranças percorrerem os aviários da região para saber quem havia comprado a ave. Para Guarabu, a galinha preta fazia parte de algum feitiço de morte contra ele. Horas depois da aparição da penosa, o traficante foi avisado por um dos seus soldados que a ave havia escapado de um galinheiro nos fundos de uma casa próxima ao *bunker*. A galinha voltou ao poleiro, levada pelo dono, um evangélico, amigo de sua mãe. O episódio correu a favela, transformando o chefão do tráfico em motivo de piada.

À medida que aumentava seu território, Guarabu se afastava dos antigos aliados na mesma proporção em que se cercava de mais policiais. O traficante costumava se gabar de que sua tropa de confiança era formada por oficiais caveiras cooptados por Batoré. O chefe do Dendê se referia ao soldado como sendo o seu braço direito. Cooptar os ex-oficiais do Bope não foi uma tarefa difícil. Batoré sabia da insatisfação do capitão Adriano com os valores pagos por Rogério Mesquita, o preposto dos Paes Garcia na negociação entabulada ainda na cadeia, para que o caveira assumisse a segurança dos herdeiros de Miro e Maninho.

Sem perspectiva no curto prazo e atolado em dívidas, capitão Adriano aceitou a empreitada com a condição de que o amigo, tenente João, dividisse com ele a função de comandar a segurança do território de Fernandinho Guarabu. Assim como Batoré, em troca da proteção, os dois caveiras seriam autorizados a explorar atividades ilícitas em seus domínios. O leque de opções era variado.

Fernandinho Guarabu apostou suas fichas nos dois caveiras como forma de evitar uma bem-sucedida ofensiva do ex-paraquedista. O paradoxo define a complexidade da segurança pública no Rio de Janeiro, em que policiais treinados podem atuar na defesa de um traficante contra um ex-militar. Dessa vez, o temor de Guarabu não se materializou numa galinha preta correndo pelo quintal de um de seus *bunker*s. A apreensão do traficante aumentava a cada catuque – alerta, no dialeto do crime – que chegava aos seus ouvidos no Dendê. No submundo carioca não são raras as informações sobre a contratação de mercenários para circularem antes de uma invasão ou assassinato ser consumado.

Os sinais vindos dos subterrâneos indicavam a movimentação do ex-paraquedista. A rede de informantes do capitão Adriano confirmara que era procedente o crescente temor de Guarabu. Marcelo PQD estava por perto. O ex-militar havia mudado de facção após conseguir o apoio de chefes do Comando Vermelho, rivais históricos do Terceiro Comando Puro. PQD se aliou a antigos desafetos para conseguir armas e pessoal para retomar o território de Fernando Guarabu. Desde a sua fuga do regime semiaberto, ele estava abrigado em comunidades sob o domínio do CV, nos complexos da Penha e da Maré. Os dois aglomerados reúnem 29 favelas, algumas sob domínio de rivais e com acesso às três principais vias de ligação da cidade: Avenida Brasil e as linhas Vermelha e Amarela. A localização estratégica faz dos dois complexos um disputado corredor logístico para distribuição de drogas e armas.

Marcelo PQD planejava retomar o Dendê pelas beiradas, como fez Fernando Guarabu, a partir do Jardim Carioca. O ex-paraquedista tinha informações de que integrantes da quadrilha estavam insatisfeitos com a crescente presença de PMs no bando de Guarabu. Situação que se agravou após a morte de Bizulai, numa ação do batalhão da Ilha do Governador. Para alguns dos antigos aliados, a execução havia sido determinada por Guarabu.

Além de não comungar do fundamentalismo religioso do chefe da organização criminosa, Bizulai andava descontente com a decisão de Guarabu de passar para o soldado Batoré a cobrança de taxas a mototaxistas nos pontos de acesso ao Morro do Dendê. Antes de ser morto, Bizulai recebia parte da taxa e mantinha ao menos dez motos alugadas a jovens da comunidade, que lhe pagavam diária.

As notícias sobre a iminência de um ataque chegavam diariamente ao Morro do Dendê. A rede de informantes criada pelo capitão Adriano contava com uma estrutura robusta, formada por motoristas de Kombis, mototaxistas, taxistas, comerciantes e, claro, apontadores do jogo do bicho.

O caveira aprendera durante a convivência com os velhos banqueiros da zooteca Miro e Luizinho, patriarcas dos clãs Paes Garcia e Drummond, a importância de manter boas relações com os subordinados na ponta da atividade ilegal. Ao criar sua rede de informantes, o capitão repetiu o modelo colocado em prática com sucesso pelos bicheiros durante a ditadura militar.

Os aranhas, como também são conhecidos os apontadores do jogo, sempre escutam mais do que os palpites dos apostadores. Especialmente dos jogadores assíduos. Muitos deles fazem uma fezinha pela manhã e outra no fim do dia. Papo vai, papo vem, o apontador fica sabendo de todas as fofocas da região. Do marido traído, passando pelo filho maconheiro da vizinha, até o vaivém de forasteiros. Assim, de boca em boca, a movimentação de Marcelo PQD em torno do Morro do Dendê chegou ao serviço de informações do capitão Adriano. Atuando nos bastidores, o caveira forneceu essas informações a aliados na Polícia Civil, especificamente na Delegacia de Roubos e Furtos de Automóveis, a DRFA. Com base nos informes, a equipe da unidade especializada no enfrentamento às quadrilhas de roubos de carros pegou Marcelo PQD no fim da madrugada de sexta-feira, dia 1º de junho de 2007.

O cerco ao ex-paraquedista, entretanto, teve início no segundo domingo de maio, Dia das Mães. Marcelo PQD e seu bonde foram vistos por olheiros do capitão Adriano após sair da casa da ex-mulher, na Cacuia. PQD havia participado de um churrasco em família. Não demorou para a notícia se espalhar pelo Morro do Dendê, alimentando a ira e o temor de Fernando Guarabu. O traficante exigia de sua tropa de elite a cabeça do desafeto. Capitão Adriano, tenente João e o soldado Batoré decidiram não eliminar Marcelo PQD, tampouco participar diretamente da operação que resultou em sua prisão. Desde a saída do Batalhão Especial Prisional, o trio estava sob vigilância cerrada da Corregedoria Geral Unificada, que vinha investigando suspeitas de envolvimento de PMs do batalhão da Ilha do Governador num esquema de proteção a Fernandinho Guarabu.

O grupo capitaneado por Adriano da Nóbrega se limitou a levantar as informações encaminhadas posteriormente a aliados na Polícia Civil. Fernando Guarabu custou a aceitar a recusa dos policiais em eliminar o ex-paraquedista, mas as circunstâncias em que Marcelo PQD foi preso teriam aplacado o seu desejo de vingança. Surpreendido pelo cerco policial iniciado logo depois da chegada de seus aliados à casa alugada para servir de *bunker*, na Rua Trapiá, no Jardim Carioca, o ex-paraquedista viu seu plano de retomada do Morro do Dendê ruir ao longo de dez horas.

Marcelo PQD havia acertado o aluguel do imóvel com uma ex-namorada, Andréa[128], filha de seu Antônio, taxista que rotineiramente encerrava o dia de trabalho com uma cerveja gelada. Enquanto bebia, ele apostava uns caraminguás nas duas máquinas caça-níqueis, malocadas entre os engradados de garrafas, no Bar da Amendoeira, na esquina da Rua Inhoverá com a Rua Mita. O estabelecimento era conhecido na vizinhança pela enorme amendoeira que crescera na calçada, rompendo o piso, mas fora mantida mesmo quando o dono cobriu a varanda do boteco com telhas metálicas. Ao comentar que a filha havia alugado a casa para um antigo namorado, o taxista levantou a bola para a rede de informantes do capitão Adriano.

Apesar do tempo decorrido, os fofoqueiros de plantão lembraram que Andréa tinha tido um rolo com Marcelo PQD, quando o ex-militar comandava o braço armado de Miltinho do Dendê. Seu Antônio, um paraibano radicado no Rio havia mais de trinta anos, não gostava nem de lembrar da época em que sua filha caçula escapava de casa para encontrar o traficante às escondidas.

O ex-paraquedista planejava atacar Fernando Guarabu na noite de sexta-feira, quando o movimento nas bocas de fumo era maior. O vaivém de dependentes à procura de maconha e cocaína, somado ao furdunço causado pelo baile funk, facilitaria a entrada dos integrantes de seu bonde na comunidade. Ao longo da semana, o entra e sai de homens na casa alugada só fez aumentar a curiosidade do taxista. Seu Antônio estranhou a falta de móveis e eletrodomésticos na mudança. "Nem uma geladeira, nem um fogão eu vi passar pelo portão", comentou na época o taxista[129] aos jornalistas que cobriam o cerco à casa.

Segundo ele, os homens chegavam carregando bolsas grandes e pesadas mochilas.

Na quinta-feira à tarde, Marcelo PQD desembarcara de um táxi usando boné e óculos escuros para cobrir o rosto. Logo depois, outro veículo parou em frente da casa, deixando dois homens com mochilas. Todos usavam bonés. Enquanto o grupo se acomodava, o imóvel passou a ser monitorado de perto por policiais da DRFA, com apoio de PMs do batalhão da Ilha do Governador.

O cerco policial se fechou logo após a chegada de outros três homens ao imóvel. Passava pouco das 21 horas, quando o delegado Ronaldo

Oliveira usou o sistema de som do Santana oficial da DRFA para anunciar a Marcelo PQD que a casa estava cercada. As luzes dos giroscópios das patrulhas da Polícia Civil e da PM foram ligadas, iluminando a fachada dos imóveis naquele trecho. Marcelo PQD e seus subordinados tentaram reagir, fazendo alguns disparos por um basculante na lateral da casa, o que levou o delegado a pedir apoio da Coordenadoria de Operações e Recursos Especiais (Core) da Polícia Civil. Um negociador da unidade especializada fez contato por telefone com o ex-paraquedista. PQD exigia a presença de jornalistas e parentes para se entregar.

O ex-militar argumentava que seria morto ao sair da casa por policiais ligados à quadrilha de Fernando Guarabu. Enquanto o negociador da Core tentava convencer o traficante a se entregar, uma equipe do Bope chegou ao local. Capitão Adriano foi imediatamente reconhecido e reverenciado por dois dos caveiras. Perto dele estavam o soldado Batoré e o tenente João.

A negociação varou a madrugada ao som de funk. O batidão ecoava das potentes caixas de som instaladas no Morro do Dendê. Àquela altura, Fernando Guarabu e seu bando já comemoravam o fracasso da tentativa de golpe planejada por seu inimigo. Tiros e fogos podiam ser ouvidos enquanto PQD aguardava pela chegada de parentes para se entregar à Polícia Civil. Em meio às negociações, os jornalistas de plantão naquela madrugada pediram para falar com Marcelo PQD, mas o delegado que conduzia a conversa proibiu as entrevistas com o traficante. Quando o dia começou a raiar, o ex-paraquedista deixou a casa acompanhado por seis homens.

Todos vestiam shorts ou cuecas, com exceção de PQD. O ex-paraquedista usava uma sunga de praia quando foi algemado com os braços para trás e colocado na caçamba do veículo da delegacia especializada no enfrentamento a roubos e furtos de veículos. Nesse instante, é possível ouvir a pergunta feita pelo repórter Bruno Menezes, do jornal O Dia, que questiona o traficante sobre uma festa que ele preparava para comemorar a retomada do morro. Enquanto o policial fechava a caçapa da patrulha, PQD disse apenas não ter dinheiro para festa.

As imagens da rendição exibidas nos telejornais serviram para alimentar no imaginário dos moradores do Dendê a versão de que Fernando Guarabu havia conseguido sua vingança contra Marcelo PQD. O ex-chefe do tráfico que o deixara de cueca no campinho ao lado da Caixa D'Água anos atrás ficou sem as calças em rede nacional. Vídeos do instante da prisão podem ser vistos até hoje no YouTube. Num deles, o narrador menciona a história sobre a origem da rivalidade entre os dois bandidos.

Pelas ruas da favela correm duas versões sobre a causa do ódio pelo ex-paraquedista nutrido por Guarabu. A mais conhecida remete ao episódio ocorrido durante a pelada de domingo. Na outra, Marcelo PQD teria obrigado o jovem olheiro a circular de calcinha no entorno do campinho após tê-lo flagrado fumando maconha no horário de serviço. Em comum, as duas versões atribuem a rusga ao descumprimento de uma regra imposta pelo ex-militar aos integrantes de sua quadrilha.

Em meio à apuração para este livro, estive algumas vezes no Morro do Dendê. A última visita aconteceu dois meses antes da morte de Fernando Guarabu. O Cebolinha dos tempos de olheiro mudou muito no decorrer dos 16 anos em que dominou com mão de ferro a comunidade. Intolerante e violento, ele desenvolveu uma personalidade obscura, centralizadora e delirante. Por vezes, Guarabu se trancava em seus *bunkers*, cercado por bíblias e armas.

Cria da favela, ele era temido pelos arroubos de fúria. Tanto que a simples menção ao seu nome tinha o efeito imediato de desmanchar rodinhas de conversa. Os moradores, independentemente da idade, acreditavam que o traficante monitorava a rotina no morro por meio de câmeras espalhadas em diversas localidades e captava as conversas nos celulares. Por mais improvável que fosse, muita gente da comunidade jurava de pés juntos que Fernando Guarabu conseguia ouvir as conversas telefônicas graças à ajuda de sua tropa de PMs mercenários. No Morro do Dendê, todos que ouvi repetiam essa história, por mais inverossímil que soasse. A propagada onipresença do traficante evangélico levava as pessoas a evitar o uso de celulares nas ruas da favela. Exageros à parte, os moradores tinham razão ao atribuir o longevo domínio de Guarabu à aliança com policiais corruptos.

Ronaldo de Oliveira, o então delegado da DRFA que conduziu o cerco ao ex-paraquedista, desconhecia a versão de que Fernando Guarabu havia sido deixado de cueca por Marcelo PQD nos tempos em que era apenas um olheiro da quadrilha. O policial trata a história como lenda urbana, assim como a narrativa sobre a prisão do ex-militar de sunga ter sido uma vingança arquitetada por seu rival. Marcelo PQD estava dentro de uma casa com outros seis criminosos, quatro deles ex-paraquedistas. Todos experientes e fortemente armados. Segundo o delegado, a decisão de mandar o grupo se entregar apenas com as roupas de baixo foi tomada como medida de segurança. O objetivo era evitar possíveis surpresas com armas escondidas.

Após as prisões, os policiais encontraram dentro da casa usada pelo bando do ex-paraquedista cinco fuzis, uma metralhadora .30, capaz de derrubar um helicóptero, três pistolas, cinco bombas caseiras, dois coletes à prova de balas, cinco celulares, quatro rádios, um mapa da região, luvas, toucas ninjas e centenas de munições. Marcelo PQD estava de fato pronto para uma guerra. No mapa apreendido pela polícia, o ex-militar tinha detalhado os pontos a serem atacados, entre eles três imóveis usados por Fernando Guarabu como *bunkers*. As marcações indicavam que PQD tinha conhecimento dos esconderijos do rival, dos paióis de armas, dos pontos de distribuição de drogas e, principalmente, de sua dependência de PMs corruptos do batalhão da Ilha do Governador.

Antes da empreitada, o ex-militar do Exército havia treinado seu grupo nas cercanias da pedreira, no alto da Vila Cruzeiro, na Penha. Seu objetivo era cercar e eliminar Fernando Guarabu. As investigações concluídas após a sua prisão confirmaram a opção de Marcelo PQD por ex-paraquedistas para participar da invasão. O traficante apostou em aliados com treinamento militar como forma de neutralizar a presença de caveiras do Bope na tropa de elite de Guarabu.

Além de PQD, foram presos no cerco à casa alugada no Jardim Carioca os ex-militares do Exército Fernando Ribeiro da Cruz, Marcos Robson Rodrigues dos Santos, Carmelo Gomes de Lima e Antônio Carlos Corrêa do Amaral. Os dois outros detidos foram identificados como José Henrique Almeida e Rony Ribeiro. Rony era um ex-soldado do Exército, que trabalhava como prestador de serviços no arquivo na Comissão de Direitos do Consumidor da Assembleia Legislativa do Rio de Janeiro, então presidida pela deputada estadual Cidinha Campos. Ele foi exonerado após o episódio. Em comum, além da experiência militar, todos eram moradores do complexo de favelas da Vila Cruzeiro, região sob o domínio da facção criminosa Comando Vermelho.

Ronaldo Oliveira confirmou as suspeitas de envolvimento de PMs, inclusive de ex-caveiras, na quadrilha chefiada por Fernando Guarabu. Entretanto, o delegado alegou não ter detalhes sobre a investigação, que estava sob a responsabilidade da Corregedoria Geral Unificada. Em relação à origem das informações que levaram à prisão de PQD, Oliveira manteve a versão de ação conjunta, feita a partir de dados dos setores de inteligência das polícias Civil e Militar.

Sobre a presença do capitão Adriano, do tenente João e de Batoré no cerco, o delegado afirmou não se lembrar. Segundo ele, dezenas de policiais civis e militares participaram da operação, classificada por Ronaldo Oliveira como bem-sucedida e sem efeito colateral. "Não houve feridos na vizinhança e nenhuma morte. Foi uma operação limpa e eficiente", acredita.

Após a prisão de PQD, os sites de jornais populares e os noticiários de televisão informaram que a ação policial evitou um banho de sangue no Morro do Dendê. O bando do ex-militar parecia realmente disposto a chegar às últimas consequências para retomar o controle da região. Em entrevista, Ronaldo Oliveira chegou a comparar a quadrilha do ex-paraquedista aos camicases, pilotos japoneses que durante a Segunda Guerra Mundial lançavam seus aviões contra os alvos.

Na manhã de sábado, dia 2 de junho de 2007, a frustrada ação suicida dos camicases de Marcelo PQD foi novamente comemorada por Fernando Guarabu. O traficante do Dendê circulou pelas ruas da comunidade numa motocicleta BMW R 1200 GS Adventure roubada, acompanhado de um séquito de seguranças armados de fuzis, numa escancarada demonstração de força. Durante todo o percurso, o traficante fez paradas em pontos de aglomeração, como o campinho do Guarabu, além de bares, pracinhas e até mesmo à frente do templo evangélico que costumava frequentar. A cada interrupção, ele anunciava rodadas de bebidas aos adultos e distribuição de doces, balas e picolés às crianças. Um assistencialismo calculado, para conquistar o apoio dos moradores.

Consolidado no poder, Fernando Guarabu oferecia benesses com uma das mãos enquanto surrupiava o pouco dinheiro da população com a outra ao autorizar sua tropa de PMs mercenários a cobrar taxas. Comerciantes pagavam por "proteção". Fora o ágio imposto na venda de produtos essenciais aos moradores, obrigados a desembolsar um valor maior pelos botijões de gás e garrafões de água mineral. Assim, o bando lucrava alto extorquindo os moradores.

Num primeiro momento, para cativar a simpatia das pessoas, o bando passou a oferecer sinal clandestino de televisão, o gatonet, por R$ 25, valor equivalente a um quarto da assinatura convencional cobrada à época na Ilha do Governador. O soldado Batoré e o tenente João se aliaram a um cabo do batalhão de Olaria para oferecer o serviço clandestino.

Morador do Núcleo Residencial João Paulo II, um conjunto habitacional na Rua Almirante Luís Maria Piquet, próximo à Estrada do Quitungo, em Cordovil, o policial militar Márcio Lima[130] mantinha no condomínio uma central clandestina. O *know-how* adquirido em sua vizinhança serviu de base para o empreendimento ilegal de Joãozinho e Batoré, que já faturavam juntamente com o capitão Adriano com a cobrança de taxa de proteção aos motoristas de vans, Kombis e mototaxistas no entorno do Dendê.

O gatonet surgiu como uma oportunidade de diversificar os negócios e ganhar mais dinheiro. Só havia um detalhe. Para montar uma central clandestina de televisão era preciso ter ao menos R$ 100 mil. O capital inicial financiaria a compra de equipamentos para captar e retransmitir por meio de uma rede de cabos clandestinos os sinais desviados das empresas convencionais. Capitão Adriano não se entusiasmou pela empreitada. O ex-caveira era imediatista. Investir tempo em atividades de risco que só trariam lucro no médio e longo prazos não o interessava. Entretanto, a parceria com os policiais civis e militares ligados à milícia do Quitungo abriu outras possibilidades de ação para o oficial fazer dinheiro rápido.

Os envolvidos na organização criminosa, autodenominada "Galáticos", não se limitavam à prática de extorsão a comerciantes, cooperativas de transporte alternativo e à exploração de gatonet no conjunto habitacional. O grupo também atuava em roubos a caixas eletrônicos e sequestros, especialmente de parentes de criminosos e traficantes da facção Comando Vermelho. Era uma atividade de alta rentabilidade e relativo baixo risco de punição. Mulheres, mães e filhos de chefes do CV, as principais vítimas do grupo, raramente buscavam ajuda na Divisão Antissequestro para denunciar policiais por mantê-los em cativeiro para exigir resgate. Em certa medida, quando não havia esculacho, os chefes da facção aceitavam pagar os valores cobrados.

Os *Galáticos* costumavam se reunir às sextas-feiras para almoçar na Palanca Negra, uma típica churrascaria do subúrbio da Leopoldina, na Estrada do Quitungo, bem pertinho do núcleo João Paulo II. Era no salão refrigerado, de paredes azulejadas, tomado por mesas de madeira cobertas com toalhas plásticas nas cores vermelha e azul, que o bando planejava suas ações ilegais. As reuniões semanais tinham início por volta das duas horas da tarde, quando o movimento do almoço começava a rarear. Habituados à rotina, os sócios portugueses escalavam dois garçons para juntar as mesas numa das extremidades da casa à espera do grupo.

Os *Galáticos* chegavam ao estabelecimento em carros e motos particulares, mas também em veículos oficiais dos batalhões de Olaria e da Ilha do Governador. Os PMs fardados, empunhando fuzis e pistolas, deixavam o arsenal numa bancada próxima à caixa registradora. Enquanto o grupo se empanturrava de carne e chope, os lusitanos faziam a guarda das armas.

No início dos anos 1980, quando a Palanca Negra e o conjunto habitacional foram inaugurados, a clientela do restaurante reunia profissionais liberais, empregados das muitas empresas instaladas ao longo da estrada e moradores, sobretudo nos fins de semana. O antigo grupo Susa, uma *holding* que agrupava as marcas Bob's, Sears, Sandiz, Ultralar e Ultracred, mantinha no bairro sua central logística do Rio de Janeiro.

Havia outras empresas de pequeno, médio e grande porte instaladas às margens da Estrada do Quitungo e em outras avenidas da região. O subúrbio da Leopoldina crescera a reboque da linha ferroviária, que impulsionou o mercado imobiliário com loteamentos organizados e a forte presença de imigrantes portugueses, italianos e espanhóis. Em 1910, parte da Leopoldina já contava com rede elétrica.

A vocação comercial da região atraiu para os bairros de Manguinhos, Bonsucesso, Ramos, Olaria, Penha, Brás de Pina, Cordovil, Irajá, Vista Alegre, Vila da Penha, Penha Circular, Vigário Geral, Parada de Lucas e Jardim América estabelecimentos diversos e entrepostos de gêneros alimentícios e de limpeza, como o Mercado São Sebastião, às margens da Avenida Brasil, altura da Penha.

O auge da economia na Zona da Leopoldina podia ser medido a partir do investimento em lazer e cultura. A região chegou a contar com dezoito cinemas, parte deles com capacidade para mais de mil espectadores. Por exemplo, cine Rosário em Ramos, Santa Helena em

Olaria, e o Cinema São Pedro, na Avenida Brás de Pina, com 2.543 lugares. A enorme sala de projeção encerrou as atividades em 1974.

O ciclo de pujança do subúrbio da Leopoldina acabou solapado pela mudança da capital federal para Brasília. Era o início do declínio socioeconômico da região. Um processo vagaroso, agravado pela ocupação desordenada de seus maciços, somado à falta de políticas públicas voltadas ao incremento da economia local e, sobretudo, ao aumento da criminalidade a reboque das quadrilhas fortemente armadas.

A ação dos bandos envolvidos com o tráfico de drogas, roubo de cargas, assaltos e sequestros de empresários e membros das abastadas famílias da elite local criou um cenário de insegurança generalizada. Os mais ricos migraram rumo à Barra da Tijuca e bairros vizinhos. Empresas de grande porte transferiram suas atividades para outras áreas do estado.

Em meio ao vácuo, empresários e comerciantes de médio e pequeno porte passaram a financiar policiais que agiam como justiceiros, dando origem aos grupos de extermínio. Com o passar dos anos, os valores pagos já não eram suficientes para sustentar a ambição dos paramilitares. O comércio, então, tornou-se refém de um deformado modelo de segurança que ajudou a sustentar, um ciclo vicioso em que a sensação de insegurança aumentava na mesma proporção dos valores exigidos pelos mercadores do medo. Assim, a contribuição voluntária logo foi convertida em taxa de segurança. Enquanto o comércio definhava com a perda de clientes e a elevação dos custos de operação, os justiceiros ampliavam o leque de atividades ilegais, tornando-se organizações criminosas paramilitares.

O Residencial João Paulo II era a base dos *Galáticos*. A milícia chefiada por um policial militar também contava com a participação de policiais civis e de um sargento da PM, cedido à Polícia Civil como adido. Ronnie Lessa também havia passado pelo curso de operações especiais no Bope e logo se tornou próximo do ex-oficial caveira Adriano da Nóbrega. Capitão Adriano e tenente João devoravam um suculento filé com batatas fritas, farofa à brasileira, arroz e feijão na Palanca Negra, quando foram apresentados ao sargento Lessa. Nessa época, os três tinham algo em comum: trabalhavam para duas poderosas famílias da máfia do jogo, respectivamente, os Paes Garcia e os Andrades. O trio, contudo, não ocupava nenhuma posição de importância na hierarquia dos dois clãs. Os policiais agiam como mercenários, ora a serviço de bicheiros, ora em empreitadas que pudessem lhes render algum dinheiro extra.

O esquema de proteção a Fernandinho Guarabu, o pioneiro do movimento narcopentecostal, ainda era embrionário e não gerava os lucros necessários para o capitão Adriano quitar as dívidas acumuladas no período em que esteve preso. Especialmente após o nascimento da filha. Enquanto garantia a segurança do chefe do tráfico no Dendê, o ex-oficial caveira participava de "mineiras" contra integrantes da facção rival, o CV. A expressão era usada para designar operações clandestinas, algumas delas planejadas nos almoços no restaurante da Estrada do Quitungo. Nesses encontros, Adriano e os Galáticos trocavam informações obtidas por suas redes de informantes. Da chegada de carregamento de drogas ou armas, passando por informações sobre roubos e até mesmo sequestros bem-sucedidos praticados por criminosos.

Os dados eram estudados e serviam de base para o planejamento de ações clandestinas. Essas operações podiam variar: apreensão de drogas, armas ou mesmo dinheiro proveniente de alguma atividade ilegal. Entre os policiais corruptos, o fruto dessas investidas é chamado de "espólio de guerra". Em geral, o butim arrecadado era dividido entre os participantes da pilhagem.

Armas e drogas muitas vezes eram negociadas com traficantes aliados, caso de Fernandinho Guarabu. Pouco antes do carnaval de 2007, o dono do Dendê arrematou dois quilos de pasta base de cocaína encontrada pelo capitão Adriano. A droga estava no estepe de um Monza cinza, ano 2006, estacionado num posto de gasolina às margens da Avenida Brasil, próximo ao Viaduto Engenheiro Lourenço de Abreu Jorge, que liga a via expressa à Avenida Lobo Júnior, na Penha.

Um informante do caveira havia dado o alerta de que o carro com o carregamento seria deixado no local durante a madrugada. Pela manhã, uma mulher pegaria o veículo e o levaria até o acesso à Igreja da Penha, onde simularia ter furado um dos pneus. Na troca, o estepe recheado com cocaína seria levado aos traficantes da Vila Cruzeiro. O plano acabou frustrado por Adriano, que levou a carga direto para o Dendê.

Além de impor um prejuízo ao CV, o capitão descobriu que a droga pertencia a Robson Roque da Cunha, um dos chefes da facção criminosa.

Robson Caveirinha, como era conhecido, ganhou notoriedade por ter participado do sequestro do idealizador do Rock in Rio, o empresário Roberto Medina, em junho de 1990.

Preso em meio às investigações e condenado a 46 anos em regime fechado, o traficante e sequestrador havia saído em janeiro do presídio Edgar Costa, em Niterói, pela porta da frente. Apesar de considerado perigoso, Caveirinha recebeu autorização da Justiça para deixar o presídio e visitar parentes, com a exigência de retornar ao cárcere no fim do dia. Caveirinha jamais voltou à prisão.

Ao descobrir que o sequestrador e traficante estava de volta às ruas, e sobretudo articulando a distribuição de cargas de pasta de coca para serem vendidas nas bocas de fumo das favelas sob domínio do CV, capitão Adriano passou a monitorar Robson Caveirinha. Afinal, o sequestro do criador do maior festival de rock do país rendera à quadrilha dois milhões e meio de dólares[131].

Para Adriano, não havia dúvida de que Caveirinha ainda guardava boa parte de sua fatia nessa bolada. Operar carregamento de pasta de cocaína pura dependia de conhecimento, boas rotas e, principalmente, dinheiro. O capitão estava convencido de que um dos envolvidos no sequestro de Medina não havia perdido toda a sua parte da divisão, mesmo após passar quase duas décadas em prisões de segurança máxima. Em certa medida, o carregamento de coca era a prova de que Caveirinha seguia no jogo.

Rastrear as movimentações de Robson Caveirinha não seria uma tarefa difícil para o ex-oficial do Bope e seus aliados nas polícias Militar e Civil. Cria do Morro Pavão-Pavãozinho, o traficante passou parte da adolescência no Jardim América, bairro do subúrbio da Leopoldina, colado a Vigário Geral, um dos principais redutos do Comando Vermelho. Caveirinha era ligado a Flávio Pires da Silva, o Flávio Negão, morto numa ação do Bope em 1995. Antes de se envolver no sequestro do dono da Artplan, Robson Caveirinha havia participado da invasão ao Morro do Pavão-Pavãozinho, em Copacabana. O tráfico na localidade então passou a ser dominado pelos chefes da facção criminosa radicados em Vigário Geral. Caveirinha atuava como homem de confiança da quadrilha na comunidade da zona sul do Rio.

Ao deixar o presídio, Caveirinha adotou uma série de medidas para escapar de um eventual cerco policial. O traficante e sequestrador havia incorporado uma rotina de nômade, não passando mais de 48 horas num mesmo lugar. Assim, de 6 de janeiro até 23 de março de 2007, Robson Caveirinha alternava seu lugar de pouso, ora pernoitando no alto do Pavão-Pavãozinho, ora em favelas sob domínio de aliados do CV, no Jardim América, Vigário Geral e no Lixão, em Duque de Caxias.

Antes de chegar ao traficante, o capitão Adriano e o tenente João descobriram uma casa de praia usada como esconderijo por Russa, a mulher de Robson Caveirinha. O imóvel duplex, com piscina e sauna, ficava a uma quadra de distância da Praia das Dunas, no bairro de São Cristóvão, em Cabo Frio. Mesmo lotados no batalhão da Ilha do Governador, os dois ex-oficiais da tropa de elite passaram três dias fazendo vigilância para tentar capturar Caveirinha.

O cerco contava com o apoio de outros policiais dos batalhões da Ilha do Governador e de Olaria, que mantinham ligação com o grupo paramilitar conhecido como Galáticos. O cerco ao imóvel terminou no fim de uma tarde quente de verão. Era domingo, Adriano e João estavam frustrados com as informações recebidas de um informante. Segundo o X9, Caveirinha chegaria à casa de praia na noite anterior.

Passadas 24 horas, sob o calor e os constantes ataques de mosquitos, o capitão decidiu invadir o imóvel, numa tentativa de encontrar vestígios do traficante foragido. A dupla estacionou a Fiorino branca na calçada. Quando se preparava para arrombar o portão, um Santana Quantum, ano 2006, parou em frente ao portão da garagem. Dentro, duas mulheres usavam enormes óculos escuros.

Já não havia sol naquele instante. Adriano e João se olharam, desconfiados. No banco traseiro do veículo, quatro crianças faziam algazarra. Enfiados em bermudas e sem camisa, os dois se aproximaram do carro e pediram ajuda, dizendo que o motor havia fervido. A mulher que dirigia o Santana era Russa. O capitão a reconheceu e perguntou se poderia encher uma garrafa com água para colocar na Fiorino. A mulher sentada no banco do carona desceu e se prontificou a ajudar. Desconfiada, Russa entrou com o veículo e parou na vaga próxima à porta de acesso à sala. As crianças mal notaram a presença dos dois desconhecidos à frente da casa, quando saltaram do Santana em direção à piscina. Adriano e João pegaram a garrafa de água e simularam colocar o líquido na Fiorino. A dupla deixou o lugar pouco depois, mas não foi longe.

Os dois oficiais estavam dispostos a passar a noite acompanhando o vaivém na casa de praia. A chegada da mulher e dos filhos indicava que o informante não estava enganado. Caveirinha poderia chegar em plena madrugada, evitando sobressaltos com a polícia. O capitão e o tenente pegaram um carro emprestado com um sargento do batalhão da PM de Cabo Frio.

O policial trabalhava para um bicheiro de médio porte, que explorava pontos de apostas em Cabo Frio e São Pedro da Aldeia. O homem também mantinha máquinas caça-níqueis em bares da localidade. O sargento fora apresentado a Adriano da Nóbrega por Rogério Mesquita. Apesar de o policial também fazer bico para a máfia do bicho, o capitão não entrou em detalhes sobre o que ele e o tenente João faziam em Cabo Frio.

Os dois policiais passaram a noite em claro, atentos à possível chegada de Robson Caveirinha e despertos pela ação dos mosquitos. Pela manhã, cansados e frustrados, os dois ex-oficiais do Bope se preparavam para retornar ao Rio, quando Russa saiu pelo portão em direção a um bar na esquina. A mulher do traficante voltava com um pacote de cigarros Carlton, quando Adriano a pegou por trás. Russa ainda gritou por socorro, mas o tenente João já estava com a Fiorino parada na frente do portão da casa de praia. Jogada pelo capitão no baú do carro, ela teve a boca amordaçada e os pés e as mãos amarrados, enquanto o veículo se afastava rumo ao Rio.

A mulher de Caveirinha foi levada para uma casa num dos acessos ao Morro do Dendê. Foi no território dominado por Fernandinho Guarabu que o capitão Adriano negociou a libertação da mulher de um dos chefes do CV. O capitão recorreu a um conhecido advogado, notório defensor de chefes de facção criminosa, para intermediar um acordo com Caveirinha. O traficante fazia parte da ala da quadrilha contrária a acordos com policiais corruptos. Mas Robson Roque da Cunha se curvou às exigências do ex-oficial do Bope.

Adriano da Nóbrega havia exigido dez fuzis AR-15 e cinco quilos de pasta de coca em troca da liberdade de Russa. O advogado[132] ponderou que o valor era alto e Caveirinha não teria como cumprir com o pagamento do resgate. O capitão sorriu de lado, com ar de deboche, e lembrou ao intermediário que Caveirinha havia participado do sequestro com o maior valor de resgate exigido no país e pago em dólares.

Durante toda a tratativa, o ex-oficial caveira deu sinais claros de que não tinha a menor intenção de libertar Russa, tampouco de fazer concessões ao seu companheiro traficante. A intuição do advogado, com anos de experiência na área criminal, por pouco não o fez desistir de intermediar um acordo. Em um caso convencional de sequestro, o policial não estaria mantendo a vítima sob cárcere.

As exigências feitas pelo capitão foram mantidas até o fim da reunião, iniciada num almoço em um restaurante especializado em frutos do mar, na Praia de São Bento, na Ilha do Governador. Adriano estava irredutível, o que obrigou o tenente João a intervir ao menos cinco vezes nas mais de quatro horas de conversa. Enquanto o advogado falava pelo celular com seu cliente, o capitão propôs ao velho amigo de academia da PM levar o intermediário para o cativeiro de Russa. Num primeiro momento, o advogado fingiu não ter ouvido Adriano ameaçá-lo de sequestro. Mas, ao desligar o telefone, o intermediário alertou os dois PMs de que muita gente sabia daquele encontro, inclusive alguns coronéis da corporação. Com mais de 25 anos de militância na área criminal, o advogado tinha feito amigos influentes ao longo da carreira. Adriano deu de ombros e saiu do restaurante.

O tenente João aceitou renegociar, diminuindo para oito o número de fuzis e para três quilos a quantidade de pasta base de coca. Na mistura, o volume aumentaria consideravelmente, elevando o lucro. Todo o material deveria ser entregue ao lado de um posto de gasolina, às margens da Rua Bulhões Marcial, em Parada de Lucas. A favela colada à comunidade de Vigário Geral era dominada por traficantes do Terceiro Comando Puro (TCP), a mesma facção de Fernandinho Guarabu.

A entrega deveria ser feita na manhã de sexta-feira, dia 23 de março de 2007. Russa seria libertada na Avenida Brasil, na frente da passarela 9, em Bonsucesso. Capitão Adriano, tenente João, soldado Batoré e seis *galáticos* estavam desde a madrugada monitorando a movimentação no entorno do posto de combustível. Por volta das 5 horas, uma Kombi branca encostou próximo ao ponto marcado. Adriano e João renderam o motorista, que usava o veículo para fazer lotação da Praça 2 até o acesso à passarela de Vigário Geral. Ele havia recebido ordens para entregar o material aos PMs. O capitão conferiu as armas ali mesmo: quatro fuzis AR-15, três fuzis automáticos leves (FAL) e um AK-47. A droga estava em três pacotes envoltos em fita adesiva. Enquanto transferiam o material para um Monza, duas patrulhas do Grupo de Ações Táticas Especiais (Gate) do 16º BPM (Olaria), a antiga unidade do capitão, faziam a contenção para o ex-oficial caveira.

Ao anoitecer, naquela mesma sexta-feira, equipes do Gate e do Bope fizeram um cerco em Vigário Geral. Robson Caveirinha era o alvo dos policiais. O traficante e sequestrador acabara de se deslocar da Furquim Mendes, no Jardim América, rumo à favela de Vigário, passando pelo tobogã, como é conhecida a Rua Gregório de Matos, que liga os dois bairros num traçado marcado por subidas e descidas.

Caveirinha estava num Gol, guiado por Toninho Gordo, seu gerente nas favelas do Dique e da Furquim Mendes. Ao parar o veículo na calçada, próximo à passarela sobre a linha férrea que leva à favela, os dois traficantes foram cercados e fuzilados. Caveirinha e Gordo ainda foram levados ao Hospital Getúlio Vargas, na Penha, mas chegaram mortos.

Russa só foi deixada na Avenida Brasil na manhã de sábado, após a morte do marido.

Quatro meses depois da morte de Robson Roque da Cunha, traficantes da facção TCP da comunidade de Parada de Lucas e da Cidade Alta, em Cordovil, tomaram Vigário Geral, um dos principais redutos do CV na região. A invasão marca o início da expansão narcopentecostal por favelas do subúrbio da Leopoldina rumo às comunidades da Baixada Fluminense, dando origem ao Complexo de Israel.

A experiência de Adriano da Nóbrega com os galáticos, do Conjunto Residencial João Paulo II, na Estrada do Quitungo, serviu de laboratório para o capitão criar sua milícia de assassinos de aluguel, o Escritório do Crime. Quase três anos depois, o fenômeno criminoso em expansão nas favelas do Rio ganhou notoriedade com a criação da CPI das Milícias. O relatório final da Comissão Parlamentar de Inquérito, presidida pelo deputado Marcelo Freixo, mapeou a atuação dessas organizações criminosas chefiadas por policiais e ex-policiais.

Os Galáticos e seus integrantes nas polícias Civil e Militar foram listados no relatório da CPI. Capitão Adriano da Nóbrega não teve o nome relacionado ao grupo paramilitar. Apesar da ausência do laureado oficial, o trabalho de investigação parlamentar, que estava em fase de conclusão, foi alvo de duras críticas do deputado estadual Flávio Bolsonaro.

O parlamentar, que por vezes defendeu a atuação de grupos paramilitares, alegou que "o policial é muito mal remunerado, precisa buscar outras fontes e vai então fazer segurança privada, vai buscar atividades muitas vezes reprováveis pela opinião pública e pela imprensa".

Flávio Bolsonaro não parou por aí. Ao debater com o então deputado André Corrêa, ele emendou: "A milícia nada mais é do que um conjunto de policiais, militares ou não, regidos por uma certa hierarquia e disciplina, buscando, sem dúvida, expurgar do seio da comunidade o que há de pior: os criminosos. Em todas essas milícias sempre há um, dois, três policiais que são da comunidade e contam com a ajuda de outros colegas de farda para somar forças e tentar garantir o mínimo de segurança nos locais onde moram. Há uma série de benefícios nisso. Eu, por exemplo, gostaria de pagar 20 reais, 30 reais, 40 reais para não ter meu carro furtado na porta de casa[133]".

Com a conclusão da CPI das Milícias, Jair Bolsonaro, então deputado federal, se uniu ao filho no coro contra o trabalho. No Congresso, o parlamentar usou o plenário da Câmara Federal para criticar a criação da comissão e defender as milícias:

"Querem atacar o miliciano, que passou a ser o símbolo da maldade e pior do que os traficantes. Existe miliciano que não tem nada a ver com 'gatonet', com venda de gás. Como ele ganha 850 reais por mês, que é quanto ganha um soldado da PM ou do bombeiro, e tem a sua própria arma, ele organiza a segurança na sua comunidade. Nada a ver com milícia ou exploração de 'gatonet', venda de gás ou transporte alternativo.

Então, Sr. Presidente, não podemos generalizar[134]".

Três políticos executados antes de Marielle

Nadinho acabara de almoçar com a mulher, o filho de 12 anos e o cabo da Polícia Militar Lúcio Silveira, em seu apartamento, no Edifício Residence Provence, no Condomínio Rio 2, na Barra da Tijuca. Adriana Fernandes da Cruz havia preparado baião de dois, com feijão verde e farofa de dendê, um dos pratos preferidos do marido. Mas Nadinho estava aperreado e mal tocou na comida.

Josinaldo Francisco da Cruz, mais conhecido como Nadinho de Rio das Pedras, tinha pressa. Na tarde daquela quarta-feira, 10 de junho de 2009, ele teria um encontro decisivo com um aliado na Câmara de Vereadores, no Centro do Rio. Desde a derrota nas urnas, no pleito de outubro de 2008, o ex-vereador vivenciava uma série de reveses nas esferas pessoal, político-partidária e financeira.

Pouco mais de um ano antes de tentar a reeleição, Nadinho se envolvera numa violenta disputa de poder na comunidade onde desembarcara ainda nos cueiros, carregado pelos pais migrantes de Campina Grande, na Paraíba. Sem mandato e ameaçado de morte, o político fora obrigado a deixar para trás a casa onde vivia com a família, após ter escapado de um atentado a tiros.

A tocaia aconteceu na noite de segunda-feira, 1º de dezembro de 2008, quando o ex-vereador chegava em casa, no número 100 da Rua Nova, em Rio das Pedras. Dois homens numa motocicleta aproveitaram o instante em que ele abria o portão da garagem, para tentar matá-lo pelas costas. Dois tiros o atingiram na perna direita e no tórax. Acudido por vizinhos, ele foi levado ao Hospital Federal Cardoso Fontes e submetido a uma cirurgia. Ao receber alta hospitalar, Nadinho pegou a família e foi buscar refúgio na terra natal de seus pais. O ex-vereador passou quase três meses em Campina Grande, retornando ao Rio de Janeiro em meados de março de 2009.

O político, cujo reduto eleitoral era Rio das Pedras, estava decidido a se afastar temporariamente da comunidade. Ele temia ser novamente alvo de um atentado. Apesar do medo, o político foi viver a apenas 11 quilômetros do aglomerado de barracos onde cresceu, se tornou liderança comunitária e, após três frustradas tentativas, foi eleito vereador, com 34.764 votos.

Ex-presidente da associação de moradores, Nadinho chegou a ser investigado por suspeita de ser o braço político do grupo paramilitar chefiado pelo inspetor da Polícia Civil Félix dos Santos Tostes[135]. O policial comandava do gabinete do então chefe da corporação, delegado Ricardo Hallack, uma das milícias mais antigas em atividade no Rio de Janeiro. Uma organização criminosa formada por policiais civis, militares e ex-militares, alguns deles moradores da localidade. Nessa época, a principal fonte de financiamento do bando vinha da cobrança de taxas de proteção a comerciantes e motoristas da cooperativa de transporte.

Sob a administração de Nadinho, o grupo paramilitar passou a exercer forte influência na associação de moradores. Com a entidade servindo de fachada legal, os milicianos diversificaram suas atividades ilegais, enveredando pela grilagem de terras, venda de lotes, agiotagem, distribuição de sinal clandestino de televisão e monopólio do gás. O ágio exigido dos moradores aumentava em até 40% o preço do botijão de gás de cozinha na comunidade carente.

Assim, a aliança de Félix e Nadinho se estendeu por mais de vinte anos. Nesse período, o projeto de poder do grupo paramilitar aumentou e ganhou representação política, com a eleição de Nadinho para o legislativo municipal, em 2004. Anteriormente, o líder comunitário havia disputado sem sucesso cadeiras na Assembleia Legislativa em 1998 e 2002.

Logo após a vitória, Nadinho retribuiu o apoio, concedendo a Félix Tostes a Medalha Pedro Ernesto, em março de 2005, três meses depois de assumir o mandato. Com o passar dos anos, a ambição os colocou em lados opostos. O político e o policial passaram a divergir diariamente. Os atritos geralmente estavam relacionados à divisão dos lucros obtidos com a cobrança de taxas.

A aproximação das eleições de 2008 só agravou o antagonismo entre Nadinho e Félix. As divergências chegaram ao ápice no início do ano anterior ao pleito, quando eles romperam a amizade e decidiram apoiar candidatos diferentes. Na prática, o escolhido teria autorização para fazer campanha na comunidade, transformada em curral eleitoral do grupo paramilitar.

Nadinho planejava concorrer à reeleição, sem dividir votos com ninguém, mas foi surpreendido com o anúncio de que Félix também pretendia se lançar candidato à Câmara do Rio. O inspetor havia tomado a decisão ao saber que o vereador estava se aliando aos irmãos Jerominho e Natalino Guimarães. Assim como Tostes, a dupla tinha origem na Polícia Civil e também comandava uma milícia.

Autodenominada *Liga da Justiça,* a quadrilha dominava Campo Grande, reduto dos irmãos policiais, e ganhava terreno por outros bairros da zona oeste do Rio. A influência do bando sobre o eleitorado da região abriu caminho para Jerominho e Natalino enveredarem na política. Respectivamente, eles foram eleitos para a Câmara Municipal e para a Assembleia Legislativa do Rio.

Naquela época, os chefes da Liga da Justiça colocaram em prática um plano para monopolizar a cobrança de taxa de segurança às cooperativas de transporte em atividade em toda a zona oeste. Além de Campo Grande, Santa Cruz e Paciência, onde os irmãos Jerominho e Natalino já ditavam as regras, a organização criminosa planejava estender seus tentáculos a Jacarepaguá, incluindo também Rio das Pedras.

Ao se aproximar dos chefes do bando rival, Nadinho passou a ser visto com desconfiança por Félix Tostes, Getúlio Rodrigues Gama e os irmãos Dalcemir e Dalmir Pereira Barbosa, um sargento reformado da PM. Os quatro dominavam a cooperativa de transporte da comunidade, um esquema que movimentava até R$ 60 milhões[136] por ano. Com tanto dinheiro em jogo, as divergências entre Félix e Nadinho aumentaram progressivamente, até que em fevereiro de 2007 o inspetor foi executado com 32 tiros de fuzil ao sair da casa de amigos no Terreirão, comunidade erguida a partir da ocupação irregular de uma área em torno do Canal das Tachas, no Recreio dos Bandeirantes.

A investigação[137] da Delegacia de Homicídios constatou que no dia do crime Nadinho havia recebido doze telefonemas de André Luiz da Silva Malvar, identificado como um dos assassinos do inspetor Félix Tostes. Malvar era policial civil, casado com uma das filhas de Natalino, e fazia parte da cúpula da Liga da Justiça.

A descoberta alçou o vereador à condição de principal suspeito de ter mandado assassinar o ex-aliado[138]. Após a execução, Nadinho teve a prisão decretada, mas conseguiu na Justiça o direito de responder ao inquérito em liberdade. As suspeitas sobre sua participação no plano para eliminar Félix, contudo, fizeram ruir seu capital político no eleitorado de Rio das Pedras.

Ao concorrer à reeleição, o ex-líder comunitário não conquistou metade dos votos que haviam garantido sua vitória quatro anos antes. Naquela ocasião, ele recebeu 72% dos sufrágios dos eleitores de Rio das Pedras. Isolado, sem mandato e sob ameaça dentro de seu antigo reduto, Nadinho apostava todas as suas fichas no encontro que teria no Centro, quando desceu apressado no elevador, acompanhado do cabo PM Silveira.

Ao abrir a porta no *hall* de acesso ao estacionamento, o ex-vereador ouviu alguém chamá-lo pelo nome. Ao se virar, Nadinho foi atingido por um tiro na nuca. Silveira tentou sacar a arma, mas acabou baleado no tórax por um segundo atirador. O cabo ainda tentou alertar o amigo, enquanto se arrastava em busca de proteção na lateral de um veículo parado próximo. Sem chance de reação, Nadinho tombou pouco à frente, atingido por dois outros disparos de pistola 9 milímetros. O corpo do político já estava no chão, imóvel, quando o segundo atirador se aproximou e apertou três vezes o gatilho da pistola Glock, calibre .40, contra o rosto da vítima. Após o "confere", o matador comemorou o feito com um sonoro "Consegui, porra!"

Em seguida, os pistoleiros caminharam em direção a um Audi, que estava parado na área interna do condomínio. O motorista já os aguardava com o motor ligado. À frente da portaria do Residence

Provence, um homem armado com um fuzil desembarcou do banco do carona de um Gol vermelho. Com o rosto coberto por uma touca ninja, ele deu um tiro para o alto e ordenou ao porteiro que abrisse a cancela.

Testemunhas relataram à polícia que o segundo atirador, o homem que pareceu comemorar um gol ao disparar à queima-roupa no crânio do ex-vereador, também usava uma touca ninja. Descrito como alto, forte e de barriga saliente, ele usava calça jeans, camisa preta de mangas longas e calçados semelhantes a botas militares. O outro atirador era magro, vestia preto e usava um boné.

Ao chegar ao condomínio, 40 minutos após o crime, o delegado Jader Amaral disse aos jornalistas suspeitar do envolvimento de policiais na execução de Nadinho. A hipótese não surgiu do acaso. O titular da Delegacia de Homicídios tinha informações de que o atentado ao ex-vereador, praticado seis meses antes, havia sido perpetrado por policiais militares envolvidos com a milícia de Rio das Pedras.

O vácuo momentâneo criado pela execução do inspetor Félix Tostes foi rapidamente ocupado com a chegada à comunidade de uma tropa de PMs corruptos. À frente do grupo estava o capitão Adriano da Nóbrega. Consolidado nos subterrâneos do crime organizado como assassino de aluguel, o ex-oficial do Bope se encaixava no perfil descrito por testemunhas do assassinato de Nadinho. O atirador de barriga saliente, rosto coberto por uma balaclava, tinha o tamanho e os trejeitos de Adriano. Desde o afastamento da tropa de elite, o peso do oficial oscilava. Ora ele secava, definindo os músculos em exaustivas horas de treino, ora ganhava barriga e proeminentes bochechas que arredondavam o seu rosto.

Longe do Batalhão de Operações Especiais, o capitão deixara a disciplina militar de lado, negligenciando os treinos físicos. Em contrapartida, quando o assunto era comida, Adriano não dispensava um bom prato de arroz, feijão, farofa e carne, de preferência churrasco. Sempre acompanhado de cerveja ou chope gelado, com um largo colarinho. Com a mudança de hábitos, o oficial vivia o efeito sanfona, que na adolescência inspirou seu pai a lhe aplicar o apelido de Gordo. A alcunha não agradava Adriano, mas ele jamais rechaçou o pai ao ser chamado pelo epíteto. Além de seu Nóbrega, poucos tinham autorização ou coragem para tratá-lo por Gordo.

O capitão gostava mesmo de ser tratado por *Patrãozão*, alcunha que recebeu ao participar das peladas de quarta-feira, no campo de Rio das Pedras. Com a morte de Nadinho, sua presença na comunidade ganhou mais assiduidade. Lotado no batalhão da Ilha do Governador, o ex-caveira seguia na folha de pagamento do narcopentecostal Fernandinho Guarabu, o que não o impediu de expandir suas atividades criminosas rumo à cobiçada Barra da Tijuca.

Assim que deixou sua cela no BEP, Adriano da Nóbrega passou a ter o nome relacionado como suspeito em algumas investigações de assassinato. Todos com características de crime encomendado. Na maioria das vezes, os alvos do ex-caveira tinham alguma relação com disputas territoriais envolvendo os clãs da máfia do jogo, mas essa não era uma singularidade.

A execução de Nadinho, um político, não representava uma mudança de paradigma. Todavia, consolidava um método de atuação adotado pelos matadores do Escritório do Crime. O ex-vereador de Rio das Pedras também não tinha sido o primeiro político assassinado pelo ex-caveira e seus parceiros do mercado da morte a soldo.

Àquela altura, Nadinho figurava como o terceiro nome em uma lista encabeçada por um ex-deputado estadual e outro vereador. Em comum, além do histórico de homens públicos, os três foram executados após terem sido rejeitados pelos eleitores ao tentar renovar seus mandatos nas urnas.

As suspeitas de participação do capitão Adriano nos assassinatos dos três políticos nunca foram confirmadas oficialmente, tampouco a identificação dos autores dos crimes, que seguem sem solução nos arquivos da Polícia Civil – uma rotina nos inquéritos relacionados ao envolvimento do ex-caveira em execuções a soldo.

Adriano da Nóbrega seguia intocável, mesmo tendo o nome frequentemente associado a uma série de assassinatos sem solução. A falta de respostas para os crimes, que se avolumavam nas gavetas da Delegacia de Homicídios, levou um jovem delegado a listá-los numa pasta. O dossiê elencava os casos insolúveis atribuídos ao ex-oficial da tropa de elite da PM.

Ricardo Barboza de Souza ouviu pela primeira vez o nome do ex-caveira ao se aprofundar na investigação da tentativa de assassinato de Rogério Mesquita. Não demorou para o delegado se tornar alvo de uma ameaça[139], relatada ao Disque-Denúncia, em 19 de maio de 2011. A partir do episódio, Barboza decidiu listar todos os crimes em que o policial aparecia entre os suspeitos. Ao monitorar com lupa as mortes atribuídas ao ex-caveira, Barboza identificou uma série de semelhanças entre as execuções, num claro indicativo de que o matador e seu grupo seguiam um método. Dessa maneira, Barboza relacionou uma dezena de crimes com as mesmas características, uma espécie de marca, que se tornaria a assinatura dos assassinatos praticados pelo Escritório do Crime.

O trabalho minucioso, entretanto, não chegou ao fim. Barboza acabou transferido da DH antes de reunir as provas necessárias para a conclusão do levantamento, que listava atentados e assassinatos ocorridos de 2007 a 2012. Entre eles, um caso colocou na cena do crime o capitão Adriano, seu antigo parceiro de empreitadas, o tenente Joãozinho, e o sargento Ronnie Lessa. O alvo dos três ex-integrantes do Bope foi o político Ary Ribeiro Brum. Ex-deputado estadual[140], ele trabalhava como assessor na Secretaria de Governo de Sérgio Cabral, quando foi tocaiado, às 10h30 de terça-feira, 18 de dezembro de 2007. O ex-parlamentar dirigia um Santana oficial da Alerj pela Rua Escobar, próximo ao Campo de São Cristóvão, com destino ao Palácio Laranjeiras, sede do governo do estado.

Condecorado pela Associação de Delegados do Rio de Janeiro com o título de *Amigo da Polícia*, o político, então com 61 anos, acabara de subir à alça de acesso à Linha Vermelha, sentido zona sul. Ary Brum não percebeu que estava sendo seguido de perto por um Honda Civic preto, com os vidros cobertos por película escura. Pouco à frente, o veículo emparelhou com o Santana do ex-parlamentar.

Posicionado no banco traseiro, o atirador abriu fogo contra o veículo. A rajada de fuzil perfurou parte da lateral do Santana, mas se concentrou na porta e no vidro do lado do motorista. Ary Brum teve a cabeça despedaçada pelas balas de calibre 7.62. O laudo da perícia indicou 26 perfurações no carro, 15 delas no corpo do político sem mandato.

A execução de Brum ganhou destaque no noticiário e repercutiu nos bastidores da política fluminense. O ex-deputado e assessor do governo planejava se lançar candidato a prefeito de Cachoeiras de Macacu. Naquela época, Ary Brum vivia em Papucaia, segundo distrito do município localizado na baixada litorânea do estado, a mesma região em que Adriano da Nóbrega e João Martins passaram boa parte da adolescência, na fazenda e no haras do clã Paes Garcia.

As investigações da Delegacia de Homicídios revelaram que os matadores do ex-parlamentar contaram com o apoio de ao menos mais um homem, que acompanhou tudo numa motocicleta, agindo como um batedor para o veículo usado pelos assassinos.

Na ocasião, o delegado Roberto Cardoso disse aos jornalistas que a execução de Ary Brum tinha características de um crime praticado por assassinos profissionais. O policial justificou a análise ao constatar que, apesar da grande quantidade de disparos efetuados contra o carro da vítima, nenhum estojo da munição usada pelo assassino foi encontrado no entorno da cena.

Armas automáticas ou semiautomáticas ejetam os estojos da munição no instante dos disparos. Também conhecida como casca ou cápsula, essa parte do cartucho armazena a pólvora que impulsiona o projétil no momento em que o gatilho da arma é acionado, deflagrando o tiro. É comum encontrar nesses invólucros impressões digitais e até mesmo DNA resultante do manuseio ao carregar a arma.

Além do cuidado em não deixar pistas para trás, o matador demonstrou grande habilidade ao atirar de um veículo contra outro carro, estando ambos em movimento. Os disparos colocados, como os atiradores de elite se referem à concentração de tiros numa mesma área, foi outro ponto destacado pelo delegado para justificar a sua crença sobre a participação de profissionais no crime.

Naquela época, os nomes do capitão Adriano, do tenente João e do sargento Lessa foram ventilados em meio às investigações. A fama de pistoleiros dos três PMs ganhara vulto no submundo carioca, mas eles nem sequer foram ouvidos. Curiosamente, o inquérito[141] não identificou os matadores, mas apontou o suposto mandante: o empresário Lindemberg Sardinha Meira. Sócio de Ary Brum na aquisição do Hospital IV Centenário, Meira teria encomendado o assassinato após uma auditoria ter identificado um rombo de R$ 800 mil nas contas da sociedade. Antes de chegar ao nome do suposto mandante, que jamais admitiu envolvimento no crime, as investigações indicaram a participação de Ary Brum em um grupo de extermínio, em Papucaia. O ex-parlamentar também estaria ligado à grilagem de terras na região.

O assassinato do ex-deputado não foi totalmente esclarecido. Passados onze anos do crime, uma nova execução revelaria uma assombrosa similitude. Marielle Franco, a jovem parlamentar do PSOL, também foi atingida por tiros colocados, disparados com extrema perícia em pleno movimento. Assim como no caso de Ary Brum, o matador disparou a sua arma do banco traseiro enquanto seguia o carro da vítima.

Mulher, negra, lésbica, com origem no complexo de favelas da Maré, e eleita por um partido de esquerda, Marielle, à exceção dos outros três políticos assassinados, estava em pleno exercício do mandato parlamentar quando foi morta. Um forte indicativo de que seus matadores não a enxergavam como uma política, ignorando o fato de a socióloga ter conquistado 46.502 votos.

Marielle Franco teve a 5ª maior votação ao disputar o seu primeiro pleito para a Câmara de Vereadores do Rio, em 2016. Afora o fato de ela ter ganhado a eleição, diferentemente dos outros políticos assassinados anteriormente, as semelhanças entre os crimes remetem ao modo de atuação da malta de sicários chefiada por Adriano da Nóbrega. Não bastassem as parecenças na metodologia, na mesma noite em que Marielle foi executada, um concorrente de Adriano e Ronnie Lessa na prestação de serviços de pistolagem e exploração de caça-níqueis foi assassinado na Barra da Tijuca. Marcelo Diotti da Matta vinha sendo monitorado pelo bando havia pelo menos três meses, como descrevi em reportagem publicada no site The Intercept Brasil[142].

A princípio, o ex-capitão do Bope planejava eliminar o rival no sábado, dia 3 de fevereiro de 2018. Era noite de festa. O alvo da emboscada comemorava a mudança para uma luxuosa residência no condomínio Greenwood Park, erguido numa área de Mata Atlântica, no bairro do Itanhangá. Aniversariantes do mês, Diotti e sua mulher, a MC Samantha Miranda, recebiam os convidados à beira da piscina.

A casa de dois pavimentos pertencia ao banqueiro do jogo do bicho Alcebíades Paes Garcia. Bid cedera o imóvel a Marcelo Diotti como parte de um acordo, em que o concorrente de Adriano assumiria o comando da segurança do *capo* e de seus negócios ilegais. Nessa época, Bid travava uma disputa pelo controle do espólio de seu clã com Bernardo Bello Pimentel Barboza, ex-marido de sua sobrinha, Tamara Garcia.

Enquanto os convivas bebiam, comiam e dançavam, Adriano se posicionava numa nesga da floresta com visão privilegiada da casa. Dias antes, o *sniper* treinado no Bope havia encontrado o ponto ideal para explodir a cabeça do rival com um tiro a distância. Tudo corria dentro do planejado, até o ex-caveira avistar pela mira do fuzil de precisão o miliciano Wellington da Silva Braga, o Ecko, entre os convidados do rega-bofe:

"Ocorre que, em dado momento, Adriano da Nóbrega abortou a operação criminosa, haja vista que percebeu a presença de um convidado na festa, quem seja, o miliciano Wellington da Silva Braga, vulgo Ecko, com o qual nutria relação de amizade e respeito".

A descoberta frustrou a emboscada, como ressalta o trecho da denúncia encaminhada à Justiça pelo Ministério Público do Rio de Janeiro. No documento de 106 páginas, datado de 13 de abril de 2020, os promotores sustentam que Adriano preferiu conter a sanha assassina a desencadear uma guerra contra Ecko, então líder do maior grupo paramilitar em atividade na cidade.

Naquela ocasião, o Disque-Denúncia oferecia uma recompensa de R$ 10 mil por informações que levassem o miliciano à prisão. Mas, apesar disso, Ecko zanzava livremente entre os demais convidados, numa valorizada região da cidade. O chefe do grupo paramilitar de Campo Grande chegara à festa no endereço nobre a bordo de um Porsche Cayenne blindado, sob forte escolta de homens armados com fuzis.

Poupado de ser assassinado na noite em que comemorava o aniversário e a mudança de endereço, Marcelo Diotti da Matta foi fuzilado 38 dias depois, ao sair do restaurante Outback, na Barra da Tijuca. Diotti acabara de assistir pela televisão o atacante Vinícius Júnior marcar dois gols pelo Flamengo na virada de 2 a 1 contra o Emelec, no Estádio George Capwell, em Guayaquil, no Equador.

A vitória nos minutos finais do jogo pela Libertadores da América deixou Diotti mal-humorado. Torcedor do Fluminense, ele passou os 94 minutos da partida, contando os acréscimos, secando o Flamengo, e não notou que estava sendo observado. Do lado de fora, na varanda do restaurante, dois homens acompanhavam a distância a movimentação em sua mesa. Um deles, alto, usava boné e camisa preta de manga longa. Assim que chegou à varanda do restaurante, o homem pediu uma caneca de chope a zero grau. O segundo, também de boné, pediu água. Pouco depois, caminhou sozinho em direção a um Fiat Doblò, que estava parado numa das vagas do estacionamento.

Chovia na Barra da Tijuca quando o árbitro paraguaio Mario Diaz de Vivar encerrou a partida no Equador. O Flamengo quebrava um jejum de quatro anos sem vitórias em jogos fora de casa, na Libertadores. Diotti e Samantha, sua mulher, encerraram a conta e seguiram para a saída. Ao notar a movimentação do casal, o homem de camisa preta abandonou a caneca de chope e apertou o passo em direção ao Fiat Doblò.

Alheio ao vaivém, Diotti caminhou na chuva em direção ao seu carro, enquanto Samantha permanecia abrigada na varanda. Uma amiga que a acompanhava voltou ao restaurante, dizendo ter esquecido o telefone celular na mesa. Nesse instante, o som de uma rajada de fuzil abafou o falatório. Assustados, muitos clientes se lançaram sob as mesas. Alguns buscaram refúgio nos banheiros e até mesmo na cozinha do estabelecimento.

Da varanda, MC Samantha viu o marido cair ao lado do Mercedes ML 320, branco, enquanto o motorista do Fiat Doblò arrancava em direção à cancela de saída. Posicionados na lateral do veículo, dois homens vestidos de preto, ambos com o rosto coberto por balaclavas, continuaram atirando em direção ao corpo de Diotti, já estirado numa poça de sangue.

Em meio à correria no estacionamento, o motorista de um Jeep Renegade branco parou o carro na cancela, impedindo o vigilante de fechar o acesso. A manobra facilitou a fuga do carro dos matadores. Enquanto a Doblò escapava rumo à Avenida das Américas, sentido zona sul, o Jeep seguiu na contramão por 200 metros, atravessou a pista e parou no posto Shell, quase à frente do restaurante.

Logo em seguida, três homens desceram do veículo e retornaram a pé ao estacionamento do restaurante. Um deles se aproximou do corpo de Marcelo Diotti, segundo testemunhas, como se estivesse certificando-se de que ele estava morto. O suspeito, descrito nos relatos, era branco e tinha pouco mais de 1,80 m, características físicas semelhantes às de Adriano da Nóbrega.

Naquela madrugada, policiais da DH buscaram imagens do circuito de segurança do posto de combustíveis e do restaurante, mas as câmeras voltadas ao local do crime não estavam funcionando. Marcelo Diotti foi executado com tiros de fuzil concentrados no tórax e na cabeça. O laudo da perícia de local[143] apontou a descoberta de 22 estojos de munições compatíveis com fuzis M-16 e AK-47 próximo ao Mercedes da vítima.

Pouco menos de duas horas antes, em outro extremo da cidade, a vereadora Marielle Franco teve a vida interrompida por uma rajada de submetralhadora 9 mm, provavelmente do modelo alemão HK MP5. Ela seguia para casa ao lado de sua assessora de imprensa, Fernanda Chaves, no banco traseiro do Chevrolet Agile branco, placa KVS-6213, guiado por Anderson Gomes.

Ao dobrar à esquerda, numa curva aberta, saindo da Rua Joaquim Palhares sentido Rua João Paulo I, uma saraivada de tiros rasgou a porta traseira do carro. O ruído das balas rompendo a lataria e estilhaçando o vidro precedeu um silêncio aterrador no interior do veículo. Disparados do banco traseiro de um Chevrolet Cobalt, os projéteis cortaram o ar em trajetória transversal, atravessando consecutivamente os corpos de Marielle e Anderson.

Na tarde daquela quarta-feira, 14 de março de 2018, Marielle havia feito um duro pronunciamento contra a intervenção federal na segurança pública do estado. Seu partido havia ingressado com uma ação no Supremo Tribunal Federal pedindo a anulação do decreto[144] assinado pelo então presidente Michel Temer, que nomeara o general do Exército Walter Souza Braga Netto como interventor.

Indiferentes ao decreto presidencial e sem o miliciano Ecko por perto, o consórcio de assassinos de aluguel comandado por Adriano da Nóbrega não se sentiu melindrado pelas tropas de Braga Netto. O general do Exército não representava uma ameaça aos planos dos milicianos.

No período em que as polícias ficaram sob o comando de Braga Netto, as investigações das três execuções pouco avançaram, tampouco o enfrentamento à expansão dos grupos paramilitares no estado. Nos dez meses de intervenção, as milícias ampliaram suas áreas de influência, num processo gradual iniciado em 2017, que culminou dois anos depois em um aumento de 387,3% em área dominada, como detalhou o Mapa dos Grupos Armados do Rio de Janeiro[145].

Somente quando as execuções de Marielle e Anderson completaram um ano, a Delegacia de Homicídios e o Ministério Público do Rio chegaram ao sargento PM reformado Ronnie Lessa. O homem preso e denunciado como o assassino da vereadora era vizinho do recém-empossado presidente Jair Bolsonaro e de seu filho, o vereador

Carlos Bolsonaro, no Condomínio Vivendas da Barra. Na época, Braga Netto ocupava a poderosa cadeira de ministro da Casa Civil.

Apesar de viver ao lado do presidente, Lessa invejava a proximidade de Adriano da Nóbrega com o clã de políticos de extrema direita. Em especial com o primogênito, Flávio Bolsonaro, eleito senador da República. Desde que se mudara para o condomínio à beira-mar, endereço incompatível com a sua renda líquida de R$ 5.820,58 como sargento reformado da PM, ele tentava estreitar laços com o filho 02.

Ronnie Lessa sabia que Carlos Bolsonaro andava às turras com a vizinha de gabinete, a novata vereadora do PSOL. A sala de Marielle Franco no nono andar do prédio anexo ao Palácio Pedro Ernesto ficava colada à de Carlos. Desde a chegada da parlamentar, em janeiro de 2017, o vereador reclamava do cheiro de incenso, do volume das conversas e do vaivém de integrantes das comunidades LGBT+ no corredor.

O vereador ficava particularmente incomodado com os cânticos de religiões de matriz africana que ressoavam do gabinete de Marielle. Não raro, o parlamentar, seus assessores e seguranças se referiam em voz alta às reuniões no gabinete vizinho de forma pejorativa: "Hoje tem macumba, o corredor tá cheio de veado, puta, sapatão e maconheiro".

Era tarde de quarta-feira, dia de sessão plenária, quando Carlos Bolsonaro confrontou um assessor de Marielle, que passava pelo corredor acompanhado de uma amiga mexicana e um paulista. O jovem havia se referido ao parlamentar como sendo representante da extrema direita brasileira, um fascista, como ressaltou aos amigos.

Carlos estava ao celular, mas ouviu o comentário. Em voz alta, o vereador rechaçou o assessor de Marielle. Em seguida, enfurecido, entrou em seu gabinete e voltou ao corredor acompanhado de um assessor e dois seguranças. A discussão se acirrou, obrigando a parlamentar do PSOL a deixar sua sala para intervir no bate-boca.

O episódio, ocorrido em 3 de maio de 2017, só veio à tona na imprensa após a execução de Marielle, dez meses depois. Em meio à investigação, Carlos foi ouvido[146] na Delegacia de Homicídios, onde confirmou o entrevero, mas afirmou manter uma relação cordial com a vereadora. Carlos costumava se referir à parlamentar e seus assessores como "esquerdopatas".

O parlamentar acrescentou em seu depoimento na DH que Marielle não havia participado das discussões no plenário da Câmara de

Vereadores sobre o modelo de verticalização dos imóveis em Rio das Pedras. A proposta havia sido encaminhada ao legislativo municipal pelo então prefeito Marcelo Crivella.

Bispo licenciado na Igreja Universal do Reino de Deus, criada pelo tio Edir Macedo, Crivella planejava mudar o gabarito na região para erguer grandes edifícios, com apartamentos de 25 m², que serviriam de moradias populares. A proposta acabou arquivada. Não por falta de votos, mas pelo fato de os milicianos terem se antecipado à prefeitura, erguendo clandestinamente prédios na comunidade.

Marielle Franco realmente não participou das discussões sobre o plano habitacional de Marcelo Crivella. A vereadora apresentou em seu primeiro ano de mandato um projeto de lei para regulamentar o uso do solo em favelas da cidade. A proposta, entretanto, nem sequer foi levada à votação no plenário.

Ao retornar do recesso no início de 2018, a parlamentar apresentou novamente o projeto de lei. Desta vez com alterações, para atender ao regulamento da casa e viabilizar sua inclusão na pauta de votação. Se aprovada, a lei teria o condão de atingir como uma bomba os alicerces das construções ilegais dos milicianos. Marielle foi executada dias depois, antes de o texto ser levado a discussão no plenário da Câmara.

Erguer prédios clandestinos se tornara uma das principais fontes de financiamento dos grupos paramilitares de Rio das Pedras, Muzema, Gardênia Azul, Curicica, Terreirão e outras comunidades de Jacarepaguá e do Recreio dos Bandeirantes. Nessas regiões, sob influência de paramilitares, o velho modelo de loteamento a partir da grilagem de terras deu lugar à construção de edifícios.

O *boom* da verticalização em Rio das Pedras coincide com a ascensão de Adriano da Nóbrega na estrutura de poder da milícia local após o assassinato de Nadinho. A escalada do capitão começou pelas beiradas. Ao participar da execução do político, o ex-caveira foi autorizado a cobrar taxas dos barqueiros que levam passageiros pelos canais do sistema lagunar de Jacarepaguá e da Barra da Tijuca. Sob o controle do capitão Adriano, o transporte aquaviário passou a operar com linhas fixas, ligando Rio das Pedras à estação do Metrô, no Jardim Oceânico, aos shoppings e aos condomínios às margens dos canais e das lagoas da região. Nesse período, o ex-caveira usava parte do dinheiro arrecadado para fazer empréstimos aos barqueiros para que comprassem embarcações e motores.

Sem fiscalização, o sistema de transporte lagunar operado a partir de Rio das Pedras ganhou musculatura e passou a atender moradores de condomínios da Barra da Tijuca, que encontravam nas embarcações uma alternativa ao caótico trânsito do bairro. Barqueiros também passaram a realizar passeios turísticos pelo *Pantanal Carioca* e a levar visitantes aos restaurantes da Ilha da Gigoia.

O envolvimento de Adriano no assassinato de Nadinho foi descrito em dois telefonemas ao Disque-Denúncia. Nos relatos registrados em setembro e dezembro de 2018, os autores também relacionam o nome do ex-caveira à execução de Marielle Franco. Os denunciantes ainda citaram nomes de integrantes da milícia, àquela altura pouco conhecidos fora dos subterrâneos de Rio das Pedras. Os detalhes descritos nos telefonemas à ONG sugerem alguma proximidade dos autores com a rotina de terror imposta pelos milicianos aos moradores da região. Na denúncia[147] registrada pelo atendente às 12h09 da sexta-feira, 28 de setembro de 2018, a pessoa no outro lado da linha atribui a antigos aliados de Félix a contratação de Adriano.

Como pagamento pela eliminação de Nadinho, o ex-caveira assumiu a "*sabotagem*" (sic), conforme descrito erroneamente pelo denunciante numa referência às embarcações de transporte de passageiros. A exploração do esquema renderia R$ 300 mil mensais a Adriano da Nóbrega, que também embolsava em torno de R$ 400 mil no ramo da agiotagem.

O segundo denunciante conta mais detalhes sobre a chegada de Adriano a Rio das Pedras. No relato[148] cadastrado na base de dados da ONG às 8h32 de 12 de dezembro de 2018, a pessoa conta que o ex-caveira levou o major da PM Ronald Paulo Alves Pereira, o Tartaruga, para atuar na milícia como seu braço operacional. A manobra ampliou a área de influência do grupo às vizinhas Muzema e Tijuquinha. Antes, porém, Adriano teria eliminado o antigo chefe da milícia local, identificado pelo denunciante apenas como Zieldoque. Em seu lugar, o ex-caveira colocou o major Ronald. As articulações iniciadas a partir do assassinato de Nadinho mudaram a relação entre moradores e milicianos. Sob Adriano, os paramilitares acuavam e ofereciam valores irrisórios por terrenos com o objetivo de erguer prédios. As opções feitas aos antigos posseiros não davam margem para negociação: era pegar o dinheiro ou morrer nas mãos do bando do ex-caveira.

Em duas páginas, o denunciante também fala da ligação de Adriano com o tenente reformado Maurício Silva da Costa, o Maurição, e com o sargento Orlando de Araújo, o Orlando Curicica. Ambos policiais militares. Tempos depois, Curicica se tornaria peça fundamental nas investigações que levaram ao também sargento PM Ronnie Lessa, tratado por ele como Perneta.

As pontas da intrincada teia de relações envolvendo Adriano e Lessa foram encadeadas a partir da execução de Marielle Franco. Até aquela noite no Estácio, os integrantes do consórcio de assassinos de aluguel seguiam intocáveis em seu reduto na franja da Floresta da Tijuca, às margens da Lagoa de Jacarepaguá.

Além das denúncias recebidas pela ONG, informações levantadas a partir das quebras de sigilo telemático dos suspeitos indicavam que o grupo costumava se reunir na padaria Sabor da Floresta[149] antes ou depois de praticar os crimes. *Escritório* era o codinome usado pelos assassinos para se referir ao ponto de encontro em Rio das Pedras. Vem daí a alcunha *Escritório do Crime*.

Autorizadas pela Justiça, as varreduras lançaram luz sobre nomes até então conhecidos apenas nos subterrâneos da contravenção, da política e das polícias do Rio de Janeiro. As entranhas da organização criminosa, entretanto, só foram expostas graças à quebra do silêncio por parte de dois milicianos. A dupla orbitava em torno dos grupos paramilitares em atividade em Rio das Pedras e adjacências. Ambos apresentavam longas fichas penais, com participação em assassinatos a soldo, extorsão e exploração clandestina de sinais de telefonia, internet e gatonet.

O primeiro a quebrar o silêncio foi Pastor[150], um velho justiceiro, convertido ao evangelho, que ganhou o apelido por andar em mangas de camisa e sempre carregar uma Bíblia. Uma de suas funções era monitorar a rotina dos alvos e passar informações, permitindo aos matadores definir o melhor momento para realizar a tocaia.

Marielle Franco e Marcelo Diotti tiveram sua rotina monitorada por Pastor. Mas ele não foi o único. Os olheiros do *Escritório do Crime* recebiam entre R$ 100 e R$ 150 por dia para acompanhar a distância os hábitos dos alvos. Pastor era o mais minucioso em seu ofício. Enquanto observava as futuras vítimas, o homem distribuía folhetinhos com mensagens bíblicas. A estratégia amenizava a imagem ameaçadora do homem corpulento e carrancudo. Assim, camuflado de cordeiro, o lobo circulava incógnito entre os passantes em suas campanas na Cinelândia para observar os horários de chegada e saída de Marielle Franco da Câmara de Vereadores do Rio.

Seguidor do Velho Testamento, Pastor enxergava a parlamentar como uma "criatura desviada de Deus". A expressão carregada de preconceito surgiu numa das conversas captadas pela DH. Num dos diálogos, o olheiro disse ao interlocutor não identificado ter entregado um salmo à vereadora nas escadarias do Palácio Pedro Ernesto. Era uma quarta-feira, dia de sessão no plenário da casa legislativa.

Inserido em meio aos milhares de páginas que o inquérito acumulou desde as execuções da parlamentar e de seu motorista, a conversa de Pastor com um dos milicianos põe em xeque a tese defendida por Daniel Rosa. O delegado, um dos cinco a atuar na investigação ao longo dos anos, negava a ligação de Ronnie Lessa com o *Escritório do Crime*.

Na versão[151] apresentada pelo delegado, apesar da proximidade, o sargento reformado não mantinha elo com a malta de assassinos liderada por Adriano da Nóbrega. Não era verdade. Os dois ex-caveiras prestavam serviços a famílias rivais no mercado do jogo ilegal, mas por vezes trabalharam juntos, como as evidências indicam ter acontecido na empreitada contra o ex-deputado Ary Brum.

O consórcio de matadores operava como células autônomas e independentes, mas interligadas num objetivo em comum: amealhar dinheiro e poder. Cada integrante com uma função preestabelecida. Sob Adriano da Nóbrega, o *Escritório do Crime* ganhou uma estrutura organizacional, com cadeia hierárquica. Uma irmandade forjada nos subterrâneos da PM do Rio de Janeiro, que empregava mão de obra terceirizada para monitorar suas vítimas, roubar e clonar as placas dos veículos usados nas empreitadas. Como as fixadas aos carros que levaram os matadores às tocaias contra Marielle, Anderson e Marcelo Diotti, na noite de 14 de março.

Pastor e outros tantos integravam núcleos envolvidos na preparação dos crimes. A fase tratada nos subterrâneos como "arrumar o caixão" podia durar meses e até mesmo anos. Nesse período, não raro, alguns prestadores de serviços eram substituídos ou mortos, como aconteceu com Lucas Prado do Nascimento Silva, um dos que arranjavam as placas clonadas.

Há evidências no inquérito de que as placas clonadas usadas nas execuções de Marielle Franco e Marcelo Diotti saíram da oficina em que Lucas trabalhava. Cada uma teria custado R$ 400. As placas não representam as únicas peças de ligação entre os dois crimes. Pastor também havia monitorado Diotti, em junho de 2017, quando ele foi alvo do primeiro atentado a tiros.

Marcelo Diotti estava com Samantha, em um evento no Hotel Mercure, na Avenida do Pepê, na Barra da Tijuca. Na ocasião, a MC publicou uma *selfie* com o marido em suas redes sociais. Ao sair do local, na noite de 24 de junho de 2017, eles foram alvejados numa tocaia. O casal só escapou graças à blindagem do veículo que estava usando.

O episódio foi confirmado em depoimento de Samantha. A mulher de Diotti só foi ouvida na 23ª Promotoria de Justiça e Investigação Penal em 14 de janeiro de 2019, dez meses depois da execução do companheiro. Na ocasião, a MC acusou o ex-marido de ter sido o mandante do assassinato e da frustrada tocaia na saída do hotel.

A MC havia sido casada com Cristiano Girão Matias, sargento do Corpo de Bombeiros eleito vereador e que viu sua trajetória política ruir após ter sido indiciado na CPI das Milícias. Girão acabou preso e condenado por chefiar um grupo paramilitar na Gardênia Azul, em Jacarepaguá. Após a sua prisão, Ronnie Lessa assumiu como preposto o comando da milícia na localidade.

As investigações indicam que Marcelo Diotti entrou na mira do *Escritório do Crime* após sucessivas movimentações em áreas sob influência do bando rival. Dois episódios foram decisivos: a compra do depósito de gás Fluzão, na Avenida do Canal, uma das áreas de maior movimento comercial da Gardênia Azul. O domínio da venda de botijões de gás em comunidades se tornou uma das mais lucrativas atividades econômicas exploradas por milicianos no Rio. À negociação somou-se a descoberta de que Diotti havia sido contratado por Bid para cuidar da segurança dos pontos de jogos do clã Paes Garcia e matar o capitão Adriano, o que o colocou em rota de colisão com a malta de assassinos.

A mesma versão se repete em depoimentos e conversas interceptadas ao longo da investigação. Pastor rompeu o silêncio após a execução de

Lucas, o cara das placas clonadas. O olheiro temia ser morto como queima de arquivo. Apesar de o conteúdo do depoimento indicar a existência de elos entre os três assassinatos da noite de 14 de março de 2018, tanto a DH quanto o Ministério Público do Rio seguiram uma linha oposta.

Nem mesmo as revelações feitas por outro miliciano convenceram os envolvidos na investigação a unir em um inquérito Adriano da Nóbrega, Ronnie Lessa e o rastro de sangue deixado pelo Escritório do Crime. Diferente de Pastor, o novo delator tinha origem na Polícia Militar e um histórico de serviços prestados à máfia do jogo, além de comandar um grupo paramilitar.

Orlando Oliveira de Araújo chefiava a milícia de Curicica, em Jacarepaguá. Vem daí o apelido Orlando da Curicica. Expulso da PM por envolvimento em crimes relacionados à disputa por territórios para a exploração de caça-níqueis, o ex-policial também atuava na compra de ouro, venda de água em caminhões-pipa e na distribuição de sinal clandestino de televisão e Internet.

Personagem conhecido nos subterrâneos, Curicica só ganhou notoriedade ao ter seu nome envolvido no caso Marielle por outro ex-PM, Rodrigo Jorge Ferreira. Ferreirinha, como é tratado, fez parte de uma farsa montada para acusar Orlando Curicica e o então vereador Marcello Moraes Siciliano de envolvimento na execução de Marielle Franco. A fraude acabou desvendada pela Polícia Federal. Orlando Curicica não teria se envolvido no planejamento da morte da vereadora do PSOL, tampouco Siciliano. Contudo, sua trajetória criminosa por vezes se entrelaça com personagens como Adriano da Nóbrega e Ronnie Lessa. Os dois ex-caveiras do Bope, segundo ele, chegaram a atuar juntos no mercado da morte a soldo.

A cumplicidade de Curicica com os meandros das milícias de Jacarepaguá, sobretudo com o Escritório do Crime, é tamanha que ele faz distinção entre as diferentes fases do bando de assassinos. Ao dissecar a estrutura da organização criminosa, citando nomes e crimes praticados, Curicica diz que o grupo funciona como uma célula[152]. O uso da expressão surpreendeu a promotora Letícia Emile, um dos integrantes do Gaeco envolvidos na investigação do caso Marielle.

Orlando Curicica foi ouvido por quase três horas e meia na terça-feira, 25 de setembro de 2018. O ex-PM estava na penitenciária federal de segurança máxima de Mossoró, no Rio Grande do Norte, para onde havia sido transferido. O depoimento gravado foi solicitado pela promotora Simone Sibilio, que assumira um mês antes a coordenação do Gaeco, do Ministério Público do Rio de Janeiro.

À frente das investigações sobre as execuções da vereadora do PSOL e de seu motorista, a promotora buscava a cooperação de Orlando Curicica, que estava isolado em Regime Disciplinar Diferenciado (RDD). No depoimento[153], degravado pela Coordenadoria de Segurança e Inteligência Divisão de Evidências Digitais e Tecnologia do MP, Curicica dá uma série de informações às promotoras.

É o miliciano que coloca o sargento reformado da PM Ronnie Lessa, vizinho do então candidato à presidência da República, Jair Bolsonaro, no Condomínio Vivendas da Barra, no radar do Gaeco: "O sem perna, o perneta. Nunca ouviram falar dele?[154]" Simone Sibilio responde negativamente.

Lessa é citado como integrante do *Escritório do Crime*. Orlando Curicica vai além e diz ter conhecimento da participação do grupo de matadores nas mortes de ao menos dois outros vereadores, antes de Marielle Franco:

"Teve dois políticos que eu sei que eles participaram da morte. É, digamos assim, a primeira formação do escritório do crime, né? E não deu em nada! Vereador morto na Barra da Tijuca e não deu em nada! Vereador morto não sei onde e não deu em nada! Então, eles achavam que ia ser a mesma coisa".

Sem ser questionado pelas promotoras sobre os nomes e outros detalhes relacionados aos dois vereadores executados anteriormente, Orlando Curicica fala aos borbotões. O miliciano chega a dizer que sempre avisou sobre os riscos de matar mulheres e crianças:

"Eu sempre falei uma coisa para todo mundo, né? Quando eu tava do outro lado. Eu sempre falava uma coisa, cara. São duas coisas que chocam, que chocam! É você chegar num lugar e ver uma mulher assassinada. E você chegar num lugar e ver uma criança assassinada. Você chegar num lugar e ver um homem morto é normal. Eu, você num (sic) espanta. Agora, você ver uma mulher assassinada te choca. Querendo ou não, você como ser humano, se choca! Por exemplo, o caso da juíza Patrícia Acioli[155]. A senhora vê que casos que envolvem mulher dá (sic) muito mais comoção, muito mais vontade de responder do que quando é homem que é assassinado. Eu sempre falei isso para todo o mundo".

Mesmo sem acertar com as promotoras os termos para uma delação premiada, Curicica continua a discorrer a respeito da morte de Marielle e a surpresa dos assassinos com a enorme repercussão do crime:

"Eles nunca imaginaram que o caso Marielle ia dar essa repercussão toda! Eles devem ter imaginado que ia dar um probleminha ou outro. E como pra eles era profissional, recebi, matei e acabou. Eles não se preocupam. Entendeu? Eles não se preocupam por quê? Acham que nunca vai chegar neles, vai investigar o mandante, mas num vai chegar neles. Eles têm essa tranquilidade[156]".

Curicica segue à vontade, até que a promotora Simone Sibilio lhe diz que atearam fogo ao caminhão-pipa utilizado pela mulher do interrogado para vender água no Terreirão, no Recreio dos Bandeirantes. Nesse instante, o miliciano se desespera: "Caralho, queimaram o caminhão".

A reação de Curicica leva um defensor público federal e um promotor do Gaeco do Rio Grande do Norte, que acompanham o depoimento, a perguntarem se o miliciano tem interesse em continuar o depoimento. Um deles sugere a inclusão da mulher e dos dois filhos menores do miliciano no Programa de Proteção à Testemunha. Orlando Curicica silencia por alguns minutos. Em seguida, admite temer pela segurança da família e afirma que o caminhão era a única fonte de renda da mulher e da filha, de seis anos. O ex-PM acrescenta que tem outro filho, de 12 anos, que vive com a avó doente de câncer. Isolado na penitenciária de segurança máxima, ele reclama da falta de contato com a família e faz críticas ao governo do Rio de Janeiro.

Enquanto se recupera da notícia sobre a perda do caminhão, Curicica diz em tom de desabafo que as estruturas das polícias Militar e Civil do estado estão comprometidas pela corrupção. O miliciano então questiona as promotoras sobre o que elas podem lhe oferecer em troca de informações. Abalado, ele fala por mais alguns minutos. É nesse momento que Orlando Curicica se refere a uma prática difundida pelo capitão Adriano entre milicianos alinhados ao *Escritório do Crime* para dificultar o trabalho dos investigadores, que não figuram na folha de pagamento das organizações criminosas.

A estratégia é relativamente simples e consiste numa troca de favores. Paramilitares eliminam um alvo para outro grupo, que paga na mesma moeda. Nesse caso, Curicica fala com propriedade de quem prestou esse tipo de favor para Adriano da Nóbrega. Mas sobre isso falaremos no próximo capítulo.

A versão de que o *Escritório do Crime* estaria por trás dos assassinatos de dois vereadores antes de Marielle me deixou intrigado. Ao discorrer sobre os casos, Curicica cita a Barra da Tijuca como sendo o local de uma das execuções, mas, ao falar da outra vítima, ele simplesmente joga no ar: "Vereador morto não sei onde, também não deu em nada!".

Na busca pela identificação dos dois vereadores, cheguei ao nome de Nadinho de Rio das Pedras. A suposta participação de Adriano no crime já havia sido ventilada nas investigações da Polícia Civil, sem efeito prático. A suspeita também é corroborada nos relatos recebidos pelo Disque-Denúncia.

Mas e quanto ao outro vereador citado por Curicica? Na tentativa de identificar a vítima, recorri às fontes na Polícia Civil e no Ministério Público. A princípio, sem resultado. Promotores e policiais silenciaram, sob a justificativa de que as investigações estavam sob sigilo. O jeito então foi buscar o acervo da Biblioteca Nacional para varrer as notícias publicadas na imprensa carioca. Um trabalho braçal, que me levou a passar dias diante das arcaicas telas dos equipamentos de leitura de microfilmes. Parte dos acervos de periódicos como *O Dia* e o *Jornal do Brasil* ainda não tinham passado pelo processo de digitalização. Para afunilar a pesquisa, iniciei as buscas em 2006, ano em que Adriano voltara às ruas, após ter anulada sua condenação pela morte do flanelinha Leandro Silva.

A busca me levou à manhã de terça-feira, 21 de outubro de 2008. Nesse dia, pouco antes das 10 horas, um homem alto, forte, usando uma touca ninja, aproveitou o sinal fechado na Avenida Ayrton Senna, na Barra da Tijuca, para descer de um Gol branco e se aproximar a pé da porta do carona de um Santana oficial da Câmara de Vereadores do Rio. Sentado no banco do carona, o vereador Alberto Salles (PSC) conversava com o motorista José Natalino Silva, quando teve a atenção despertada por uma batida metálica no vidro. Ao virar o rosto em direção à porta, Salles foi alvo de uma sequência de disparos de pistola .40. Os tiros atravessaram o vidro, atingindo a boca, a têmpora e o olho esquerdo do jovem político, de 36 anos.

O atirador correu por entre os carros e escapou na garupa de uma motocicleta, que dava apoio ao bando. A ação rápida, planejada e com tiros certeiros sugeria o envolvimento de profissionais na execução. A hipótese foi levantada à época pelo delegado Carlos Augusto Nogueira Pinto, então titular da 16ª DP, na Barra da Tijuca.

A perícia feita no local do crime reforçou a suspeita de participação de um matador a soldo na morte do parlamentar. O Santana oficial, placa LRL 1466, tinha cinco perfurações de calibre .40, todas direcionadas à cabeça do vereador. Um dos projéteis passou de raspão no braço esquerdo do político e ficou alojado no ombro do motorista. O atentado aconteceu próximo ao Hospital Municipal Lourenço Jorge, para onde Salles e Silva foram levados em uma ambulância. Apesar do rápido socorro, o político chegou morto ao centro cirúrgico da unidade médica. José Natalino Silva foi liberado após o atendimento.

Seu depoimento pouco ajudou na identificação do atirador. Como de costume, o trânsito estava lento naquele horário e Silva conversava com o vereador no instante em que o matador se aproximou do veículo oficial. O motorista confirmou ao delegado que Alberto Salles havia sido alvo de ameaças de traficantes da favela Mundial, em Honório Gurgel, enquanto fazia panfletagem na comunidade. O vereador tentava a reeleição pelo PSC, quando traficantes o teriam abordado para exigir dinheiro ou a compra de um fuzil em troca de autorização para fazer campanha no pequeno aglomerado de barracos erguidos nos fundos de um supermercado. Salles teria se recusado e, por isso, acabou expulso da localidade.

O episódio foi noticiado à época pelo *Jornal do Brasil*. A reportagem publicada sob o título "Curral do Tráfico, o Voto nas Comunidades[157]" trazia relatos de candidatos impedidos de fazer campanha em áreas dominadas por facções criminosas. No texto, o político e candidato à reeleição afirmava ter sido abordado por traficantes que exigiram um fuzil ou R$ 40 mil pelos votos da pequena favela.

Além de denunciar a suposta abordagem à imprensa, Alberto Salles informou o ocorrido ao Tribunal Regional Eleitoral (TRE), solicitando proteção à Polícia Federal. Salles seguiu fazendo campanha até o primeiro turno, em 5 de outubro, mas não obteve os votos necessários à reeleição. O atentado ao político aconteceu cinco dias antes do segundo turno.

A execução ganhou repercussão na reta final das campanhas dos candidatos à sucessão municipal. Eduardo Paes (PMDB) e Fernando Gabeira (PV) compareceram ao velório de Salles, na Câmara do Rio.

Na ocasião, ambos engrossaram o coro de políticos fluminenses que cobravam uma solução para o crime.

Com o passar do tempo, as linhas de investigação foram sendo ampliadas, com a inclusão de novas versões para tentar explicar o assassinato. Entre elas, uma em especial reforçava a hipótese de participação de policiais envolvidos no mercado da morte a soldo. Alberto Salles vinha travando uma batalha na Justiça pela posse de terras no Recreio dos Bandeirantes.

Salles fora executado no dia em que uma audiência do processo[158] estava marcada para acontecer na 12ª Vara Cível do Tribunal de Justiça do Rio de Janeiro. Na ação, o vereador pedia a anulação do registro imobiliário de terrenos em nome de uma empresa citada em denúncias por suposta ligação com a grilagem de terras no bairro da zona oeste.

A ocupação ilegal do solo na região já figurava nessa época entre as principais fontes de arrecadação das milícias, como confirma Orlando Curicica na gravação feita na penitenciária federal de segurança máxima. O terreno disputado por Salles na justiça estava encravado num território sob influência de milicianos.

Na época, a informação sobre o litígio foi tratada pelo delegado Carlos Augusto Pinto como uma possível reviravolta no caso. A hipótese de o assassinato ter sido praticado por policiais ligados à grilagem de terras ganhou destaque na imprensa, mas logo caiu no esquecimento.

A execução do vereador Alberto Salles tinha todas as características de um crime encomendado, com a assinatura que se tornaria a marca do *Escritório do Crime*. O atirador, descrito como um homem forte e alto, demonstrou perícia e frieza ao disparar contra o alvo e fugir em seguida, na garupa de uma moto.

Curicica não foi questionado nas mais de três horas em que foi ouvido pelas promotoras sobre os vereadores mortos antes de Marielle Franco. São muitos os pontos de convergência encontrados entre a cena do assassinato do parlamentar Alberto Salles e as execuções praticadas por Adriano da Nóbrega e seu bando de sicários. Talvez o mais significativo deles seja exatamente a falta de uma conclusão. A morte do vereador segue sem solução nos arquivos da Polícia Civil. Uma praxe nos casos relacionados ao *Escritório do Crime*, até a morte de Marielle Franco.

"Não sou miliciano, sou bicheiro"

Zé Personal estava ansioso ao desembarcar do Porsche Cayenne blindado, na frente do Centro Espírita Seara do Caboclo Cipó, na Travessa Pinto Teles, em Campinho, zona oeste do Rio de Janeiro. Vestido de preto e calçando chinelos, ele atravessou o portão de ferro e seguiu por um longo corredor até chegar ao terreiro erguido próximo de uma área verde, na franja do Parque Municipal Pinto Teles.

Era noite de sexta-feira, 16 de setembro de 2011. Como de costume, Zé estava acompanhado da mulher, Shanna Harrouche Garcia Lopes, e de um séquito de seguranças distribuídos em outros dois carros. Aos 39 anos, o ex-*personal trainer*, alçado ao topo da cadeia de comando de uma das mais poderosas famílias do jogo ilegal, buscava proteção em um ritual de magia negra.

José Luiz de Barros Lopes[159] ascendeu na organização após se casar com uma das herdeiras do milionário espólio do clã Paes Garcia. A furtiva união com Shanna, a gêmea de temperamento explosivo, foi anunciada no velório do avô, Waldemir Paes Garcia. Seu Miro morreu 31 dias após a execução do filho preferido.

Ao ser avisada do casório, Sabrina, a mãe de Shanna, Tamara e Myrinho, os herdeiros de Maninho, desferiu um tapa na cara de Zé Personal. O estalar da mão da viúva no rosto do noivo rompeu o silêncio na capela 4, onde o corpo do patriarca estava sendo velado. Constrangido, Zé afastou-se de cabeça baixa em direção à cantina do cemitério, acompanhado da noiva.

Após o enterro de seu Miro, ao lado da sepultura de Maninho, o casal deixou o Cemitério Jardim da Saudade, em Sulacap, sem falar com os demais integrantes do clã. Dias depois, Sabrina tentou convencer a filha a desistir do casamento com o *personal trainer* e acompanhá-la numa longa viagem aos Estados Unidos. Os Paes Garcia mantinham uma luxuosa residência no Condomínio Palm Island, em Miami Beach. Sabrina planejava deixar o país por um tempo. Ela temia pela segurança das filhas, sobretudo do caçula, batizado com o mesmo nome do pai e do avô. O medo de que o adolescente tivesse a mesma sina do pai era tamanho que a viúva incorporou a letra y ao nome do filho.

A mudança havia sido sugerida por uma amiga numeróloga. A especialista afirmara à viúva que a inclusão da letra y teria o condão de blindar a vida do adolescente. Aos 15 anos, Myrinho se tornara o primeiro na linha sucessória do clã, posição que o colocou na alça da mira de inimigos e adversários dentro da própria família. Todos ambicionavam o seu lugar de príncipe.

No universo machista do jogo ilegal, Shanna, então com 19 anos, estava fadada a um casamento de conveniência, mas a herdeira do temperamento de Maninho não aceitou os argumentos da mãe, tampouco a oferta de autoexílio nos Estados Unidos. Mais do que a posição de chefe da família, ela desejava vingar a morte do pai. Com esse propósito, contrariou a mãe, casando-se com José Luiz numa cerimônia simples para os padrões de uma princesa do império do jogo.

Embora estivessem separados legalmente quando Maninho foi executado, Sabrina teve o status de viúva mantido pelos conservadores chefões do Clube do Barão. A condição lhe assegurava o repasse mensal de parte dos lucros obtidos com a exploração de jogos. Os valores eram religiosamente entregues aos herdeiros, mas a aparente tranquilidade no reino dos Paes Garcia durou pouco.

Seis meses depois da morte do avô, Shanna concretizou o desejo de casar-se com Zé Personal. Tão logo oficializou a aliança, o casal destituiu Rogério Mesquita do comando das atividades relacionadas à zooteca, deixando sob a sua responsabilidade apenas a administração da Fazenda Garcia e do Haras Modelo, em Guapimirim.

Ao assumir o controle dos negócios, Zé passou a fazer cortes nos repasses de dinheiro feitos à mãe, ao tio, principalmente à irmã gêmea, Tamara, e ao caçula Myrinho. Pouco tempo depois, o ex-*personal trainer* deu início a uma sangrenta escalada para se consolidar no poder, eliminando antigos aliados da família.

Em meio à acirrada disputa pelo comando do espólio, capitão Adriano se aproximou de Shanna e Zé Personal, aproveitando-se da crescente animosidade do casal com Rogério Mesquita, o escolhido de seu Miro para tocar os negócios. Centralizador, Zé agia nos subterrâneos para também afastar Mesquita da administração das duas propriedades rurais e, por fim, da família.

Nessa época, a gêmea Tamara e seu marido, Bernardo Bello Pimentel Barboza, um ex-vendedor de tênis contrabandeados, ainda não representavam risco aos planos de Zé Personal e Shanna. Enquanto os alicerces do clã Paes Garcia desmoronavam, Adriano buscava novas alianças para galgar degraus na estrutura da organização criminosa.

O ex-caveira tinha um aguçado senso de sobrevivência e já não escondia a insatisfação com os resultados obtidos na aliança com Zé Personal. O marido de Shanna não vinha cumprindo o acordo oferecido ao capitão em troca da execução de Mesquita. Com a morte do antigo escudeiro de Maninho, Adriano teria autorização para explorar caça-níqueis, aumentando consideravelmente os seus ganhos.

No entanto, Zé Personal não cumpriu com a palavra empenhada. Uma falta considerada grave. Não bastasse isso, o rastro de sangue provocado por sua guerra particular vinha respingando nas demais famílias. As mortes estampadas em reportagens nos jornais e exibidas nos telejornais chamavam a atenção para os bicheiros, prejudicando os negócios e irritando os chefões da cúpula.

Nessa época, capitão Adriano ocupava uma posição de liderança no bando de matadores de aluguel, que tinha seu reduto em Rio das Pedras. Sob o seu comando, o grupo não se limitava a prestar serviços a apenas uma das famílias do Clube do Barão. Ao ampliar sua rede de relações nos subterrâneos do jogo ilegal, o ex-oficial caveira se cacifou para voos mais altos.

Alertado sobre as articulações do subordinado junto aos rivais, Zé Personal tratou de dispensar os serviços do capitão. A iniciativa precipitou a aproximação de Adriano da Nóbrega da órbita de Bernardo Bello. O marido de Tamara sabia que o cunhado já o encarava como um possível obstáculo ao seu plano de poder.

A desconfortável posição de Bernardo Bello diante dos cadáveres empilhados na cruzada de Zé Personal contribuiu para a aliança com o ex-oficial caveira. Ao mudar mais uma vez de lado, Adriano deu início a um movimento que, anos mais tarde, resultaria nas execuções de duas gerações de herdeiros varões de seu Miro, o patriarca de uma dinastia interrompida à bala.

Pressionado por uma parte da família, por rivais de outros clãs e por investigações da polícia, Zé Personal encomendou para a noite daquela sexta-feira um ritual de proteção na Seara do Caboclo Cipó. Pouco antes de iniciar a sessão, preparada exclusivamente para o marido, Shanna recebeu um telefonema da babá de Nichollas, informando que o filho do casal estava com febre alta. A notícia a levou a antecipar o retorno para casa.

Aconselhada pelo marido, Shanna deixou o terreiro escoltada pelos seguranças. Após a sua saída, Zé Personal decidiu dar prosseguimento ao ritual com o babalorixá Alexandre Avelar. Ao seu lado estava Josemar Soares de Oliveira, uma espécie de *consigliere*. Do lado de fora do centro espírita, seu pai, Félix de Barros Lopes, aguardava o término da sessão deitado no interior do carro.

Faltava pouco para a meia-noite quando Félix foi despertado do cochilo pelo estrondo de disparos de armas de fogo. Ao olhar para o portão do terreiro, ele viu três homens com os rostos cobertos por balaclavas passando apressados pelo corredor, em direção a um carro preto que estava parado com o motor ligado a poucos metros dali. Um dos homens carregava um fuzil, e os outros dois tinham pistolas nas mãos. O trio vestia roupas pretas, mas o que chamou a atenção do pai de Zé Personal foi a voz rouca de um deles. Félix reconheceu aquele tom de fala. Agachado no interior do Porsche blindado e de vidros escuros, ele acompanhou por uma fração de segundo o carro sair em disparada, levando os três matadores.

Em seguida, Félix caminhou trêmulo para o interior do terreiro de umbanda. Ao entrar no espaço, ele avistou os corpos do filho e de seu conselheiro. Zé Personal morreu sentado numa cadeira à frente de uma estátua do diabo, sobre uma enorme poça de sangue, misturada às oferendas. A cena, somada a um forte odor no interior do terreiro, o deixou nauseado.

Zé Personal e Josemar tinham marcas de tiros na cabeça e no tórax. Atordoado, Félix telefonou para o 190 e, em seguida, avisou Shanna. Enquanto falava ao celular, a voz rouca de um dos assassinos continuava a ecoar em sua cabeça. Félix estava certo de que aquele tom de voz era conhecido.

Horas depois, ao comentar detalhes da fatídica noite, o pai de Zé Personal voltou a dizer que a voz de um dos matadores lhe soara familiar. Félix só teria certeza no dia seguinte ao sepultamento do filho. Enquanto conversava com Shanna, um dos seguranças do casal se aproximou para dizer que Orelha havia telefonado para prestar condolências à família.

Ao ouvir do segurança o apelido do sargento PM Luiz Carlos Felipe Martins, Félix ligou imediatamente a voz do policial ao homem de rosto coberto por uma touca ninja, que participara da execução de seu filho. Félix estava certo de que a voz era do policial indicado pelo capitão Adriano para atuar na segurança de Zé e Shanna.

Orelha havia recebido a alcunha do oficial no período em que ficaram presos no Batalhão Especial Prisional (BEP), acusados do assassinato do flanelinha de Parada de Lucas. Naquela época, o então cabo Luiz Carlos Martins dirigia a Patamo que levou Leandro Silva à morte numa fábrica abandonada.

Ao reconhecer a voz rouca de Orelha na cena do crime, Félix alertou Shanna. O pai de Zé Personal também relatou em depoimento na Delegacia de Homicídios sua suspeita em relação à semelhança da voz de um dos matadores com a do segurança da família. Félix costumava bater papo com o sargento durante as escalas de serviço.

Orelha, Adriano e o tenente João frequentavam rotineiramente a residência do casal, na Barra da Tijuca, mas trocaram de posição no tabuleiro da família após a demissão do capitão. Assim que foi informado do afastamento, o ex-oficial caveira se bandeou para o lado de Bernardo

Bello. A aliança[160] entre eles chegou a ser ventilada na época por investigadores da Delegacia de Homicídios, que também apuravam a suspeita de participação de policiais no crime.

A execução de Zé Personal no terreiro do Caboclo Cipó abriu caminho à ascensão de Adriano na pirâmide organizacional da máfia do jogo. Pouco mais de um ano depois daquela noite de sexta-feira, um telefonema ao Disque-Denúncia deu pistas dos passos do capitão pelos subterrâneos da contravenção em Copacabana, bairro que Maninho costumava chamar de seu quintal.

A Princesinha do Mar sempre fora cobiçada pelos chefões do Clube do Barão. Os velhos membros da cúpula do jogo a classificavam como uma mina de ouro. Uma percepção amparada em números. O bairro com a praia brasileira mais conhecida no mundo concentra em suas 78 ruas, cinco avenidas, seis travessas e três ladeiras, distribuídas numa área de 7,84 quilômetros quadrados[161], a maior densidade habitacional da cidade. São 35.858 pessoas se espremendo por quilômetro quadrado, totalizando 161,2 mil habitantes. Copacabana mescla à beira-mar diferentes grupos sociais, com destaque para o número de idosos: 46 mil pessoas com mais de 60 anos vivendo no bairro, 33% da população, que representa 14% dos idosos da cidade. Grande parte composta por aposentados, com renda média de dez salários mínimos.

Nesse cenário, bancas de jogo do bicho, bingos e casas de apostas clandestinos servem de atrativo para aposentados solitários e bem-remunerados. A equação faz de Copacabana a principal joia da coroa do reino dos Paes Garcia. Certa vez, o potencial de lucro com a exploração de jogos no bairro foi resumido por Aniz Abraão David, o Anísio da Beija-Flor, da seguinte forma: "As bancas de bicho de uma rua de Copacabana arrecadam mais do que todas as bancas de Nilópolis".

A inconfidência foi feita pelo *capo* numa noite de desfiles das escolas de samba do grupo especial, na Avenida Marquês de Sapucaí. A afirmação do patriarca do clã Abraão David, um dos chefões do jogo na Baixada Fluminense do Rio de Janeiro, dava a dimensão da importância do território, antes sob domínio exclusivo dos Paes Garcia. Apesar de a dedução evidenciar um certo interesse do patriarca na região, o mecenas da Beija-Flor jamais entrou em disputa por uma fatia do bairro. Anísio se contentava em acompanhar a contenda de cima, de sua luxuosa cobertura na Avenida Atlântica, comprada em *cash* do jornalista Roberto Marinho. Postura oposta à adotada por dois outros veteranos do Clube do Barão.

A movimentação de peças no tabuleiro outrora dominado por Miro e Maninho não era visível apenas de cima. Seus contornos ficaram evidentes no telefonema catalogado pelo atendente do Disque-Denúncia às 20 horas e 34 minutos do dia 28 de dezembro de 2012. Uma sexta-feira.

Ao telefone, o interlocutor anônimo denunciou[162] a inauguração de um cassino clandestino instalado numa loja, no número 74 da Rua Siqueira Campos, próximo ao 19º Batalhão de Polícia Militar do bairro. O espaço, ao lado de um salão de cabeleireiro, teria passado por uma reforma, com troca de piso, ampliação dos banheiros e pintura.

A abertura da casa de jogos, com 45 máquinas caça-níqueis, foi comemorada com uma festa para apostadores convidados, muitos deles aposentados apanhados em suas residências por taxistas custeados pelo dono da banca. De acordo com o denunciante, à frente da jogatina estava o capitão Adriano. O empreendimento ilegal capitaneado pelo ex-caveira empregava PMs do batalhão do bairro, que atuavam na segurança do espaço e na escolta dos valores arrecadados, com exceção das madrugadas de sábado, quando o próprio Adriano costumava chegar à loja por volta das duas horas da madrugada para comandar pessoalmente os negócios. Acompanhado de policiais aliados, ele desembarcava de um Passat alemão blindado e permanecia no cassino até a saída do último apostador. A riqueza de detalhes do relato sugere alguma proximidade do autor da denúncia com o esquema ilegal.

Além de citar o número de máquinas, os horários de chegada e saída do capitão, o informante anônimo estimara em R$ 200 mil a féria do cassino da Rua Siqueira Campos nas noites de sábado, dia de maior faturamento. Ao final do telefonema, o interlocutor acrescentou que Adriano da Nóbrega também estaria envolvido na abertura de outras casas de jogos no bairro. Um dos pontos de apostas funcionava em um apartamento na Avenida Figueiredo Magalhães. De acordo com o denunciante, o ex-oficial caveira passara a dar as cartas nas casas de apostas clandestinas do bairro após a execução de Zé Personal e a aliança com Bernardo Bello.

Doze dias depois do telefonema, um atendente da ONG registrou uma nova ligação anônima com informações sobre o mesmo imóvel.

Um apartamento no segundo andar do prédio de número 741, na Rua Figueiredo Magalhães. A análise do relato[163] sugeriu que o autor da denúncia era o mesmo que havia descrito a inauguração do cassino na loja próxima ao batalhão de Copacabana.

No novo telefonema cadastrado às 16 horas e sete minutos da quarta-feira, dia 9 de janeiro de 2013, o autor ressaltava que o apartamento convertido em cassino clandestino contava com 30 máquinas caça-níqueis, distribuídas por dois cômodos do imóvel. O denunciante fez a ressalva de que a casa de apostas funcionava sob a proteção de policiais pagos por Adriano da Nóbrega. O denunciante acrescentou que um tenente atuaria como elo entre os PMs do batalhão e o ex-oficial do Bope. A suspeita de participação de policiais no esquema levou o Disque-Denúncia a difundir a informação aos órgãos de segurança do estado, em especial à corregedoria da Polícia Militar. Apesar da descrição detalhada, os locais não foram alvo de operações.

A aliança do capitão com Bernardo Bello, assim como o funcionamento dos cassinos no bairro, voltou a ser citada em outras denúncias recebidas pela ONG. Uma delas informava que o acordo com o marido de Tamara, a irmã gêmea da viúva de Zé Personal, havia sido pavimentado por Luizinho Drummond, chefão do jogo do bicho no subúrbio da Leopoldina.

O patrono da Escola de Samba Imperatriz Leopoldinense não foi o único *capo* da velha guarda do Clube do Barão a apoiar a aliança. Aílton Guimarães Jorge, o capitão Guimarães, um ex-militar do Exército reformado após ter o nome envolvido com contrabando e contravenção, também teria apadrinhado o acordo. Como demonstração de apoio, o capitão Guimarães abriu as portas de sua escola de samba, a Unidos de Vila Isabel, para a dupla. Inicialmente, Bernardo Bello indicou nomes para ocupar postos-chaves na direção da escola, em 2014. Dois anos depois, ele concorreu à sucessão, sendo eleito para presidir a agremiação em 2016 e 2017. No mesmo período, Adriano foi incorporado à folha de pagamento da agremiação, com direito a crachá de diretor da azul e branco.

Àquela altura, a robusta rede de cassinos clandestinos comandada pelo capitão Adriano se estendia além do território dos Paes Garcia. A partir de seu *bunker* estabelecido em Rio das Pedras, o ex-oficial do Bope espalhou máquinas de caça-níqueis em estabelecimentos comerciais da favela e de outras comunidades pobres no entorno da disputada Barra da Tijuca.

Descrita nos relatos cadastrados na base de dados do Disque-Denúncia, a relação do ex-oficial caveira com Bernardo Bello e o patriarca do clã Drummond ganhou ainda mais relevância nas palavras do ex-PM Orlando Oliveira de Araújo. Lembra dele? O chefe da milícia de Curicica, que chegou a ser acusado de articular a execução da vereadora Marielle Franco.

Ao ser ouvido na penitenciária federal, ele detalhou às promotoras Simone Sibilio e Letícia Emile a origem do que chamou de segunda formação do *Escritório do Crime*. O ex-policial militar traçou a gênese do grupo a partir do assassinato de Zé Personal. Sem conseguir lembrar os nomes dos genros de Maninho, ele resumiu para as representantes do Gaeco as fases da malta de assassinos de aluguel da seguinte maneira[164]:

"Foi com a morte do [...] A senhora não deve ter ouvido falar do cara que mataram dentro de um centro, que era da família do Maninho. Enfim, eu vou lembrar o nome dele. O Maninho morreu e houve uma guerra na família. Uma guerra interna entre as irmãs por causa do espólio. Esse cara ficou de frente, ele ficou tomando conta do espólio do Maninho. Esse grupo se reuniu pela primeira vez, até onde eu sei, para matar esse cara. A partir da morte desse cara, começa uma sucessão de mortes envolvendo aquela área do espólio de Maninho. Todas as mortes foram praticadas pelo João, o Batoré, que está condenado a 340 anos de prisão, e o próprio capitão Adriano".

Orlando de Araújo classifica o bando comandado por Adriano como a segunda formação do *Escritório do Crime*. O miliciano lembra que nessa fase o tenente João e Batoré figuravam como os homens de confiança do ex-oficial do Bope. A descrição da disputa interna no clã Paes Garcia reforça o conteúdo dos relatos recebidos pelos atendentes do Disque-Denúncia.

No diálogo gravado com autorização da Justiça e do Departamento Penitenciário Nacional (Depen), o chefe da milícia em Curicica relaciona o apoio de Luizinho Drummond à meteórica ascensão de Bernardo Bello nos subterrâneos do jogo ilegal. O genro de Maninho é descrito como o mais novo contraventor da cidade:

"Depois que eles conseguiram resolver os inimigos, o Drummond entrou no circuito e botou o garoto que está lá hoje como contraventor.

Deixa eu lembrar o nome dele. É o mais novo contraventor do Rio, garoto novinho, trinta e quatro anos, não sabe o mal que tá fazendo pela vida. Bota ele pra tomar conta do espólio da família e dá um pedaço da área pro capitão Adriano. Então, o capitão Adriano meio que se afasta dessas coisas de matar. Ele até recebe as missões, mas passa pro Batoré".

Sob as bênçãos de Luizinho Drummond, capitão Adriano garante a segurança do "garoto novinho" e do espólio deixado por Miro e Maninho. A manobra estanca momentaneamente o derramamento de sangue iniciado por Zé Personal. Ao receber um pedaço do território, Adriano julga ter concretizado o sonho acalentado desde os tempos de adolescente no Haras Modelo: tornar-se banqueiro do jogo do bicho.

Aos mais chegados, ele se autointitulava bicheiro sempre que seu nome aparecia associado à milícia de Rio das Pedras. A afirmação era repetida para aliados e familiares, como sua irmã, Daniela Magalhães da Nóbrega. Foi a caçula que contou a Tatiana, a irmã do meio, ter ouvido de Adriano a frase: "Não sou miliciano, sou bicheiro[165]".

A confidência foi repetida por Tatiana a uma tia, não identificada pela polícia, numa conversa telefônica interceptada com autorização da Justiça. O diálogo foi gravado às 15h30 do dia 11 de fevereiro de 2020. Durante pouco mais de seis minutos, Tatiana falou do envolvimento do irmão mais velho com as famílias ligadas à exploração clandestina de jogos.

Apesar de contestar a pecha de miliciano, Adriano não deixou de operar no lucrativo mercado de morte a soldo, tampouco abriu mão de seu quinhão nas atividades paralelas praticadas pela milícia. Como ressaltou Orlando Curicica, o ex-oficial do Bope atuava como uma espécie de CEO do *Escritório do Crime*. As encomendas de assassinato eram repassadas aos aliados. Assim, uma execução negociada por valores que poderiam ultrapassar a cifra de 1 milhão de reais era terceirizada pelo capitão Adriano, que embolsava a maior parte do dinheiro:

"O Batoré pega 30 mil, dá para cada um que foi e o resto é dele. E todo mundo disputou o mesmo crime".

Orlando Curicica conta que antes do capitão Adriano tomar a frente do bando de matadores e enveredar pela contravenção, um outro PM comandou o grupo. O sargento Geraldo Antônio Pereira também teve seus dias de bicheiro. Policial com fama de truculento, Pereira atuou como adido na Delegacia Antissequestro, a DAS. A figura do adido em delegacias especializadas da Polícia Civil fluminense surgiu em razão da onda de sequestros no estado, entre os anos de 1995 e 1998. Sargentos experientes, com bom trânsito na tropa e nos subterrâneos do crime, foram cedidos para apoiar investigações após a reestruturação das delegacias especializadas, iniciada pelo então chefe da Polícia Civil, Hélio Tavares Luz.

O delegado de estilo polêmico se tornara conhecido por falar abertamente da corrupção policial. Hélio Luz explanava as mazelas da corporação em entrevistas pontuadas por frases de efeito, como: "Não se trafica nada nessa cidade sem a conivência da polícia" ou "Agora a Delegacia Antissequestro não vai mais sequestrar"[166].

Foi nessa época que o sargento Pereira se tornou adido na delegacia especializada no enfrentamento às quadrilhas de sequestradores. Cedido pela PM à Polícia Civil, Pereira chegava à sede da DAS, no Leblon, em um carro blindado com escolta de homens fortemente armados. Assisti à cena numa tarde quente do verão carioca.

Eu conversava na calçada da DAS com o delegado Alexandre Neto, conhecido como "siri na lata" pelo temperamento explosivo. Naquela época, só sabia do sargento Pereira de nome e pela fama de matador, ligado à máfia do jogo. Ao ver o BMW blindado parar na frente da delegacia, imaginei se tratar de algum ricaço vítima de sequestro na família.

Alertei o delegado, que estava de costas para a Avenida Afrânio de Melo Franco. A DAS funciona num prédio de dois pavimentos, na frente do Teatro Casa Grande, naquela época colada a um gigantesco canteiro de obras onde estavam sendo erguidos na rocha os pilares do Shopping Leblon.

Alexandre Neto virou-se no instante em que o homem de estatura mediana, feição nordestina e cabelos desgrenhados desembarcou do BMW. Neto não conteve a sonora gargalhada, uma das marcas de sua personalidade, e emendou: "Ricaço é o caralho, Ramalho! Esse é o sargento Pereira, o PM que mais ajudou a solucionar sequestros no Rio de Janeiro".

Dessa maneira fui apresentado rapidamente ao policial. Naquela época, o sargento alternava a função de adido na DAS com a exploração de máquinas caça-níqueis na Vargem Grande, no Terreirão e em Rio das Pedras. Nos subterrâneos da polícia, Pereira era apontado como o executor de Maninho. A empreitada lhe garantiu um pedaço do território dos Andrades.

Capitão Adriano repetira os passos do sargento Pereira. Assim como o ex-adido da DAS, o ex-oficial do Bope galgou posições no organograma da máfia do jogo a partir da atuação no mercado da morte. A diferença entre eles estava no início de sua trajetória. Os dois policiais convertidos a matadores de aluguel tinham ligações umbilicais com famílias historicamente rivais.

O antagonismo dos clãs, somado à desconfiança natural entre assassinos de aluguel, convergiu numa encruzilhada, que colocaria o sargento e o capitão em rota de colisão. No centro da cizânia, o *Escritório do Crime*. Tanto Pereira quanto Adriano alimentavam a crença de que o controle do grupo mercenário seria fundamental para consolidar seus planos de domínio e expansão territorial. A ambição desmedida levou o capitão e o sargento a acreditarem que, a partir de seus pedaços de território, o controle da milícia de matadores bastaria para transformá-los em banqueiros do bicho. Um desejo de poder e de fortuna que já tinha seduzido outros ousados subalternos dos clãs da máfia do jogo.

O mais notório deles foi Mariel Araújo Mariscot de Mattos. Nascido em Niterói, o caçula da costureira Maria Araújo era um bebê quando o pai, Ariel Mariscot de Mattos, um caixeiro viajante, decidiu fixar residência em Salvador, na Bahia. Três anos depois, o patriarca morreu de tuberculose. Por cinco anos, a viúva criou os filhos, Mariel e Roberto, com muita dificuldade. A vida começou a melhorar após Maria se casar com o sargento do Exército Wilson de Azevedo Brito. Um ano depois do matrimônio, o militar foi transferido para a Vila Militar, no Rio de Janeiro. De volta ao estado de origem, a família foi viver em Bangu. Mariel e Roberto cresceram no bairro da zona oeste.

Na adolescência, os dois rapazes trabalhavam e estudavam à noite. Mariel também praticava natação e saltos ornamentais na piscina do Bangu Atlético Clube, onde recebeu uma bolsa de atleta. Aos 16 anos, foi campeão carioca nas duas modalidades. Um ano depois, passou num concurso para salva-vidas.

Mariel tinha fascínio por Copacabana. Após ser aprovado no Corpo Marítimo de Salvamento, ele procurou uma quitinete para alugar no bairro. Contudo, para a sua frustração, o Corpo Marítimo de Salvamento o transferiu para trabalhar nas praias da Ilha do Governador e, posteriormente, em Sepetiba. Durante os dias de trabalho, Mariel dormia nos postos de salvamento.

Aos 23 anos, o salva-vidas fez novo concurso público, dessa vez para a Polícia Civil. Aprovado, pediu para trabalhar na delegacia de Copacabana, mas sua primeira lotação foi no subposto de Bangu. Nos fins de semana, quando não estava de plantão na zona oeste, Mariel se apresentava para trabalhar como voluntário no bairro da zona sul carioca.

O jovem policial de corpo atlético e olhos verdes logo passou a ser conhecido pelas ruas e, sobretudo, nas boates da Princesinha do Mar. Boa-pinta e carismático, Mariel fez amizades nos círculos culturais. Namorou dançarinas, modelos e artistas, como Rose di Primo e Darlene Glória.

O policial tinha o hábito de carregar duas pistolas presas à cintura, como se fosse um *cowboy* dos filmes americanos. A fama de valentão aumentou após ele se envolver em sua primeira execução, a morte de um ladrão flagrado ao tentar roubar um carro na Avenida Barata Ribeiro. Mariel surpreendeu o larápio, que tentou escapar correndo pelo meio da rua e acabou alvejado pelo policial. A cena foi presenciada por inúmeras pessoas. Mariel postou-se no meio da avenida, sacou as duas pistolas calibre 45 e abriu fogo contra o assaltante. Após o episódio, ele passou a ser chamado de Ringo de Copacabana.

O apelido era uma referência ao seriado americano *Ringo*, que retratava de maneira glamorosa a vida de Johnny Ringo, um pistoleiro envolvido em roubos a carruagens no Velho Oeste, nos idos de 1860, e que morreu aos 32 anos com um tiro na cabeça. As circunstâncias de sua morte nunca foram esclarecidas.

O Ringo de Copacabana também teve o nome envolvido numa série de crimes. Entre eles, estelionato e sete assassinatos, alguns deles supostamente agindo como matador de aluguel para integrantes da recém-criada cúpula do jogo do bicho. Durante a ditadura militar, Mariel Mariscot fez parte da Scuderie Le Cocq, um esquadrão da morte formado por policiais conhecidos como os "*Doze Homens de Ouro*".

O grupo de justiceiros mantinha vínculos com banqueiros do jogo do bicho. Ora atuavam como guarda-costas, ora como carrascos, eliminando rivais dos chefões na disputa por território. Mariel chegou a ser investigado por participação no assassinato de um desafeto de Aílton Guimarães Jorge, o capitão Guimarães, em Niterói.

Apesar das suspeitas, o policial não foi denunciado à Justiça pela execução. Mariel Mariscot viria a ser condenado pela primeira vez em junho de 1973, pelo juiz Deocleciano d'Oliveira, da 10ª Vara Criminal do antigo estado da Guanabara. A sentença de 14 anos e dez meses de prisão foi a punição imposta por seu envolvimento num esquema de falsificação de cheques de viagens.

Pouco depois, o Ringo de Copacabana foi condenado a 19 anos de prisão pelo assassinato do ladrão de bancos Odair de Andrade Lima, o Jonas. Após o anúncio da segunda sentença, Mariel foi expulso da Polícia Civil. Levado para a carceragem do Ponto Zero, em Benfica, o ex-policial colocou em prática um plano de fuga. Como um dos doze homens de ouro da Scuderie Le Cocq, parecia viver num dos filmes de Velho Oeste que tanto gostava de assistir no Cine Roxy, na esquina da Bolívar com a Nossa Senhora de Copacabana.

E, como se fosse o protagonista de um faroeste americano, Mariel escapou da prisão, sob a justificativa de provar sua inocência. A fuga contou com a ajuda da mulher, a atriz Elza Castro, que o esperava em seu carro às margens da Avenida Brasil.

O Ringo de Copacabana passou meses foragido percorrendo estradas, até chegar ao Paraguai e de lá tomar rumo oposto, em direção ao Nordeste. A fuga do ex-policial matador ganhou contornos de um *movie road*, com um episódio retratado em livro pela escritora Zélia Gattai. A mulher de Jorge Amado conta no capítulo "O Bandidão" o inesperado encontro de duas amigas atrizes com o foragido na paradisíaca Itapuã:

Plantadas no meio da rua à espera de que passasse um táxi, viram que um carrão de luxo, um rabo-de-peixe, que passara por elas, diminuíra a marcha, parara, dera uma ré. Bem-posto, óculos ray-ban, o moço perguntou: Querem carona? Para onde vão?

Encantadas, elas aceitaram, o cavalheiro era simpático. Ele abriu a porta da frente e as duas entraram.

Você não é a Suzana Gonçalves?

Ele a reconhecera das novelas, era seu admirador [...] Eu sou Mariel Mariscot, disse. Isso não lhe diz nada? Claro que dizia: Mariel Mariscot, o temido policial-bandido do Esquadrão da Morte, procurado como agulha no palheiro pela polícia[167].

Procurado, mas não muito. Depois de circular por vários estados, Mariel Mariscot encerrou sua fuga ao se apresentar a policiais militares na Bahia, num *camping*. Levado para o presídio na Ilha Grande, ele voltou a escapar. O midiático ex-policial foi preso 73 dias depois, no fim da tarde de terça-feira, 21 de abril de 1976, em Marília, interior de São Paulo.

Mariel acabara de sair do Cine Peduti e caminhava em direção ao estacionamento onde deixara o Fusca coral, placa DH-4009. Na época, a prisão do foragido homem de ouro ganhou três versões. Numa delas, o próprio fugitivo teria alertado a polícia local sobre sua presença na cidade.

Trazido de volta ao Rio de Janeiro, Mariel Mariscot foi encarcerado na Penitenciária Lemos de Brito, em Bangu. O retorno ao bairro onde cresceu foi breve. De lá, o ex-policial foi transferido para unidades prisionais no Centro e, posteriormente, para o Presídio Romero Neto, em Niterói. A essa altura, Mariel Mariscot somava em sua ficha penal pouco mais de 33 anos de condenação. O ex-policial também respondia a outros quatro processos por homicídio.

Apesar do histórico, o homem de ouro foi chamado pelo juiz Francisco Horta para trabalhar na Vara de Execuções Criminais. Como assistente do magistrado, Mariel passou à condição de preso albergado, que lhe permitia passar o dia fora do cárcere. À noite, ele retornava ao presídio de Niterói. Com isso, além de dar expediente na Justiça, o ex-policial ocupava o tempo livre prestando serviços a chefões do jogo do bicho.

A vida dupla de Mariel Mariscot foi interrompida às 17h45 da quinta-feira, dia 8 de outubro de 1981. Depois de passar parte da tarde na Vara de Execuções Criminais, no Centro do Rio, o ex-policial se despediu dos amigos, dizendo que iria ao banco e, em seguida, para a faculdade, onde cursava Jornalismo. Mariel dizia a todos que pretendia ser repórter, mas nos bastidores ele operava com alguns integrantes da cúpula da máfia do jogo para obter um pedaço de território e assim "ficar rico em dois anos", como costumava se gabar.

O desejo de se tornar banqueiro do bicho acabou interrompido por oito tiros disparados de uma pistola americana M2 AI 380, equipada com silenciador. Uma novidade para a época.

O ex-policial dirigia lentamente pela Rua Alcântara Machado, na Praça Mauá, em busca de uma vaga para estacionar seu Passat. Fazia calor naquela tarde. Os vidros de seu carro estavam abaixados, e quem passava perto podia ouvir a melodia saindo do toca-fitas. Mariel usava um ray-ban e tinha a camisa social aberta na altura do peito, exibindo um grosso cordão de ouro. Sob o banco do carona, ele tinha duas pistolas. No vidro traseiro, um adesivo da Scuderie Le Cocq servia de alerta aos incautos.

Sorridente, Mariel planejava participar de uma reunião de bicheiros no escritório de Raul Corrêa de Mello, o Raul Capitão, então com 72 anos. A poucos metros da Capri Imobiliária, a empresa que servia de fachada legal para a fortaleza do velho *capo*, um homem negro parou à frente do Passat e abriu fogo. Os tiros estilhaçaram o para-brisa do veículo, atingindo Mariel Mariscot no peito e no rosto.

A execução do mais notório homem de ouro foi detalhada em uma página da edição de 9 de outubro de 1981 do *Jornal do Brasil*. Sob o título: "Mariel é assassinado a tiros em emboscada no Centro[168]", a reportagem descrevia a comoção entre policiais e simpatizantes do Ringo de Copacabana gerada pelo crime. O texto trazia detalhes sobre o matador, que estava acompanhado de outro homem. Ambos, supostamente, policiais ligados à máfia do jogo.

A morte de Mariel Mariscot jamais foi esclarecida, mas a história do ex-policial matador, que almejava se tornar banqueiro do jogo, inspirou os jornalistas Paulo Markun e Ernesto Rodrigues a escreverem *A Máfia Manda Flores – Mariel, o Fim de um Mito*. O livro indica que o ex-policial teve a vida abreviada por ter ousado transpor sua condição de mero matador dos chefes dos clãs.

Décadas depois, o sargento Pereira e o capitão Adriano repetiriam o mesmo erro. Embora não agissem sozinhos, como Mariel Mariscot, os dois arrojados PMs alimentavam a crença de que estariam protegidos por seus aliados em armas. Pura tolice, como revelou o ex-PM Orlando Araújo.

Foi pelas mãos de Pereira que Orlando recebeu seu pedaço de território para explorar: o bairro de Curicica. Como um donatário, o miliciano adotou o nome de sua capitania como alcunha. A relação com o ex-adido da DAS foi admitida às promotoras do Gaeco. De acordo com Orlando Curicica, a chegada do capitão Adriano a Rio das Pedras gerou um racha no *Escritório do Crime*.

Os integrantes da primeira formação, incluindo o sargento Ronnie Lessa, seguiram com Pereira. O ex-adido nunca confiou no capitão Adriano, já reconhecido entre seus pares como sendo pouco confiável.

O ex-caveira do Bope passou então a comandar a "segunda geração" da malta de assassinos.

Sargento Pereira se afastou de Rio das Pedras, levando consigo as máquinas caça-níqueis que espalhara pela região. O ex-adido transferiu seu *bunker* para o Terreirão, no Recreio dos Bandeirantes. Em pouco tempo, Adriano passaria a controlar a jogatina nas comunidades às margens da Lagoa de Jacarepaguá.

A convivência entre os membros das duas formações do grupo de matadores seguia tênue. Por vezes, alguns de seus integrantes até atuaram juntos com o propósito de barrar o avanço de bandos rivais em seus territórios. O armistício, contudo, terminou às 22h43 da quarta-feira, 16 de março de 2016.

Minutos antes, o ex-tenente João Martins acabara de sair da confeitaria Majestosa, na Rua Cambaúba, em direção ao seu carro, um Toyota Corolla, que estava estacionado numa vaga a pouco mais de 30 metros de uma cabine do 17º Batalhão da PM, no Jardim Guanabara, o bairro com o metro quadrado mais valorizado da Ilha do Governador.

Ao se aproximar da porta do veículo, Joãozinho, como era tratado por Adriano, foi surpreendido por um atirador que o espreitava a curta distância, oculto por uma das árvores que cercam o espaço. O ex-oficial não teve tempo de reagir à ação do matador. Baleado no tórax e na cabeça, o parceiro de Gordo desde os tempos de adolescência, na Fazenda Garcia, caiu morto ao lado do carro.

Apesar de ter sido expulso da PM em 2014, juntamente com o amigo ex-oficial do Bope, por envolvimento com a máfia do jogo, João Martins carregava uma carteira de tenente da PM. Os policiais de serviço na cabine localizada na mesma calçada do crime não perceberam a ação do pistoleiro a tempo de evitar o assassinato. Adriano reagiu à execução do amigo com um raro descontrole. Pessoas próximas disseram que a morte de Joãozinho abalou o ex-caveira tanto quanto a perda do pai. O capitão do *Escritório do Crime* cogitou se vingar do sargento Pereira naquela mesma noite, mas foi contido por Batoré e pelo sargento Orelha.

A vingança foi adiada para a manhã do dia 17 de maio, exatos 62 dias depois do assassinato do tenente Joãozinho. Pereira acabara de chegar ao estacionamento da academia The Place, no Novo Rio Country Club, no Recreio dos Bandeirantes. Um dos sócios do estabelecimento, o sargento estava acompanhado do ex-inspetor da Polícia Civil Hélio Machado da Conceição.

Helinho fez parte do grupo de policiais conhecido como os "inhos de Álvaro Lins". O ex-delegado chefiava a Polícia Civil no governo Garotinho e acabou condenado na justiça por dar proteção às atividades ilegais de Rogério Andrade, sobrinho de Castor de Andrade. "Inhos" era uma referência aos inspetores ligados ao esquema criminoso: Helinho, Fabinho e Jorginho. Todos tratados no diminutivo.

Assim que saíram do carro, Pereira e Helinho foram tocaiados por três homens encapuzados, que desceram de um veículo parado numa vaga próxima, disparando seus fuzis em direção à dupla. O sargento foi atingido por 18 tiros, três deles disparados à queima-roupa por um dos matadores, quando o policial já estava caído no chão. Helinho foi baleado no ombro, mas sobreviveu. Os três sicários escaparam ilesos. As investigações apontam divergências em torno do mandante e da motivação do crime. Não se pode dizer o mesmo em relação aos assassinos. É consenso que a execução foi praticada por integrantes da segunda formação do *Escritório do Crime*.

Um dos pistoleiros carregava um AK-47, modelo similar ao fuzil usado na execução de Maninho. Sargento Pereira tinha 56 anos quando foi fuzilado. Seu arsenal, iniciado com Bin Laden, somaria 90 fuzis[169]. Tamanho poder de fogo não evitou que o policial desviado tivesse o mesmo fim do príncipe dos Paes Garcia.

Ao vencedor, os espólios. Após a morte de Pereira, o ex-capitão do Bope Adriano Magalhães da Nóbrega assumiu o comando das duas formações do *Escritório do Crime*. À época com 39 anos, o oficial caveira personificava a evolução do assassino de aluguel frente ao velho sargento matador.

A morte solitária

Encostado à frisa do Liesa Hospitality Center, o luxuoso camarote da Liga Independente das Escolas de Samba, erguido nos moldes dos espaços VIP da Fórmula 1, no Setor 2 da Avenida Marquês de Sapucaí, Adriano tinha o olhar vidrado no burburinho criado em torno de um senhor grisalho. Cercado por um séquito de bajuladores, o homem ocupava uma poltrona numa área ainda mais exclusiva do enorme salão refrigerado.

Enquanto as atenções se voltavam à avenida, o ex-oficial do Bope acompanhava de costas para a passarela do samba o beija-mão a Aílton Guimarães Jorge, o capitão Guimarães. O mecenas da Unidos de Vila Isabel, a escola de samba fundada no bairro de origem do jogo do bicho, era o centro das atenções. Sob o som da queima de fogos – marca do início dos desfiles do Grupo Especial no Sambódromo –, o militar reformado recebia elogios e congratulações pela festa.

A agremiação financiada por um dos fundadores da cúpula da contravenção no Rio seria a terceira a se apresentar no domingo, 11 de fevereiro de 2018. Com o enredo "Corra que o futuro vem aí", idealizado pelos carnavalescos Paulo Barros e Paulo Menezes, a azul e branco de

Vila Isabel trazia em sua comissão de frente 14 bailarinos caracterizados como "Leonardo da Vinci, o Visionário".

Acompanhado da mulher, Júlia Lotufo, o ex-caveira não escondia seu encantamento pelo culto ao capitão reformado do Exército. *O tenente contrabando*, como chegou a ser conhecido entre seus pares nos tempos do AI-5, inspirava Adriano. O ex-oficial do Bope enxergava no capitão Guimarães um exemplo a ser seguido.

No período em que participou da repressão aos opositores do regime militar, o então tenente Guimarães atuava paralelamente em ações para extorquir contrabandistas. O oficial do Exército chegou a ser investigado internamente após se envolver no desaparecimento de um caminhão carregado de bebidas, calças jeans e perfumes.

A carga pertenceria a Ângelo Maria Longa, o Tio Patinhas, o português que fez fortuna com o contrabando e o jogo do bicho. Nos anos 1960, ele era o principal banqueiro da zooteca no Rio. Após acumular prejuízos com as ações clandestinas de Guimarães, ele lhe ofereceu uma participação nos negócios. A relação do militar com o submundo levou o Exército a reformar o tenente, que deixou a caserna como capitão para enveredar de vez na máfia do jogo.

Com o tempo, capitão Guimarães se tornou um dos principais nomes do Clube do Barão e da Liesa, entidade que presidiu de 1987 a 1993 e de 2001 a 2007. Nas noites de desfile na Sapucaí, o séquito de aduladores em torno do velho chefão do jogo reunia representantes dos poderes constituídos, empresários, políticos, artistas e, claro, muitos policiais.

O batalhão da Liga contava em média com 300 PMs, parte deles oficiais arregimentados por meio da empresa terceirizada MJC Eventos e Serviços, registrada na Junta Comercial do Rio de Janeiro em nome das filhas do coronel da reserva da PM Celso Pereira de Oliveira. Revelei o emprego de policiais da ativa na tropa privada da Liga em reportagem[170] na edição do jornal *O Globo*, publicada no domingo, dia 22 de fevereiro de 2009.

Naquela época, o então capitão Adriano figurava entre os oficiais contratados para fazer bico na Marquês de Sapucaí. As diárias pelo serviço variavam de R$ 350 a R$ 850 e eram pagas por meio de Recibo de Pagamento de Autônomo (RPA). A denúncia publicada no primeiro dia dos desfiles do Grupo Especial levou o secretário de Segurança Pública,

José Mariano Beltrame, a determinar a abertura de uma investigação interna. Passados nove anos, Adriano estava de volta ao Sambódromo. Dessa vez, o ex-oficial do Bope não fazia bico para a entidade criada pelos donos da banca. O capitão, patente pela qual continuava a ser tratado apesar de ter sido expulso da PM, evoluía pelas áreas restritas da Avenida Marquês de Sapucaí exibindo uma credencial de pista livre concedida pela Liesa.

Àquela altura, o ex-capitão Adriano, fotografado no carnaval de 2018, havia transformado seu *Escritório do Crime* em *holding*, com participação num diversificado leque de atividades ilegais. Ao unificar o bando de assassinos sob seu comando, o ex-caveira incorporou ao seu pedaço de território as áreas dominadas pelo sargento Pereira, o rival fuzilado, no Recreio dos Bandeirantes.

Antigos parceiros do miliciano morto também se aliaram ao ex-oficial do Bope. Foi o caso do ex-policial militar Orlando Curicica. Ao se unir a Adriano, ele assegurou sua permanência à frente da milícia do bairro de Curicica.

O ex-capitão não era hábil apenas em seu ofício de tirar vidas. Adriano era persuasivo e sabia ser generoso com os parceiros, desde que lhe fosse conveniente. Sua política de relações pessoais se assemelhava ao estilo "*plata o plomo*" instituído por Pablo Escobar, o narcotraficante que comandou o cartel de Cali, na Colômbia. Entre o dinheiro e o chumbo das balas, Orlando Curicica preferiu a primeira opção. Fechou com Adriano, que não demorou a apresentar-lhe a conta.

Como o próprio Curicica admitiu em conversa gravada com representantes do Ministério Público, os milicianos costumam retribuir favores, muitas vezes, eliminando desafetos para outros paramilitares. Para quitar sua dívida com o ex-capitão, Curicica teria articulado com os seus subordinados o sequestro e a morte de Myro Paes Garcia, o filho caçula de Maninho.

Aos 27 anos, o herdeiro andava questionando o faturamento e, sobretudo, os valores repassados aos herdeiros do espólio pelo ex-cunhado Bernardo Bello e seu sócio-escudeiro, o capitão Adriano. Myrinho também vinha fazendo visitas frequentes ao escritório de negócios, que funciona num shopping da Barra da Tijuca. As aparições de surpresa começaram a incomodar. O herdeiro de Maninho pedia acesso à contabilidade e, por vezes, solicitava uma retirada extra para financiar sua participação em campeonatos de pôquer. Alguns desses torneios aconteciam em Las Vegas, a meca da jogatina nos Estados Unidos.

Na última visita ao *bunker*, Myrinho pediu que seu carro fosse trocado. Na ocasião, o rapaz reclamou que seu veículo era muito inferior ao usado por Adriano, que circulava numa picape Amarok blindada. Três dias depois, ao sair da academia Bodytech, no Condomínio Península, na Barra da Tijuca, Myrinho foi rendido no estacionamento por dois homens armados e levado dali em seu próprio carro.

O suposto sequestro aconteceu na noite de 12 de abril de 2017. Myrinho estava acompanhado do amigo de infância Pedro Arthur Oliveira Marques. Horas depois, o jovem recebeu um telefonema do herdeiro, com orientações para que ele levasse R$ 100 mil a um ponto da Estrada do Rio Morto, em Vargem Grande. O valor teria sido exigido pelos sequestradores em troca da liberdade do rapaz.

Pedro levou a quantia conforme combinado, mas após Myrinho ser libertado, os sequestradores dispararam vários tiros contra a dupla. O filho de Maninho foi atingido pelas costas e não resistiu aos ferimentos. Os criminosos escaparam, levando o dinheiro e o carro do herdeiro, que foi incendiado a alguns quilômetros do local do crime.

Inicialmente, a Delegacia de Homicídios concluiu que o sequestro e a morte de Myrinho foram planejados pelo fuzileiro Paulo Victor da Rocha, com o auxílio de José Santiago e Handerlândio de Araújo. O trio foi condenado, mas o surgimento de novas evidências[171] levou o então juiz Paulo Jangutta, da 41ª Vara Criminal, a determinar a continuação das investigações visando identificar o mandante da execução.

A suspeita de envolvimento de Bello e do ex-capitão Adriano no crime já havia sido levantada por Shanna Garcia, após escapar de um atentado. Versão corroborada em dois extensos relatos registrados pelo Disque-Denúncia. Neles, Orlando Curicica é citado como o responsável por colocar em prática o plano para eliminar o herdeiro de Maninho.

A denúncia[172] descreve em detalhes a teia de relações envolvendo o ex-capitão e o chefe da milícia de Curicica:

"Orlando Curicica simulou o sequestro de Myrinho a pedido de Adriano, que se associou ao ex-genro de Maninho para tomar o espólio da família".

A parceria entre os milicianos voltou a ser citada em nova denúncia[173], registrada em 28 de setembro de 2018. Em duas páginas, o autor do relato detalha o envolvimento do ex-capitão nos assassinatos de Zé Personal e Myrinho. O ex-caveira também foi acusado de ter tomado posse da Fazenda Garcia e do Haras Modelo, propriedades rurais dos Paes Garcia onde Adriano passara a adolescência ao lado do pai, o seu Nóbrega.

O ápice da ascensão do ex-caveira na máfia do jogo estava representado em cores, na foto em que Adriano aparece sorridente ao lado da mulher, Júlia Lotufo, no camarote VIP da Liesa. Aos 41 anos, o ex-oficial do Bope faturava em média R$ 800 mil por mês. A quantia, digna de um CEO, representava a soma dos valores recebidos com a exploração de atividades ilegais: caça-níqueis, assassinatos a soldo, construção de prédios ilegais e cobrança de taxas de proteção.

Parte da fortuna amealhada era investida em negócios legais, usados como fachada para lavar os recursos obtidos nas atividades criminosas. Apaixonado pela vida no campo, Adriano criava gado e cavalos de raça, mas também investia em comércio e planejava abrir um restaurante especializado em carnes, no Cachambi, zona norte do Rio.

O *patrãozão*, como era tratado pelos subordinados da milícia, alcançara seus objetivos. Aos mais chegados, dizia que seu próximo intento seria conseguir a reintegração aos quadros da Polícia Militar. Para isso, contratou o escritório do renomado advogado Silva Neto.

O jurista já havia conseguido um "nada a opor" da corporação à reintegração do ex-caveira.

O retorno de Adriano às fileiras da PM se somaria a tantos outros casos de policiais expulsos e reintegrados por determinação da Justiça. A vida parecia conspirar a favor dos planos de poder de Adriano da Nóbrega.

Naquela primeira noite de desfiles do Grupo Especial, quem encontrou Adriano circulando de mãos dadas com Júlia pelas áreas VIP da Marquês de Sapucaí o descreveu como um homem apaixonado e realizado. O casal de hábitos aparentemente simples vestia calça jeans e tênis. Ela vestia um *body* azul. Ele, uma camisa polo. Roupas confortáveis, mas de grifes caras. O ex-capitão tinha os cabelos repartidos de lado e deixara a barba rala crescer para agradar à mulher, catorze anos mais jovem. Por trás da aparência tranquila, Adriano camuflava seu ímpeto por poder. O olhar atento ao ritual de beija-mão gerado em torno do capitão Guimarães mesclava admiração e cobiça.

Adriano estava tão certo de sua influência nos subterrâneos do jogo clandestino, da polícia e da política fluminense, que afirmara aos parceiros mais chegados que poderia matar o governador do estado e, ainda assim, sair impune. O ex-oficial do Bope jamais poderia imaginar que, 32 dias depois da memorável noite de folia na Passarela do Samba, sua vida viraria de ponta-cabeça. Para quem se julgava intocável, Adriano viu a sua organização criminosa começar a ruir a partir da execução de uma mulher negra, lésbica, eleita vereadora por um partido de esquerda.

A morte de Marielle Franco, uma jovem com origem em uma das 16 comunidades do Complexo da Maré, no subúrbio da Leopoldina, abalou de tal maneira os alicerces da milícia de matadores, que Adriano deu início a uma operação junto aos aliados da banda podre da polícia para retardar as investigações e, assim, tentar tirar do foco o seu *Escritório do Crime*.

A ligação do ex-caveira com policiais corruptos lhe garantia acesso a informações sigilosas sobre os rumos da investigação. Adriano tinha trânsito livre em vários batalhões e delegacias policiais. Sua influência chegava a setores estratégicos dentro da Delegacia de Homicídios. Não era raro encontrar o ex-capitão circulando pelos corredores da unidade especializada em investigar assassinatos. Nessas visitas, Adriano costumava entregar quantias expressivas aos aliados. Em troca, os policiais envolvidos no esquema retardavam o andamento de inquéritos, vazavam informações contraditórias à imprensa, criando narrativas falsas para desviar os rumos das investigações relacionadas às execuções encomendadas pela máfia do jogo.

O patrãozão era tratado como o homem da mala, responsável pelo pagamento mensal de até R$ 200 mil a aliados na DH. A informação consta em ao menos três relatos cadastrados pelo Disque-Denúncia. Em um dos telefonemas, o autor da denúncia[174] registrada no banco de dados da ONG, às 8h32 do dia 12 de dezembro de 2018, diz que Adriano teria pago mais de R$ 2 milhões a policiais da delegacia especializada.

Em geral, os valores seriam repassados em caixinhas semanais, mas a distribuição da propina variava conforme a gravidade do crime sob investigação. Assassinatos com grande repercussão, como o de Marielle, ou envolvendo integrantes dos clãs ligados à máfia do jogo, podiam gerar pagamento de bônus.

Adriano oferecia valores extras por informações antecipadas sobre operações policiais e, em especial, pela retirada de evidências entranhadas nos inquéritos. Imagens de câmeras de circuitos de segurança recolhidas em meio às investigações, que poderiam servir de prova contra membros do *Escritório do Crime*, por exemplo, eram negociadas à parte pelo patrãozão.

O esquema de corrupção capitaneado por Adriano teria levado ao desaparecimento de provas em inquéritos relacionados a execuções praticadas pela organização criminosa. As suspeitas de ingerência do chefe da *holding* de assassinos em setores da Delegacia de Homicídios foram reforçadas pelo acúmulo de inquéritos não elucidados.

A aliança com agentes corruptos manteve a polícia afastada de Rio das Pedras e do *Escritório do Crime* até a manhã de terça-feira, 22 de janeiro de 2019. Nessa data, o Ministério Público do Rio deflagrou a primeira fase da Operação Intocáveis. Entre os principais alvos da ação figurava o ex-capitão Adriano da Nóbrega. A operação aconteceu oito dias depois de a Justiça ter concedido os mandados de prisão em nome de treze integrantes da milícia de Rio das Pedras. Encabeçando a lista, o ex-oficial da tropa de elite da PM não foi localizado em seu reduto. A fuga de Adriano reforçou as suspeitas de vazamento de informações.

Certo de sua impunidade, o ex-caveira não se afastou muito da favela para escapar do cerco do Gaeco. Adriano refugiou-se numa espécie de casamata que mantinha em um trecho da floresta no maciço da Tijuca. O *bunker* era usado pelo ex-capitão durante as caçadas. Gordo não perdera a mania de se embrenhar na mata para caçar, um hábito adquirido com o pai. Mas agora ele era a caça. Por vários dias, Adriano não foi visto nas imediações de Rio das Pedras, Muzema e no Itanhangá. Nesse período, ele manteve contato por radiotransmissor com o sargento Luiz Carlos Felipe Martins, o Orelha. Desde o assassinato do ex-tenente João, o sargento fora convertido pelo ex-capitão em seu principal confidente.

Adriano só voltou a ser visto em Rio das Pedras catorze dias depois da Operação Intocáveis. Na manhã de 5 de fevereiro, o chefe do *Escritório do Crime* percorreu de moto as ruas da localidade conhecida como Pinheiros, na parte alta de Rio das Pedras. Era dia de receber os valores dos aluguéis de seus 200 apartamentos. A aparição do ex-caveira na data de pagamento das locações virou motivo de piada entre os remanescentes do grupo paramilitar. Ao se arriscar a ser preso enquanto cobrava os aluguéis, Patrãozão reforçou sua imagem de "pão-duro" entre os subordinados na organização criminosa.

O episódio foi comentado em tom de brincadeira por Orelha, em telefonema interceptado com autorização da Justiça. No diálogo[175] captado às 21h36 do dia 6 de fevereiro de 2019, o sargento diz a um interlocutor não identificado (HNI[176]) que o *Patrãozão* tem mais medo de perder dinheiro do que de ser preso.

A ousadia do ex-capitão terminaria sete meses depois, quando a então procuradora-geral da República, Raquel Dodge, encaminhou ao Superior Tribunal de Justiça (STJ) um pedido para a federalização do inquérito das execuções da vereadora Marielle Franco e de seu motorista, Anderson Gomes. No mesmo dia, 17 de setembro de 2019, a procuradora-geral determinou a abertura de uma investigação paralela pela Polícia Federal.

A decisão de Raquel Dodge foi motivada pela descoberta de uma farsa montada por um grupo para atrapalhar as investigações, atribuindo a responsabilidade pelo crime ao então vereador Marcello Siciliano e ao miliciano Orlando Curicica. A versão acabou desmentida e os ministros do STJ não aceitaram a federalização do inquérito, mantido na Delegacia de Homicídios e no Ministério Público do Rio de Janeiro.

A possibilidade de uma reviravolta no caso elevou a pressão sobre o ex-capitão Adriano e seus subordinados no *Escritório do Crime*. Com o cerco se fechando, o ex-caveira se afastou de Rio das Pedras. Inicialmente, ele buscou refúgio na Fazenda Garcia, em Guapimirim. A antiga propriedade rural do clã Paes Garcia estava sob seu domínio. No imóvel morava sua irmã, Tatiana da Nóbrega. Adriano costumava levar para o local cavalos de raça e cabeças de gado, adquiridos com o dinheiro recebido nas atividades ilegais. A passagem do ex-capitão pela fazenda foi meteórica.

Orientado por amigos, ele decidiu pegar a estrada em direção a estados das regiões Centro-Oeste, Norte e Nordeste. Adriano confidenciou a Orelha que planejava comprar uma fazenda para criar gado. A viagem de fuga do ex-caveira começou por Minas Gerais, onde ele se encontrou com a mãe, Raimunda Veras, na cidade de Astolfo Dutra. Adriano passou alguns dias no pequeno município, no interior de Minas. No tempo em que esteve na região, ele andou a cavalo e pescou no Rio Pomba. O comportamento do ex-caveira não lembrava em nada um fugitivo da Justiça. Para despistar a polícia, ele costumava usar telefones celulares pré-pagos.

Os deslocamentos por estrada eram feitos em veículos emprestados ou alugados por aliados em nome de terceiros. Como precaução, o ex-capitão também costumava comprar chips de diferentes operadoras de telefonia celular pelas cidades em que passava. Assim, logo que chegou a Rondônia, após passar por Goiás, ele comprou um chip de origem boliviana.

O complexo sistema de comunicação usado por Adriano para manter contato com a mãe, as irmãs, a mulher e alguns poucos subordinados na *holding* criminosa, sem ser rastreado pela polícia, incluía aparelhos chamados por ele de ponto a ponto. O esquema consistia no uso de WhatsApp instalado em aparelhos entregues a pessoas da confiança de Orelha, mas sem nenhum vínculo com o ex-capitão.

Sob a orientação de Adriano, o sargento PM montou uma rede desses aparelhos pela qual o ex-capitão mantinha contato frequente. Ora para falar com a família, ora para dar instruções aos aliados sobre negócios legais e ilegais. Um desses telefones ficava na casa de uma antiga conhecida da mulher de Orelha, em São Gonçalo, município na região Metropolitana do Rio de Janeiro.

O endereço da depositária do aparelho ponto a ponto ficava a 57 quilômetros de distância da casa do sargento, em Realengo, na zona oeste. Pelo menos três vezes por semana, Orelha ia até a casa da mulher para receber instruções e conversar com o amigo foragido. As ligações eram feitas à noite, geralmente após as 22 horas. Dessa maneira, Adriano se comunicava diariamente sem ter sua localização identificada pela polícia a partir das quebras de sigilo de comunicação de integrantes de sua família ou de seus aliados no *Escritório do Crime*. O rastreamento do sinal emitido pelos aparelhos celulares para as Estações de Rádio Base (ERB) permite definir a área de onde partiu a ligação.

A rede de aparelhos ponto a ponto não apenas manteve o ex-capitão a salvo do cerco policial, como também evitou a interceptação do conteúdo de seus telefonemas para os integrantes de sua organização criminosa. Durante os 383 dias em que esteve foragido, a voz de Adriano foi captada em raríssimas ocasiões.

Foi numa dessas vezes que o ex-oficial caveira acabou rastreado pelas equipes de inteligência do Ministério Público e da Secretaria de Polícia Civil do Rio de Janeiro. Adriano se descuidou ao falar por telefone celular com a mulher, Júlia Lotufo, que se preparava para encontrá-lo num luxuoso condomínio de casas na Costa do Sauípe, às margens de um manguezal que dá acesso a uma paradisíaca praia de areia clara e água morna, no município de Mata do São João, no litoral norte da Bahia.

O imóvel de dois pavimentos havia sido alugado pelo ex-marido de Júlia, o soldado da PM Rodrigo Bittencourt do Rego, apontado nas investigações como um dos laranjas usados por Adriano para lavar dinheiro. Lotado à época no 20º batalhão, em Mesquita, na Baixada Fluminense, Rodrigo figurava como sócio na empresa de crédito Cred Tech Negócios Financeiros Ltda. O PM também tinha participação em um depósito de bebidas, que estava sendo reformado para dar lugar a um restaurante *gourmet*. Numa das escutas, o soldado diz ter movimentado num mês mais de meio milhão de reais. O soldado laranja chegou a viajar para Miami, nos Estados Unidos, onde passou "algumas coisas" para o próprio nome, seguindo orientação do ex-capitão.

A investigação não detalhou o patrimônio de Adriano em Miami. A viagem do ex-marido de Júlia aos Estados Unidos aconteceu em 18 de julho de 2019. Para o MP, os valores movimentados eram incompatíveis com o salário do soldado. Quando não estava de serviço, Rodrigo atuava como uma espécie de gerente de negócios do ex-caveira.

Foi nessa condição que o PM transferiu R$ 9 mil de depósito pelo aluguel da casa 14D, no Condomínio Quintas do Sauípe.

Júlia planejava passar o *réveillon* na Costa do Sauípe. A ideia desagradava à mãe e às irmãs de Adriano. A família temia pela segurança do ex-capitão, que antes de seguir para o litoral estava escondido em Itabaianinha, um pequeno município de Sergipe, próximo à divisa com o estado da Bahia. O ex-caveira chegara à região em meados de novembro de 2019, vindo de Tocantins.

Distante dos negócios no Rio de Janeiro havia meses, Adriano andava cabreiro com as informações recebidas nos constantes telefonemas que trocava com aliados e familiares. Seu principal interlocutor, o sargento

Orelha, lhe resumia as atividades ilegais da *holding* criminosa. Além de acompanhar os negócios, o policial recebeu do Patrãozão a incumbência de monitorar os passos de Júlia Lotufo.

Adriano alimentava um ciúme doentio da jovem loira de corpo talhado na academia. Longe da mulher, que vivia com a filha numa cobertura alugada por ele no Recreio dos Bandeirantes, o ex-caveira cobrava de Orelha detalhes sobre a sua rotina. Embora afirmasse não ter ciúme da proximidade de Júlia com Rodrigo, o ex-capitão não o queria dormindo no apartamento de Júlia, mãe de uma menina com o soldado da PM.

As frequentes saídas da mulher com amigas da Barra da Tijuca também não agradavam ao ex-caveira, que acompanhava de lupa seus gastos com o cartão de crédito. Em média, Adriano desembolsava entre R$ 20 e 25 mil por mês para quitar as despesas de Júlia, que incluíam até o pagamento do plano de saúde de sua mãe.

Enquanto sua mulher convidava as amigas para comer em badalados restaurantes no Leblon e na Barra da Tijuca, Adriano se queixava de seus gastos e da distância entre eles. As frequentes reclamações do ex-caveira são comentadas pela mulher com as amigas. Em um telefonema interceptado numa noite de sexta-feira, Júlia desabafa com uma amiga não identificada e no final a convida para jantar num restaurante japonês:

"Vamos comer um japonês por conta da contravenção? Esse dinheiro não faz nem cócegas no bolso do Adriano".

Adriano, por sua vez, também costumava desabafar ao conversar com Orelha. Ora sobre os gastos de Júlia, ora sobre os negócios da milícia e da contravenção. O ex-capitão estava preocupado com os reflexos de sua fuga na estrutura da organização criminosa. Seu maior temor era o de ser substituído no comando do *Escritório do Crime*. Afinal de contas, seu poder estava diretamente ligado ao controle de sua tropa de sicários. O distanciamento de seu reduto, sua zona de conforto, estava tendo maior impacto a cada dia. Mesmo vivendo aparentemente como um turista endinheirado, a rotina de foragido havia abalado a autoconfiança do ex-oficial caveira. Adriano já não era mais atendido pela cúpula do jogo ilegal, tampouco pelos amigos influentes na política.

O *réveillon* de 2020 marcaria o fim de sua fuga pelas estradas do país. Adriano planejava retornar ao Rio de Janeiro no início de fevereiro.

Assim, contrariando os aconselhamentos da mãe, ele autorizou o soldado PM Rodrigo do Rego a acertar os detalhes para alugar a casa duplex escolhida por Júlia. Antes de fechar o contrato de locação, o ex-capitão tomou a precaução de analisar a localização do imóvel. Adriano fez questão de orientar o ex-marido de Júlia a optar por uma casa com acesso à área de manguezal, que liga o Rio Paraguaçu ao mar. O ex-caveira tinha por hábito estudar possíveis rotas de fuga para evitar surpresas.

Alertado por uma extensa rede de informantes, Adriano sabia que sua família e parte dos aliados estavam sob intensa vigilância. Para evitar o rastreamento dos aparelhos celulares, ele orientou Júlia a trocar de telefone antes de pegar a estrada para encontrá-lo no imóvel alugado no litoral baiano.

Adriano também costumava manter uma espécie de kit de sobrevivência preparado e escondido em pontos estratégicos nos imóveis por onde passou durante sua fuga. Na mochila impermeável, ele carregava dinheiro, suplementos alimentares, algumas roupas, celulares, carregadores e suas inseparáveis companheiras: uma faca de caça e a pistola austríaca Steyr 9 mm, com carregador de 17 tiros. O ex-capitão camuflava seu kit de fuga em locais previamente identificados como sendo a melhor rota para escapar de um eventual cerco policial. Na última conversa que teve por meio de um aparelho ponto a ponto com a irmã caçula, Daniela, Adriano lhe disse que não seria pego com vida, tampouco se entregaria à polícia.

O ex-oficial caveira conhecia a fundo as engrenagens por trás dos subterrâneos do jogo, da polícia e da política do Rio. A hipótese de sua prisão assombrava muita gente, como admitiria sua outra irmã, Tatiana, em telefonema gravado[177]. Na conversa com uma mulher não identificada (MNI), ela confidenciava que seu irmão "tinha muita coisa e mexia com muita gente".

Enquanto o cerco policial não se fechava, Adriano mantinha uma rotina simples no condomínio de alto luxo. O ex-oficial do Bope acordava cedo, pegava uma bicicleta e pedalava até a praia. Na volta, passava pela academia para fazer musculação. O fugitivo ex-policial chegou antes de Júlia ao imóvel alugado, levado por sua prima Juliana Magalhães da Rocha. A jovem veterinária trabalhava com gado e cavalos de raça criados em propriedades por onde Adriano passara em sua fuga. No período em que esteve escondido em Itabaianinha (SE) e Esplanada

(BA), o ex-caveira arrematou 22 cavalos de raça numa vaquejada organizada por Leandro Abreu Guimarães, um conhecido pecuarista e campeão de rodeios da região.

Júlia chegou ao condomínio acompanhada da filha para passar o *réveillon* na praia. O casal mantinha uma rotina típica de turistas em férias. Passavam o dia na areia, faziam passeios de barco, andavam de bicicleta e a cavalo e frequentavam restaurantes na orla. Em locais públicos, Júlia chamava o ex-capitão de Marco Antônio. Enquanto esteve foragido da Justiça, Adriano usava uma carteira de identidade falsa em nome de Marco Antônio Cano Negreiros.

O casal passou praticamente todo o mês de janeiro de 2020 sem sobressaltos. O ex-caveira evitava conversar com desconhecidos, limitando-se a cumprimentar aqueles que lhe dirigiam a palavra. Numa noite, enquanto jantavam no restaurante de um *resort* à beira-mar, um homem se aproximou da mesa, olhando fixamente para Adriano.

Por alguns instantes o ex-capitão encarou o homem, que parecia tê-lo reconhecido. Tensa, Júlia pegou a filha no colo e pediu a Marco Antônio que fechasse a conta. O casal deixou o restaurante e retornou ao condomínio. Na ocasião, Adriano reagiu com extrema frieza, uma das marcas de sua personalidade. Júlia, por sua vez, ficou muito nervosa. Ela temia pela segurança da filha, como confidenciou tempos depois a uma amiga por telefone. Os dias seguiram sem problemas, com o casal recebendo visitas de amigos de Esplanada e alguns parentes. A casa duplex estava alugada até o dia 5 de fevereiro.

O casal planejava fazer um churrasco de despedida no primeiro fim de semana de fevereiro. Adriano e Júlia pretendiam voltar ao Rio para o carnaval. Tudo parecia perfeito, até que na manhã de sexta-feira, dia 31 de janeiro, o ex-capitão percebeu uma movimentação estranha em torno da casa ao retornar do passeio de bicicleta.

Antes de o imóvel ser cercado pela polícia, Adriano saiu pelos fundos, pegou a mochila camuflada próximo ao manguezal e escapou. Na fuga, ele deixou para trás a carteira de identidade falsa. Júlia tinha saído de carro com a filha e ao retornar encontrou o imóvel ocupado por policiais. Sem mandado de prisão em seu nome, ela foi liberada.

Logo a frustrada tentativa de prisão do chefe do *Escritório do Crime* na paradisíaca Costa do Sauípe ganhou espaço no noticiário nacional e internacional. As relações de Adriano com o senador Flávio Bolsonaro e seu pai, o então presidente da República, Jair Bolsonaro, impulsionaram o interesse da imprensa.

Longe do luxuoso Condomínio Quintas do Sauípe, o ex-capitão fez contato com a prima Juliana, usando um aparelho ponto a ponto. Sem a carteira de identidade falsa, Adriano não conseguiria alugar um carro para seguir viagem de volta a Esplanada. Com a notícia da presença do foragido ex-oficial caveira se espalhando, ele não conseguiu contato com o pecuarista Leandro Guimarães.

Juliana foi orientada a alugar um carro antes de encontrá-lo à noite próximo a um posto de gasolina na Rodovia Estadual BA-099. Adriano havia passado algumas horas escondido em meio à abundante vegetação da região. Ao se embrenhar no manguezal, ele já tinha na cabeça toda a fuga esquematizada. Hábil em se locomover em matas, o ex-caveira não teve dificuldade em se manter oculto até o sol baixar.

À noite ele se encontrou com Juliana às margens da Rota 99, como é chamado o trecho da estrada privatizada que corta o litoral norte da Bahia, saindo da região metropolitana de Salvador em direção à divisa com o estado de Sergipe. Exatamente na região em que Adriano pretendia comprar uma fazenda e já estava investindo na compra de cavalos de raça, mantidos em um rancho em Itabaianinha.

Como Adriano temia encontrar barreiras policiais nas praças de pedágio espalhadas pela rodovia, Juliana seguiu parte da viagem de fuga pela BA-233, passando por Altamira até chegar ao município de Esplanada. Ao retornar à região, o foragido ex-capitão não teve a mesma receptividade encontrada nas noites de rodeio e leilão de animais. Àquela altura, já circulava na internet a sua imagem sobre um cavalo, com um fuzil cruzado nas costas e chapéu de jagunço exibida nos noticiários de TV. Adriano não era mais bem-vindo à região.

Sua presença despertava temor, como ficava claro nas conversas de telefone interceptadas pelos investigadores após o cerco à luxuosa casa alugada na Costa do Sauípe. Num dos diálogos mais emblemáticos, a sogra do vaqueiro Leandro Guimarães desabafa no fim de uma tensa conversa por telefone com a filha Ana Gabriela:

"Graças a Deus que vocês não estavam na Costa do Sauípe. Esse rapaz não poderia estar por aqui. Ele está sendo muito fiscalizado".

O telefonema foi captado às 12h31 da sexta-feira, dia 7 de fevereiro de 2020. Na ligação de 4 minutos e 25 segundos, Ana tenta evitar o assunto Adriano. A mulher do vaqueiro que o abrigou parecia saber dos riscos de falar abertamente sobre o foragido ex-capitão ao telefone. Alheia aos avanços tecnológicos, a mãe de Ana insiste em perguntar sobre o paradeiro do genro e seu indesejado hóspede:

— O rapaz está aí com você?

— Não insista, mãe, não vou dizer onde o rapaz está. Estou doida para me livrar disso. O Leandro já está agoniado, ele diz que é muito perigoso.

Naquela tarde de sexta-feira, a partir de Aracaju (SE), Ana Gabriela falava com a mãe. Sem entrar em detalhes, ela diz à mãe que havia acompanhado "ela e a menina" ao estado vizinho. Na transcrição da conversa telefônica, os investigadores indicam que a mulher de Leandro se referia à Júlia Lotufo e sua filha.

A presença do chefe do *Escritório do Crime* tornara-se um problema para Leandro, Ana Gabriela e tantos outros membros da elite local, que deram guarida a Adriano. Aflita, Ana confidencia a uma interlocutora, identificada apenas como Nina, que seu marido, Leandro, queria ligar para Jair. O premiado vaqueiro havia feito campanha para Jair Bolsonaro nos rodeios que antecederam a eleição de 2018.

Não era a primeira vez que o nome do então presidente da República havia sido mencionado em conversas de aliados de Adriano da Nóbrega nas interceptações telefônicas autorizadas pela Justiça durante a sua perseguição. "Jair", "Presidente" e o "Cara da Casa de Vidro", supostamente uma referência à fachada envidraçada dos palácios do Planalto, sede do Executivo, e do Alvorada, a residência oficial, apareceram em vários diálogos captados.

Como revelei numa série de reportagens publicadas no site The Intercept Brasil, sempre que o nome de Bolsonaro era mencionado por um dos suspeitos de dar proteção à fuga de Adriano, o Ministério Público encerrava as escutas nos aparelhos dos investigados.

A semana seguinte à frustrada tentativa de prisão do ex-capitão à beira-mar parecia se arrastar na pequena Esplanada, cidade com 37.578 habitantes[178] a 176 quilômetros de Salvador.

Nesse período de fuga, Adriano optou por dormir algumas noites longe das fazendas de Leandro e Eduardo Serafim, proprietário do rancho onde o ex-caveira mantinha os 22 cavalos adquiridos em leilão. Gordo parecia ter voltado ao tempo em que pernoitava nas matas de Guapimirim, acompanhado de seu Nóbrega e Joãozinho.

Adriano se sentia mais seguro isolado em nesgas de caatinga e Mata Atlântica, biomas comuns na região. Seus contatos com Leandro rareavam, ao passo que suas fotos e seu nome seguiam em alta na internet. A suspeita de que o chefe da maior milícia de matadores de aluguel do Rio de Janeiro estava escondido no município havia se tornado o assunto das rodas de conversa na Praça do Cristo, o principal ponto de visitação da cidade.

Adriano esperava a poeira assentar para voltar à estrada. Os planos de retornar à sua cidade de origem foram mudados drasticamente. O ex-capitão aproveitava a noite para fazer contatos com aliados no Rio. Ele buscava informações sobre a movimentação da polícia carioca na Bahia.

As dificuldades para encontrar pontos com sinal de internet e interlocutores dispostos a atendê-lo vinham tirando o ex-caveira do prumo. Por vezes, a frieza que lhe era peculiar deu lugar a rompantes de fúria. Numa dessas ocasiões, Adriano ameaçou matar Leandro e sua família.

Adriano sabia que não seria preso com vida, como ele mesmo admitira à irmã caçula, Daniela. A conversa por meio de um aparelho ponto a ponto aconteceu na noite seguinte ao cerco na Costa do Sauípe. Nesse período, o ex-caveira não recorreu apenas à família e amigos mais chegados, como o sargento Orelha. A aflição levou o foragido matador a buscar contato com Flávio Bolsonaro. Eleito senador da República, o primogênito do então presidente Jair Bolsonaro era a maior esperança de Adriano para escapar da morte. Sem conseguir contato direto com o político, o ex-capitão recorreu a pessoas próximas ao filho 01. Um esforço sem resultado.

Sargento Orelha, o único aliado a continuar mantendo contato quase que diário com Adriano, refletia em suas conversas telefônicas a aperreação que lhe consumia as entranhas. Numa conversa com Grande, um dos integrantes do *Escritório do Crime*, ele disse estar muito preocupado com o desfecho da caçada policial ao amigo. Grande concordou e encerrou o diálogo, dizendo estar com um mau pressentimento.

No fim da tarde de sábado, 8 de fevereiro, Leandro foi ao encontro de Adriano num ponto combinado pelo ex-caveira. Àquela altura, o ex-capitão passava a maior parte do tempo embrenhado numa área de mata próxima à fazenda do vaqueiro. O plano era levar o fugitivo a uma propriedade rural do vereador Gilson Batista Lima Neto, o Gilsinho da Dedé, do PSL, a legenda que levou Bolsonaro ao Palácio do Planalto.

O pequeno imóvel localizado em Palmeiras, distrito de Esplanada, parecia o lugar perfeito para Adriano pernoitar antes de continuar sua fuga. Quem poderia imaginar que a polícia faria um cerco à casa de um vereador do partido do presidente da República? Gilsinho da Dedé pertence a uma tradicional família de políticos da região.

Era noite quando Leandro deixou o ex-capitão no interior da propriedade. Adriano carregava duas malas de roupas, treze telefones celulares, sete chips de diferentes estados brasileiros e um boliviano. O ex-caveira estava com a sua pistola Steyr 9 mm. No imóvel havia duas espingardas de caça e um revólver 38.

Leandro deixou alguns pães e uma cafeteira cheia para ajudar Adriano a passar a noite acordado. No dia seguinte, ele retornaria com um carro alugado para o ex-capitão seguir em sua fuga. Durante a madrugada, o ex-oficial do Bope mal pregou o olho. Vizinhos relataram ter visto um homem forte circulando pelo terreno da propriedade.

Adriano buscava sinal de telefonia para falar com Orelha. Ele e o sargento PM conseguiram trocar poucas mensagens antes de o sol nascer. O domingo, 9 de fevereiro, amanheceu abafado. Dentro da casa coberta por telhas de barro, com paredes amareladas e descascadas, o ex-capitão aguardava pela chegada de Leandro e Juliana.

Os latidos de cães nas casas próximas despertaram a atenção de Adriano e da vizinhança, mas os animais não estavam reagindo à aproximação do carro de Leandro. O movimento estranho na região era de homens fardados e fortemente armados. A casa do vereador do PSL estava sitiada por 70 homens do Batalhão de Operações Especiais da Bahia. Ironicamente, a unidade de elite foi criada e treinada por caveiras do Rio de Janeiro.

O cerco a Adriano da Nóbrega, o ex-oficial caveira, não levou nem metade da manhã. Pouco antes das 10 horas, vizinhos da casa usada como esconderijo relataram ter ouvido um intenso som de disparos de armas de fogo vindo do local. O ex-capitão havia improvisado uma barricada com móveis de madeira rústica a poucos metros da porta. Antes de o Bope baiano invadir o local, uma granada de luz e som foi lançada no interior da casa. Em seguida, três homens em formação triangular e protegidos por escudos arrombaram a porta de madeira.

Adriano teria disparado sete vezes com sua pistola austríaca antes de ser atingido por dois tiros de fuzil, que perfuraram seu tórax. Uma das balas saiu na altura de seu pescoço. O temido chefe do *Escritório do Crime* tombou sobre uma poça de sangue, deixando sua marca no piso branco da pequena propriedade rural, que guardava semelhanças com a casa onde passou a adolescência, na Fazenda dos Paes Garcia.

Dias depois da morte de Adriano da Nóbrega, o senador Flávio Bolsonaro usou suas redes sociais para dizer ter recebido informações de que o ex-capitão havia sido torturado e executado pela polícia do governo petista da Bahia, afirmação repetida em um evento evangélico, na Praia de Botafogo. Na ocasião, o então presidente Jair Bolsonaro disse que Adriano havia sido um herói nos tempos do Bope.

Seis dias depois da morte de Adriano, o sargento PM Luiz Carlos Martins, o Orelha, confidenciou a um parceiro de milícia, numa conversa captada: "Adriano dizia que se fodia por ser amigo do presidente da República[179]".

Passado pouco mais de um ano da morte do chefe do *Escritório do Crime*, Orelha foi executado na manhã de sábado, 20 de março de 2021, quando chegava à sua casa, na Rua Carumbé, em Realengo (RJ). Na véspera do assassinato, promotores do Gaeco haviam solicitado a sua prisão por envolvimento na organização criminosa de Adriano da Nóbrega.

Aos 50 anos, o sargento estava na PM havia 22 anos. O pedido de encarceramento foi encaminhado à 1ª Vara Especial Criminal no dia em que eu publiquei a reportagem[180] revelando a briga em torno do espólio milionário deixado pelo chefe do *Escritório do Crime*.

Orelha vinha atuando na venda de cavalos e cabeças de gado que pertenciam ao ex-chefe da organização criminosa. Em apenas uma transação, o valor negociado pelo sargento foi superior a meio milhão de reais. Após a sua morte, o então coordenador do Gaeco, promotor Bruno Gangoni, disse que a execução tinha características de queima de arquivo.

O caso segue sem solução na Delegacia de Homicídios.

O Ministério Público do Rio de Janeiro e a Procuradoria-Geral da República jamais se pronunciaram sobre as menções ao presidente Jair Bolsonaro.

Notas

1. Ação de enfrentamento à máfia do jogo realizada em 15 de dezembro de 2011, a partir de investigação da Corregedoria Interna da Polícia Civil do Rio de Janeiro.
2. Habeas corpus concedido pelo ministro do Superior Tribunal de Justiça (STJ) Sebastião Reis Júnior, em 6 de fevereiro de 2012.
3. Processos nº 0802795-88.2011.4.02.5101 e nº 0010567-04.2012.4.02.5101 do Tribunal Regional Federal (TRF-2).
4. Disque-Denúncia número 12676.1.2012.
5. https://agenciabrasil.ebc.com.br/radioagencia-nacional/geral/audio/2021-01/do-tijolao-ao-smartphone-historia-dos-30-anos-do-celular-no-brasil
6. https://www.take.net/blog/whatsapp/whatsapp-no-brasil/
7. https://www.bbc.com/portuguese/brasil-44325458
8. https://oglobo.globo.com/rio/bicheiros-do-rio-se-unem-mafias-russa-israelense-3425484
9. https://www.gov.br/receitafederal/pt-br/assuntos/noticias/2011/outubro/policia-federal-e-receita-federal-realizam-operacao-em-diversos-estados-operacao-black-ops
10. https://g1.globo.com/rio-de-janeiro/noticia/2011/10/cantores-e-jogadores-tem-carros-de-agencia-alvo-de-megaoperacao-da-pf.html
11. Processo nº 2011.51.01.802795-3 da 3ª Vara Federal Criminal - https://trf-2.jusbrasil.com.br/jurisprudencia/907769047/habeas-corpus-hc-8101505220114025101-rj-0810150-5220114025101/inteiro-teor-907769088
12. https://www.cnpg.org.br/index.php/lista-de-artigos/21-mprj/216-operacao-dedo-de-deus-gaeco-denuncia-a-cupula-do-jogo-do-bicho-do-estado-do-rio-de-janeiro.
13. O longa-metragem norte-americano *All the President's Men* (1976) retrata os bastidores do caso Watergate, escândalo de corrupção que culminou na renúncia do presidente Richard Nixon (1974).
14. https://oglobo.globo.com/rio/policiais-ajudaram-filho-de-bicheiro-revela-policia-federal-3429664
15. A interceptação autorizada pelo 2º Tribunal Regional Federal consta do processo número 0802795-88.2011.4.02.5101.
16. https://m.folha.uol.com.br/cotidiano/2010/11/836012-entenda-a-onda-de-ataques-no-rio-de-janeiro.shtml

17 https://g1.globo.com/rio-de-janeiro/rio-contra-o-crime/noticia/2010/11/ocupacao-das-favelas-do-alemao.html
18 https://esportes.estadao.com.br/noticias/futebol,emil-pinheiro-morre-aos-78-anos,20010716p49776
19 A ditadura militar no Brasil teve início em 1964, com a deposição do presidente João Goulart, e durou 21 anos.
20 Alvo de um atentado a tiros, Rogério Mesquita relatou ao Ministério Público e à Polícia Civil o envolvimento de Adriano da Nóbrega em execuções ligadas ao jogo do bicho.
21 https://cnpg.org.br/index.php/noticias-outros-mps/21-mprj/212-tempestade-no-deserto-gaeco-denuncia-filha-de-contraventor-e-ex-oficiais-do-bope
22 MPRJ 2018.00990581(PIC número 001/18).
23 Protagonista do livro *Pollyanna*, publicado em 1913 pela autora norte-americana Eleanor H. Porter. Poliana virou verbete de pessoa que acredita que coisas boas têm mais probabilidade de acontecer do que coisas ruins, mesmo quando isso é improvável.
24 Controle Interno nº 000931/1404/2012.
25 Registro de Ocorrência nº 901-00149/2012.
26 Controle Interno nº 008943-1901/2012.
27 https://g1.globo.com/rio-de-janeiro/noticia/2011/12/veja-imagens-da-mansao-em-buzios-de-suspeito-de-jogo-do-bicho-no-rio.html
28 https://galeriadosamba.com.br/noticias/confira-os-vencedores-do-estandarte-de-ouro-unidos-da-tijuca-leva-o-trofeu-de-melhor-escola/1814/
29 Trecho do relato do pai de mestre Marcone à imprensa durante seu velório no Cemitério do Caju.
30 https://extra.globo.com/casos-de-policia/marcone-mestre-de-bateria-executado-em-ramos-tinha-medo-de-ser-morto-4898876.html
31 https://extra.globo.com/noticias/rio/bicheiro-podera-ser-chamado-para-depor-sobre-morte-de-ex-mestre-de-bateria-da-imperatriz-4889162.html
32 A expressão é citada por integrantes do Escritório do Crime no PIC 001/18 (MPRJ 2018.00990581).
33 https://g1-globocom.jusbrasil.com.br/noticias/100022352/luizinho-drummond-depoe-sobre-morte-de-ex-mestre-de-bateria#
34 Inquérito Policial nº 901-00149/2012 ao Juizado Especial Criminal.
35 "Ex-detento aponta presidente da Liesa como mandante do assassinato de Abílio Português." Marques, Mônica. Jornal *O Dia*.
36 Teatro das Coisas Naturais do Brasil, numa tradução livre do latim.
37 Ventura, Zuenir. *Cidade Partida*. Editora Companhia das Letras (1994).
38 "Cara de Cavalo" assassinado com 52 tiros em Cabo Frio. *Jornal do Brasil*, 4 de outubro de 1964.
39 Nos anos 1960, os apontadores do jogo do bicho eram chamados de aranhas.
40 Otávio, Chico; Jupiara, Aloy, autores de *Nos Porões da Contravenção*. Editora Record (2015).
41 Machiavelli, Nicolau. *O Príncipe* (1532).
42 Trecho do depoimento de Leandro dos Santos Silva à Comissão de Direitos Humanos da Assembleia Legislativa do Rio de Janeiro.
43 "Põe no saco" é um dos métodos de tortura praticados pelo capitão Nascimento, personagem central do filme *Tropa de Elite 1* (2007).
44 Folhas 2052 e 2053 do processo 0138639.88.2003.8.19.0001 da 2ª Vara Criminal do Tribunal de Justiça do Rio de Janeiro.
45 As investigações revelaram que o tenente mantinha no batalhão um arsenal paralelo com armas apreendidas em favelas. https://extra.globo.com/casos-de-policia/primeira-prisao-de-ex-bope-teve-comandante-detido-fuzis-do-trafico-achados-em-batalhao-rv1-1-24265324.html.
46 Inquéritos 048/2008 e 049/2008 da Delegacia de Homicídios, instaurados para apurar uma tentativa de assassinato e o atentado ao pecuarista Rogério Mesquita, em Papucaia.

47 Processo nº 2008.0280017886 da Auditoria de Justiça Militar.
48 Capitão Adriano da Nóbrega foi excluído da PM com base no Processo de Justificação nº 0012740-68.2012.8.19.0000. Disponível em http://www.ioerj.com.br/portal/modules/conteudoonline/mostra_edicao. 07/01/2014.
49 Denúncia nº 7047.12.2008, cadastrada às 14h41 do dia 26 de dezembro de 2008.
50 "Guerra entre traficantes deixa quatro mortos no Rio." *O Estado de S. Paulo*, dia 1º de abril de 2002. Disponível em https://brasil.estadao.com.br/noticias/geral,guerra-entre-traficantes-deixa-quatro-mortos-no-rio.
51 "A Década da Violência." Disponível em https://cesecseguranca.com.br/reportagens/a-decada-da-violencia.
52 Molica, Fernando. "Ex-PM ligado a Flávio Bolsonaro recebeu medalha na cadeia." Revista *Veja*, 25 de janeiro de 2019. Disponível em https://veja.abril.com.br/politica/ex-pm-ligado-a-flavio-bolsonaro-recebeu-medalha-na-cadeia/
53 Araújo, Vera; Abbud, Bruno; Mello, Igor. "Flávio Bolsonaro empregou mãe e mulher de chefe do Escritório do Crime em seu gabinete." *O Globo*, 22 de janeiro de 2019. Disponível em https://oglobo.globo.com/politica/flavio-bolsonaro-empregou-mae-mulher-de-chefe-do-escritorio-do-crime-em-seu-gabinete-23391490
54 Falcão, Márcio. TV Globo. Disponível em https://g1.globo.com/politica/noticia/2021/11/09/stj-anula-todas-as-decisoes-de-juiz-contra-flavio-bolsonaro-nas-rachadinhas.ghtml
55 Processo original nº 0138639.88.2003.8.19.0001.
56 https://extra.globo.com/noticias/rio/saiba-que-foi-bicheiro-maninho-do-salgueiro-188190.html
57 Casé, Rafael; Sampaio, Paulo Marcelo. Autores do livro *21 depois de 21*, editora Livros de Futebol (2010).
58 A entidade foi fundada por integrantes da cúpula do jogo do bicho em 24 de julho de 1984. Disponível em http://liesa.globo.com/memoria/centro-de-memoria-liesa.html.
59 Porto, Roberto. "Uma transação (quase) mafiosa." Disponível em http://blogdorobertoporto.blogspot.com/2009/01/uma-transao-quase-mafiosa.html
60 Sócio de um dos principais escritórios de Direito do Rio, o advogado criminalista só aceitou falar sob a condição de anonimato.
61 O pagamento de taxas de inscrição para concurso da PM aparece nos lançamentos contábeis do livro-caixa apreendido na fortaleza de Castor de Andrade. Ação penal nº 10/94-TJRJ, apenso 07, Fls 103, 104 e 105.
62 Falcone, Giovanni; Padovani, Marcelle. *Coisas da Cosa Nostra*, coletânea de entrevistas concedidas pelo juiz da Operação Mãos Limpas um ano antes de seu assassinato, em 1992. Editora Rocco (2012).
63 Demori, Leandro. *Cosa Nostra no Brasil*. Editora Companhia das Letras (2016).
64 "Maninho, o Novo Rei do Rio." Reportagem de capa da Revista de Domingo, edição número 518 do *Jornal do Brasil*.
65 "Segurança de Maninho serve na Casa Militar." Identificado como capitão PM Paulo Roberto, lotado no Gabinete Militar do Palácio da Guanabara, é o chefe da segurança do contraventor. Disponível em http://memoria.bn.br/pdf/030015/per030015_1986_00211.pdf
66 "Polícia já sabia da culpa de Maninho." Disponível em (http://memoria.bn.br/pdf/030015/per030015_1986_00207.pdf).
67 O texto está numa retranca na página 10 da edição do *Jornal do Brasil* de 1/11/1986. Disponível em http://memoria.bn.br/pdf/030015/per030015_1986_00207.pdf
68 Em 8 de novembro de 2021, Josef Reis ajuizou ação no TJRJ, solicitando usucapião do apartamento, que está entre as propriedades do espólio de Maninho. Disponível no processo nº 0262097-15.2021.8.19.0001 da 42ª Vara Cível.
69 "Bicheiro é condenado por balear e deixar rapaz paraplégico no Rio." Edição de 6 de fevereiro de 2002, da *Folha de S. Paulo*. Disponível em https://www1.folha.uol.com.br/folha/cotidiano/ult95u45454.shtml
70 Fonte: Departamento Intersindical de Estatísticas e Estudos Socioeconômicos. Disponível em Dieese.org.br.

71 "No Rio, TAM e Varig disputam espaço na avenida." Edição de 8 de fevereiro de 2002, da *Folha de S. Paulo*. Disponível em https://www1.folha.uol.com.br/fsp/cotidian/ff0802200224.htm
72 A divulgação das imagens no *Jornal Nacional* gerou comoção e levou o então governador Marcello Alencar a determinar a expulsão dos PMs. Disponível em https://www1.folha.uol.com.br/fol/geral/ge08041.htm.
73 O arrendamento de territórios foi detalhado no inquérito policial 901-00631/2016, da Delegacia de Homicídios, que apura o assassinato do sargento Geraldo Antônio Pereira.
74 A prática de terceirizar a atividade ilegal a policiais é detalhada no Procedimento Investigatório Criminal (PIC) nº 2014.01254187 do Ministério Público do Rio de Janeiro.
75 A prisão em flagrante (nº 053/1901/2008) de José de Oliveira da Nóbrega resultou no processo 2008.012.002613-7, disponível na 2ª Vara Criminal de Cachoeiras de Macacu.
76 Mandado de prisão expedido pela 2ª Vara Criminal de Cachoeiras de Macacu, com base no Inquérito Policial nº 49/2008 - processo nº 2008.012.001228-0.
77 Ramalho, Sérgio. "Denúncia expõe guerra por espólio de bicheiro", página 25 da editoria Rio do jornal *O Globo*.
78 Inquérito Policial nº 013/1901/2007 do Departamento de Polícia Especializada, Delegacia de Homicídios da Capital.
79 Registro de Ocorrência nº 657/08 da 159ª Delegacia de Polícia de Cachoeiras de Macacu.
80 O trecho relatado por Rogério Mesquita está disponível na página 10 de seu depoimento no Inquérito Policial nº 013/1901/2007, de 23 de julho de 2008.
81 Processos nºs 0162136-73.1999.8.19.0001 e 0024804.83.2012.8.19.0203, referentes aos espólios de Waldemir Paes Garcia, o Miro, e Waldemir Paes Garcia, o Maninho. Ambos tramitam no Tribunal de Justiça do Rio de Janeiro.
82 Lançado em 1985, o longa-metragem estrelado por Sylvester Stallone era um dos filmes preferidos de Adriano da Nóbrega e João André Martins.
83 A Verificação Preliminar de Inquérito nº 0006.159/99 acabou arquivada sem nem sequer virar Inquérito Policial.
84 Rio cria grupo "voluntário" de ex-militares. Petry, Sabrina; Torres, Sérgio. *Folha de S. Paulo*. Disponível em https://www1.folha.uol.com.br/fsp/cotidian/ff1607200319.htm.
85 "Polícia investiga cemitério clandestino usado por traficantes da Rocinha." Publicada em 23 de agosto de 2003. Jornal *O Dia*. Acervo da Biblioteca Nacional.
86 Romance de Fiódor Dostoiévski ambientado na miserável São Petersburgo, na Rússia do século XIX.
87 "Adriano corta braço, Adriano corta perna." Trecho descrito na página 101 do anexo sigiloso 36, do processo nº 0239556-90.2018.8.19.0001.
88 Processo nº 2004.001.023616-4, da 17ª Vara Criminal do TJRJ, onde os PMs foram condenados por tortura.
89 Conselho de Justificação nº 0.0002/05 da Polícia Militar.
90 Werneck, Antônio. "Horror em Santa Teresa. Morador do Morro da Coroa é brutalmente torturado e parentes acusam PMs." Manchete da editoria Rio, página 14, de 19 de fevereiro de 2004.
91 Os diálogos captados na interceptação telefônica autorizada pela Justiça constam da folha 550 do anexo sigiloso 35, do processo nº 0239556-90.2018.8.19.0001.
92 Ventura, Zuenir. Jornalista, escritor e membro da Academia Brasileira de Letras (ABL), autor de *Cidade Partida*, Companhia das Letras (1994).
93 Certidão de óbito nº 185770746, lavrada no cartório de Patos, livro C 00022, Fl 90, em 5 de abril de 2013.
94 Disque-Denúncia nº 78965-2011, computado às 11h59 do dia 19 de maio de 2011.
95 Mandado de prisão em nome do capitão PM Adriano Magalhães da Nóbrega, referente ao Processo nº 2008.012.001228-0.
96 "A Década da Violência" - Centro de Estudos de Segurança e Cidadania da Universidade Cândido Mendes. Disponível em www.cesec.ucam.edu.br.
97 Dados estatísticos do Instituto de Segurança Pública (ISP) e da Polícia Militar do Rio de Janeiro.

98 "Rachadinha": entenda o que aconteceu com o caso que envolve o filho de Bolsonaro." Disponível em https://noticias.uol.com.br/ultimas-noticias/bbc/2022/10/13/rachadinha-que-aconteceu-com-caso-que-envolve-filho-de-bolsonaro.htm
99 Jair Bolsonaro, então presidente da República, admite que Queiroz atuava como uma espécie de segurança informal. Disponível em https://www1.folha.uol.com.br/poder/2018/12/ex-assessor-de-flavio-bolsonaro-pm-ganhou-premio-por-coragem.shtml
100 "Marginais rendem Bolsonaro e levam motocicleta e arma." Publicada na edição de quarta-feira, dia 5 de julho de 1995, no jornal *A Tribuna da Imprensa*.
101 O site Poder 360 mantém uma relação atualizada das prestações de conta de campanhas com base em dados do Tribunal Regional Eleitoral (TRE). Disponível em https://eleicoes.poder360.com.br/candidato/472087#2002.
102 "Corregedoria Geral Unificada investiga PMs suspeitos de sequestrar filho de Isaías do Borel", publicado na página 10 de *O Dia*, na edição de 3 de dezembro de 2002. Acervo da Biblioteca Nacional.
103 "Protesto de moradores do Borel leva comércio a fechar as portas." Dutra, Marcelo. Editoria Rio, página 24. Jornal *O Globo*, edição nº 25.286.
104 "Caso Chiquinho acaba em pizza: Alerj arquiva pedido de cassação de mandato de deputado que teria pedido trégua para tráfico." Amora, Dimmi. *O Globo*, caderno Rio, 10/9/2003, página 11.
105 Dados obtidos na ficha funcional de Adriano Magalhães da Nóbrega na Polícia Militar do Rio de Janeiro.
106 "Flávio Bolsonaro diz, em depoimento, que recebeu instruções de tiro do ex-capitão Adriano da Nóbrega." Castro, Juliana; Dal Piva, Juliana; Otávio, Chico. *O Globo*, edição de 10 de agosto de 2020. Disponível em https://oglobo.globo.com/politica/flavio-bolsonaro-diz-em-depoimento-que-recebeu-instrucoes-de-tiro-do-ex-capitao-adriano-da-nobrega-24577412
107 "Fabrício Queiroz: um passado que condena." Molica, Fernando; Resende, Leandro; Sampaio, Jana. Publicada em 21 de junho de 2019. Disponível em https://veja.abril.com.br/politica/fabricio-queiroz-um-passado-que-condena/
108 Texto da Moção de Louvor e Congratulações concedida ao tenente Adriano da Nóbrega pelo deputado estadual Flávio Bolsonaro. Disponível em http://alerjln1.alerj.rj.gov.br/scpro0307.nsf/e4bb858a5b3d42e383256cee006ab66a/7c5e3718a895341783256dc9004b6f49?OpenDocument
109 Jair e Flávio Bolsonaro saem em defesa do motim promovido por PMs presos por crimes. *Jornal do Brasil*, caderno Cidade, edição de 29 de outubro de 2004. Disponível no acervo da Biblioteca Nacional.
110 Processo nº 0138639-88.2003.8.19.0001, da 2ª Vara Criminal do Tribunal do Júri do TJRJ.
111 O coronel Carlos Alberto Brilhante Ustra foi o primeiro militar reconhecido pela Justiça como torturador. Disponível em https://memoriasdaditadura.org.br/biografias-da-ditadura/ustra/
112 Imagens do pronunciamento do deputado federal Jair Bolsonaro em defesa do tenente PM Adriano Magalhães da Nóbrega. Plenário da Câmara Federal, em 27 de outubro de 2005. Disponível em https://mail.google.com/mailu/0/#inbox/KtbxLxgZbrrfgJmmcnvHngmFPDBrcFnPWg?projector=1
113 "Pela 9ª vez, Flávio Bolsonaro apresenta recurso para trancar investigação da rachadinha." Dal Piva, Juliana. Publicado em *O Globo*, na edição de 4 de março de 2020. Disponível em https://oglobo.globo.com/politica/pela-9-vez-flavio-bolsonaro-apresenta-recurso-para-trancar-investigacoes-sobre-rachadinha."
114 Decreto nº 06101/2014, publicado no Diário Oficial do Rio de Janeiro em 7 de janeiro de 2014.
115 Processo do Conselho de Justificação do Estado Maior da Polícia Militar do Rio de Janeiro nº 0012740-68.2012.8.19.0000.
116 Processo de origem nº 0239556.90.2018.8.19.0001, do 4º Tribunal do Júri do Tribunal de Justiça do Rio de Janeiro.
117 Trecho retirado da denúncia feita à Justiça pelo Ministério Público do Rio de Janeiro. Número de referência: MPRJ 201801270571.

118 "Pica do tamanho de um cometa." Rachadinha de Flávio Bolsonaro financiou prédios ilegais da milícia no Rio. Disponível em https://theintercept.com/2020/04/25/flavio-bolsonaro-rachadinha-financiou-milicia/
119 Disque-Denúncia nº 9125.9.2018, registrado pelo atendente às 12h09 do dia 28 de setembro de 2018.
120 "Preso no Rio suposto líder do tráfico." Lima, Roni. *Folha de S. Paulo*. Disponível em https://www1.folha.uol.com.br/fsp/1995/11/08/cotidiano/2.html
121 A aliança do traficante evangélico Fernandinho Guarabu com policiais militares é citada no Processo nº 0332021-94.2013.8.19.0000, da 17ª Vara Criminal do TJRJ.
122 O Inquérito Policial nº 037041642011, de 29 de outubro de 2001, da 37ª DP (Ilha do Governador) relaciona pela primeira vez Fernandinho Guarabu a uma organização criminosa, com a suposta participação de policiais do Batalhão da Ilha do Governador.
123 Nome fictício usado para preservar a segurança da criança e de seus parentes, como estabelece o Estatuto da Criança e do Adolescente (ECA).
124 "Tiroteio entre traficantes mata 12 no Rio." Figueiredo, Talita. Texto publicado na edição de 30 de outubro de 2003 da *Folha de S. Paulo*. Disponível em https://www1.folha.uol.com.br/fsp/cotidian/ff3010200320.htm
125 População estimada pelo censo do IBGE do ano 2000.
126 No Disque-Denúncia nº 4378.10.2003, a testemunha cita a participação de um soldado do 17º Batalhão da PM no bando de Fernando Guarabu. O policial seria primo do traficante.
127 O Processo nº 0076551-23.2017.8.19.0001 resultou na condenação do soldado PM Antônio Eugênio Souza de Freitas a 319 anos de prisão.
128 Os nomes citados são fictícios, para evitar a identificação dos envolvidos no episódio.
129 Seu Antônio (nome fictício) morava ao lado da casa alugada por Marcelo PQD. Na época, ele deu entrevistas aos jornalistas que acompanharam o cerco policial.
130 Apontado como um dos chefes da milícia na Estrada do Quitungo, o ex-policial civil André Menezes da Costa foi denunciado no relatório final da CPI das Milícias. Páginas 132 e 133.
131 O empresário Roberto Medina passou 17 dias em poder dos sequestradores, até a família reunir o valor do resgate exigido. Disponível em http://almanaque.folha.uol.com.br/cotidiano_22jun1990.htm.
132 Notório defensor de chefes da facção Comando Vermelho, o advogado condicionou sua entrevista à preservação do sigilo da fonte. Em sua carreira, o defensor já havia sido preso, além de sofrer um atentado a tiros.
133 Trecho do debate entre os deputados estaduais Flávio Bolsonaro e André Corrêa, em sessão plenária gravada em junho de 2008. Disponível em http://www3.alerj.rj.gov.br
134 Trecho retirado do discurso de Jair Bolsonaro na sessão nº 326.2.53.0, de 17 de dezembro de 2008.
135 "Suspeito de chefiar a milícia de Rio das Pedras, inspetor era lotado no gabinete da chefia da Polícia Civil." Ramalho, Sérgio; Vasconcelos, Fábio. Disponível na edição de 6 de fevereiro de 2007 do jornal *O Globo*.
136 O valor foi estimado pelo presidente da Cooperativa de Vans de Rio das Pedras em depoimento à CPI das Milícias. Disponível no relatório final da comissão parlamentar de inquérito.
137 O inquérito nº 2007.001-034901-0, da Delegacia de Homicídios da capital, revelou a ligação de Nadinho de Rio das Pedras com os assassinos de Félix Tostes.
138 "Vereador é suspeito de mandar matar inspetor Félix dos Santos Tostes." Ramalho, Sérgio – publicado no jornal *O Globo*. Disponível em https://extra.globo.com/noticias/rio/vereador-suspeito-de-mandar-matar-inspetor-felix-dos-santos-tostes-726132.html
139 No relato cadastrado pelo Disque-Denúncia, sob o nº 7896.5.2011, um informante alerta sobre um plano do capitão Adriano da Nóbrega para matar o delegado Ricardo Barboza de Souza.
140 Suplente de deputado estadual pelo PSDB, Ary Brum assumiu a cadeira de parlamentar em 1997, mas não conseguiu se reeleger.

141 Instaurado pela 17ª Delegacia de Polícia (São Cristóvão), o Inquérito Policial nº 078/2007 foi transferido para a Delegacia de Homicídios.
142 Hierarquia Miliciana. Ramalho, Sérgio. Disponível em https://www.intercept.com.br/2021/06/14/ecko-miliciano-adriano-nobrega/
143 Laudo nº DH-RJ-SPC-000183/2018, referente à ocorrência 0211/2018.
144 Íntegra do decreto disponível em http://www.planalto.gov.br/ccivil_03/_Ato2015-2018/2018/Decreto/D9288.htm#textoimpressao
145 GENI/UFF e Fogo Cruzado. Disponível em https://geni.uff.br/2022/09/13/mapa-historico-dos-grupos-armados-no-rio-de-janeiro/
146 Em depoimento prestado na Delegacia de Homicídios, em 26 de abril de 2018, Carlos Bolsonaro confirmou o bate-boca. Disponível em https://noticias.uol.com.br/cotidiano/ultimas-noticias/2019/10/31/policia-quer-video-de-briga-entre-carlos-bolsonaro-e-assessor-de-marielle.htm
147 Disque-Denúncia número 9125.9.2018 registrado às 12h09 de 28 de setembro de 2018.
148 Disque-Denúncia número 3838.12.2018 registrado às 8h32 de 12 de dezembro de 2018.
149 Processo nº 023955690.2018.8.19.0001 do IV Tribunal do Júri do Rio de Janeiro.
150 O nome do delator será mantido em sigilo. Apesar da gravidade das informações fornecidas aos investigadores, Pastor não foi incluído no Programa de Proteção à Testemunha.
151 "Delegado nega participação do Escritório do Crime na execução de Marielle Franco." Dondossola, Edvaldo; Brasil, Márcia. Disponível em https://g1.globo.com/rj/rio-de-janeiro/noticia/2020/06/30/delegado-diz-que-escritorio-do-crime-nao-foi-responsavel-pela-morte-da-vereadora-marielle-franco.ghtml
152 Trecho transcrito na página 35, linha 954 do anexo sigiloso número 4.
153 Transcrição de conversa das promotoras do Gaeco-RJ com Orlando Curicica. Anexo 4, páginas 01 até 71.
154 Trecho transcrito no anexo sigiloso de número 4.
155 Em 12 de agosto de 2011, a juíza Patrícia Acioli foi executada com 21 tiros ao chegar em casa, na Região Oceânica de Niterói: http://g1.globo.com/rio-de-janeiro/noticia/2011/08/juiza-assassinada-sofreu-emboscada-e-levou-21-tiros-diz-delegado-no-rio.html
156 Transcrição da conversa de Orlando Curicica com as promotoras do Gaeco, páginas 74 e 75, do anexo sigiloso 4.
157 "Curral do Tráfico, o Voto nas Comunidades", publicada na edição do *Jornal do Brasil* em 4 de agosto de 2008.
158 Processo nº 2007.001.122529-7, da 12ª Vara Cível do Tribunal de Justiça do Rio de Janeiro.
159 Inquérito nº 901-01360/2011 da Delegacia de Homicídios segue sem solução.
160 A aliança entre Adriano da Nóbrega e Bernardo Bello Barboza foi confirmada anos depois, no Processo nº 0023657-31.2021.8.19.0001 do 1º Tribunal do Júri do Tribunal de Justiça do Rio de Janeiro.
161 Dados estatísticos retirados dos sites do IBGE e do Instituto Pereira Passos.
162 Disque-Denúncia número 11727.12.2012, cadastrado na base de dados da ONG em 28 de dezembro de 2012.
163 O Disque-Denúncia nº 3144.1.2013 foi registrado na base de dados da ONG em 9 de janeiro de 2013.
164 Os relatos do ex-PM Orlando de Araújo, o Curicica, foram transcritos pela Coordenadoria de Segurança e Inteligência da Divisão de Evidências Digitais e Tecnologia do MPRJ e constam nas páginas 71 e 72 do anexo sigiloso nº 4.
165 O diálogo de 14 minutos e 45 segundos foi interceptado em 11 de fevereiro de 2020, como consta no anexo sigiloso número 35.
166 "Hélio Luz o tira-cabeça." Caversan, Luiz. Reportagem publicada na *Folha de S. Paulo* em 8 de outubro de 1995. Disponível em https://www1.folha.uol.com.br/fsp/1995/10/08/revista_da_folha/6.html
167 Trecho do livro *A Casa do Rio Vermelho*. Autobiografia em que Zélia Gattai retrata o período de 21 anos em que viveu com o marido Jorge Amado na casa do bairro do Rio Vermelho. A primeira edição foi publicada em 1999.

168 "Mariel é assassinado a tiros em emboscada no Centro", reportagem publicada no *Jornal do Brasil*. Disponível em http://memoria.bn.br/pdf/030015/per030015_1981_00184.pdf
169 A dimensão do arsenal pessoal do sargento PM Geraldo Antônio Pereira é citada no Inquérito Policial nº 901.00631/2016, que segue sem solução na Delegacia de Homicídios.
170 "Batalhão da Liesa tem 300 PMs, 60 deles oficiais." Ramalho, Sérgio. A reportagem foi manchete da edição do jornal *O Globo*, publicada em 22 de fevereiro de 2009. Disponível em https://extra.globo.com/noticias/rio/batalhao-da-liga-sera-investigado-241346.html
171 "Testemunha provoca reviravolta na investigação da morte de filho de bicheiro." Heringer, Carolina. Jornal *Extra*, edição de 3 de fevereiro de 2019. Disponível em https://extra.globo.com/casos-de-policia/testemunha-provoca-reviravolta-na-investigacao-da-morte-de-filho-de-bicheiro-23422608.html
172 Na denúncia nº 4778.5.2018, cadastrada na base de dados do Disque-Denúncia às 21h57 do dia 16 de maio de 2018, Orlando Curicica é citado como responsável por simular o sequestro de Myro Garcia.
173 Com duas páginas, a denúncia nº 9125.9.2018, cadastrada às 12h09 do dia 28 de setembro de 2018, reforça a aliança entre Adriano e Curicica para eliminar o herdeiro dos Paes Garcia.
174 A denúncia nº 3838.12.2018, registrada em dezembro de 2018, informa que Adriano da Nóbrega teria pago mais de R$ 2 milhões em propina a policiais corruptos da DH para obstruir investigações.
175 A conversa telefônica entre o sargento Luiz Carlos Martins, o Orelha, consta no anexo sigiloso número 6, anexado ao processo da Operação Intocáveis.
176 HNI é a sigla usada na degravação de interceptações telefônicas para designar Homem Não Identificado.
177 Trecho extraído do relatório técnico da Subsecretaria de Inteligência da Secretaria de Polícia Civil do Rio de Janeiro, anexado ao processo da Operação Intocáveis.
178 Dados estatísticos do IBGE no ano de 2020.
179 "MP encerra escutas no caso Adriano da Nóbrega após menções a Jair Bolsonaro." Ramalho, Sérgio. The Intercept Brasil. Disponível em https://theintercept.com/2021/02/09/escutas-adriano-nobrega-bolsonaro/
180 "Escutas revelam espólio milionário do miliciano Adriano da Nóbrega." Ramalho, Sérgio. Disponível em https://theintercept.com/2021/03/19/espolio-milionario-miliciano-adriano-da-nobrega/
181 https://extra.globo.com/noticias/rio/saiba-que-foi-bicheiro-maninho-do-salgueiro-188190.html